非住营销

人货场的重构和升级

陈利文 ◎ 著

中信出版集团｜北京

图书在版编目（CIP）数据

非住营销：人货场的重构和升级 / 陈利文著.
北京：中信出版社，2025.3. -- ISBN 978-7-5217-6023-1

Ⅰ.F713.50

中国国家版本馆 CIP 数据核字第 2024FJ8049 号

非住营销——人货场的重构和升级

著者：陈利文
出版发行：中信出版集团股份有限公司
（北京市朝阳区东三环北路 27 号嘉铭中心　邮编　100020）
承印者：北京通州皇家印刷厂

开本：787mm×1092mm　1/16　印张：19.25　字数：215 千字
版次：2025 年 3 月第 1 版　印次：2025 年 3 月第 1 次印刷
书号：ISBN 978-7-5217-6023-1
定价：69.00 元

版权所有·侵权必究
如有印刷、装订问题，本公司负责调换。
服务热线：400-600-8099
投稿邮箱：author@citicpub.com

目录

前　言　当非住际会百年未有之大变局　/ Ⅲ

第一章　后疫情时代，非住的变与不变　/ 001

后疫情时代，非住的新质生产力　/ 005

非住营销的一号法则：先人后事　/ 012

非住营销的二号法则：相信＞算账　/ 017

信心营销的基本方针：中心论　/ 023

信心营销的三个误区　/ 035

第二章　金街操盘：节点与步法　/ 039

综合体操盘时间轴及金街八大节点　/ 043

金街营销五步法之一：定位　/ 056

金街营销五步法之二：展示　/ 076

金街营销五步法之三：推广　/ 081

金街营销五步法之四：定价　/ 090

金街营销五步法之五：销售　/ 099

第三章　社区商铺营销：营商一体　/ 107

疫情之下，社商的逆袭　/ 110

社区商业前期定位：五维定位法 / 113

期铺营销模式：周期同频 / 128

现铺销售步法：布局、中盘、收官 / 132

社商营销残局：全景诊断与对策 / 145

第四章 公寓营销：正本清源 / 147

找回迷失：从源头看特质 / 151

产品定位：业态细分与产品设计 / 159

营销方略：熊猫罗盘八步法 / 191

销售模式：大客户的"二八定律" / 204

第五章 写字楼营销：资源战争 / 211

写字楼竞争"三力模型" / 214

写字楼营销三要素 / 227

定价与推售策略 / 242

写字楼销售团队管理 / 245

第六章 车位营销：挤压与撇脂 / 249

车位销售三分法 / 252

前策管理六项 / 257

车房同售与团队管理 / 265

集中推售八大策略 / 270

"叛逆期"销售突破 / 282

后　记 / 291

前　言
当非住际会百年未有之大变局

2021年至今，世界政治、经济遭遇剧变，我国的房地产行业也面临了一系列挑战。宏观经济环境的不确定性使得很多投资者对房地产行业的前景存疑。在市场上，好地段、好价格的地产产品销量下滑，本书探讨的主角——非住宅产权的可售商办类物业（简称"非住"）则面临着更多的困境。

关于房地产行业未来的走向和趋势，不是本书的主旨，但有两个核心观点必须在这里申明，因为这涉及非住营销的根基。

第一，中国房地产已经开始走出底部、止跌企稳，盲目唱衰没有依据。

关于对房地产未来趋势的判断，国内谈得最多的莫过于对标日本"失去的三十年"，很多人担心中国房地产会像日本当年那样至少暴跌65%，走向崩盘。日本地产崩盘，表面看来是因为供过于求带来的泡沫，但更本质的原因是日本做出了一系列错误决策。1985年9月，日本被迫签订《广场协议》，短短一年，日元升值30%，两年半内，日元兑美元升值100%。日元如此快速升值直接让世界工业大国日本的出口熄火，大量资金只好涌入房地产，这导致地产泡沫破灭。反观中国，2001年入世之后，人民币兑美元的汇率近23年一共升值不超过25%。虽然美国多次施压，要求人民币升值，但中国是世界上为数不多的拥有完全主权的大国，我们完全可以根据发展的需要做出独立自主的经济决策。

不可否认，中国房地产行业前几年有泡沫，存在房价上涨过快等种种问题，表面上和日本相似，但二者之间的本质区别是日本的房地产过热是被人为胁迫服用大量"兴奋剂"导致的"心跳加速"。

第二，中国房地产同人必须把视角放在"百年未有之大变局"的背景下才能深刻理解行业的未来。

在中国，房地产在经济中占据非常重要的位置。美国发动金融战，想要通过美元潮汐收割中国，首当其冲的肯定是房地产。中国政府未雨绸缪，提前调整了房地产市场。2020年8月，中国出台"三道红线"，2021年下半年房地产步入深度调整周期，这个时候距离2022年3月美元开启暴力加息仅有半年时间。2024年9月18日，美联储宣布降息，这意味着中美金融战的转折点出现，中国政府开始放开手脚刺激房地产和股市，也意味着房地产行业和中国宏观经济最难的时点终于要过去了。

当今世界，看似有种种不确定性，但习近平总书记在2017年度驻外使节工作会议上提出的"百年未有之大变局"已经以笃定的姿态出现。2023年，中国工业产值占全球35%，超过第二名到第十名的总和，美国排名第二，仅有12%。如今，中国在高超音速弹道导弹、无人机、雷达等多个领域早已领先。

近年来，中国高举人类命运共同体的大旗，在和平发展中逐步走到了世界中心。无论是中老铁路通车，还是2024年的北京宣言签订、中非合作论坛召开、秘鲁钱凯港开港，从这些事件中，我们都可以看到一个强大、自信、负责任的东方大国正在崛起。

理解了"百年未有之大变局",将非住课题放在这样一个时点和坐标上,我们就可以洞见行业未来的一些趋势。

第一,有国际化背景的客户会越来越多。

这里所说的国际化背景客户,除了外企和外资客户,还包括中国本土出海开拓业务的企业和个人。在经济震荡期,沉舟侧畔千帆过,病树前头万木春,一些行业和个人感受到阵阵寒意,另一些行业和个人却赚得盆满钵满。后者在新的全球利益格局分配中吃到了红利,成为新贵,成为非住领域最重要的客户群体之一。比如深圳某总价过亿的高端公寓,典型客户就是从事跨境电商的公司老板。重庆某大型TOD(公交优先发展模式)商业综合体项目的负责人告诉我,项目之前卖不掉的3 000~4 000平方米的独栋商业楼,最近正在洽谈一组中东客户,对方计划打造一个西南地区最大的二手车展厅,将中国淘汰下来的二手燃油车卖到中东。近两年,我们看到中东财团不约而同地密集投向中国,包括阿布扎比投资局(ADIA)、沙特投资部(MISA)、卡塔尔投资局(QIA)等,中东多个主权基金排队来华设立办公室,它们对写字楼的需求也在增加。

2024年,从非住业态大宗交易来看,黑石、GIC、领展等世界顶级投资资本在内地积极布局零售类资产和商业地产优质资产,或者"狩猎"极具增值潜力的商业项目。自从2023年放开商业地产REITs(不动产投资信托基金),内地的商业地产迎来了更多玩法,资产证券化蓬勃发展,商办存量市场的活跃度也进一步提高。

处在"百年未有之大变局"的背景下,非住操盘人员必须有国际化视野,只要有这个意识和认知,机会也许踏破铁鞋无觅处,得来全不费工夫。

第二，经济转型和升级带来的行业此消彼长，决定了非住的业态定位和客户构成将重新洗牌。

当前世界局势还在持续震荡，全球经济增速放缓，这意味着旧的商业格局将被打碎，新的格局将会重建。对于非住业态来说，一降一升、此消彼长的趋势特别明显。

降是不符合新型消费观的消费开始降级。消费降级带来的明显体感就是街铺大量关门，商铺卖不动了，过去做非住业态定位，餐饮是"当红炸子鸡"，但当下，餐饮业却迎来倒闭潮。但硬币的另一面是，当代年轻人不再堕入品牌的消费主义陷阱，而是追求实用主义至上，体面地消费降级开始成为新型消费观。关联到非住营销，这种消费观也会给行业带来很多新的机遇。以公寓为例，在线下消费低迷，街铺纷纷关门的情况下，作为街铺替代品的"空中商铺"却异军突起，成为新生商业力量。再比如，近几年，以山姆会员店为代表的硬折扣模式在中国风头正劲，所谓硬折扣，其本质就是"白牌红利"带来的体面消费降级。在这种趋势下，我们应该如何定义和规划新的商业空间呢？

升是高层次消费开始升级。一个众所周知的观点是，人均GDP（国内生产总值）达到1万美元以上，城市化率和人均住房面积提高到一定程度，国民就会减少对住宅的投资，转向关注健康等高层次的消费需求，这就给大健康、物流、冷库仓储、大数据等行业带来新的发展机遇。国际上，新加坡、韩国等都出现了几十万平方米的大型医疗Mall（商业中心）项目，在中国北京、上海、杭州、南京等发达城市，大型医疗健康综合体项目也开始出现。笔者所在的上海恒基旭辉中心靠近虹桥交通枢纽，是一个纯写字楼园区，里面却进驻了近50家医美机构。大健康行业涵盖几十个门类，这给未来非住业态的定位提供了另一种可能的方向。

2023年，中国人均GDP近1.3万美元，北上广深等发达城市的人均GDP近3万美元。过去对于非住业态定位，我们思考的是1万美元以下的事情，而现在要思考的是1万美元以上的事情。有人辞官归故里，有人漏夜赶科场，在非住大家庭里，有些业态式微，有些业态兴起，有人走了，有人来了，在不断洗牌中实现升级迭代，这是社会发展的魅力。非住营销人一定要紧扣时代趋势，敏锐把握住新的时代机遇，而不是抱残守缺、刻舟求剑，否则最终只能跌落在旧经济的尘埃里哭泣。

除了把握社会发展的新趋势，非住营销的成功还来自对经营逻辑的坚守。什么是经营逻辑？通俗来说，就是"可持续的好生意"。无论是商业体、写字楼还是公寓，其价值打造的出发点都要围绕"让进驻的商户生意好"，只要生意好了，销售是水到渠成的事情。生意一时好容易，难的是一直好。持续的好生意需要"生态"的刻意营造。

几年前，笔者造访广州文和友，但见食客如云，摩肩接踵，排号机显示等待数量近万桌，颇为震撼。时至今年，据南方都市报报道，广州文和友整体闭店率超过80%。究其原因，就是在"生态"二字上栽了跟头。广州文和友采用"免店租、包装修、包宣传"的经营策略，引进了很多非连锁、规模小并且名气不足的本土老字号，在开业初的流量鼎盛期这确实让项目和商户都赚得盆满钵满，但这些小品牌过于依赖项目的整体造血能力，一旦热度过去、客流下滑，店铺自身造血能力不足，整个商业体很容易就会滑入"店铺少—客流少—店铺更少"的恶性循环。

生态！生态！生态！再大的场子，再好的地段，不注重生态的营造，最终都会沦为"其兴也勃焉，其亡也忽焉"的命运。非住的灵魂是商，商业要讲经营逻辑，经营逻辑最重要的就是"生态"，没有良好的生态，就没有持续火爆的生意。非住营销目前遇到的问题，核心症结就在于开发商套用住宅的思维模式，只重视卖和买，缺乏经营思维，过于重视客户，但不关注用户。有些时候为了眼前的买卖，甚至抛弃和戕害未来的经营生态，最终的命运就是被市场抛弃。

如何营造非住的经营生态，本书提出并反复强调的一个重要理念就是"人、货、场"三位一体，项目要在正确的时间、正确的节点引进正确的品牌，吸引正确的用户，营造正确的调性和氛围。用户、品牌和场所三要素互相促进，良性循环，生态慢慢形成了，经营才会火爆。非住项目的营销解题，关键就是聚焦生态营造，对"人、货、场"三要素进行重构与升级。操盘者需要谋篇布局，立意和起手要高，要有全局意识，要强管控。

2024年2月，我看到一则颇具黑色幽默的新闻，说有网友在上海市委领导信箱留言，希望政府想办法解决墓地价格高昂的问题。该网友介绍，在其父母安葬的墓园，8年前面积0.8平方米的墓地售价10万元，如今涨到了34.2万元。因此他提出，上海还有大量空置的商办楼，能不能改为墓园呢？如果墓园造高层，墓地的价格就会大幅降低。

该网友的建议有没有道理？有。0.8平方米，34.2万，即使是一线城市上海，即使是最核心的地段，非住业态恐怕也卖不到这个价格，即使卖得上，8年涨幅为3.42倍也几乎不可能。单纯从算账视角看，该网友的建议并非不可行，但我相信，只要是稍有理智的成年人，都不会采纳这个建议，不过将其当个笑话和谈资而已。

看完新闻我心想，这不就是一则现代商业寓言故事吗？从短期财务视角看，墓园这个定位可行，但一旦墓园进驻，就毁了整栋楼、整个项目甚至整个片区的"生态"。"我的邻居不是活人",这听起来是不是很好笑?但其实在非住领域中,有太多类似的谬误。某金街为了获得高租金,把最好的端头旗舰铺租给了牙科诊所、银行,结果直接导致端头人气发动机熄火,街区冷冷清清;某社区底商在小区主入口的黄金铺位开了一家药店,结果药店的租售比成了这条街的天花板,劝退了不少想买铺的客户;某公寓一上来就卖了半层楼给一个大饭店老板,对方将其改造成员工群租宿舍;某甲级写字楼将高楼层都拆成小面积卖给散户……在非住领域,这样真实的案例每天都在发生着。操盘者的这些行为都是在给自己的项目引进"墓园",阴风袭来,生态遭灾,只是短期内他们浑然不觉而已,悲夫!

所有的难题都是视角问题。本书聚焦五大非住业态的营销解题,在总结行业成功经验和失败教训的基础上,提炼出非住营销的理论体系和技术要点,书中也罗列了很多先行者行之有效的思维模型和营销图表,兼具启发性和实用性,希望对后来的探索者提供一些力所能及的帮助。正如罗振宇老师分享的:"一行动就创新,一具体就深刻。"对于非住领域的成功案例,我在书中也尽可能列出具体的实操细节,供大家讨论和借鉴。对于目前行业还未完全解决的问题,书中也提出了一些可能的方向,供大家参考。

非住是行业公认的痛点,面对这个大而畏的课题,本书无疑是渺小的。非住问题不仅仅属于房地产行业,非住的营销解题也不仅仅属于房地产营销人,非住问题属于全社会、全世界,要靠人类的共同探索、城市的升级迭代、生活方式的进化更新来逐步丰富非住领域,这种丰富是无止境的。

谨以此书献给广大地产同人,愿和大家一起仰望非住的璀璨星河!

第一章

后疫情时代，非住的变与不变

所谓非住，是指房地产项目中非住宅类的可销售型业态，包括销售型主题商业步行街（俗称金街）、社区商铺、公寓、写字楼及车位、储藏室等。自持运营的购物中心、步行街、长租公寓等不在本书讨论范围内。

提起非住，很多同行的第一反应是"不好卖、伤脑筋"。非住业态升值不确定，流通性差，持有成本高，客户接受度低。尤其是在上一波牛市中，很多投资非住的客户都跑输大盘，受到惨痛教训。在市场上，非住逐渐成了"票房毒药"，甚至有媒体称其是导致房企心梗、脑梗的最大隐患。客户和房企都不喜欢非住，但政府进行城市开发的导向是建设产城一体化的"税源城市"，而非单一住宅的"睡眠城市"，后者只会让城市失去活力。因此，在政府出让的土地中，非住的占比一定不会低，非住是地产人绕不过去的一种业态。

诚如硬币有正反两面，非住也是城市繁荣发展和实现美好生活的载体之一，一些运作成功的标杆非住不但赋能住宅，成为新房溢价和二手房升值最重要的动力源泉，而且是城市运营、板块提升的抓手之一。房地产行业进入发展新阶段，很多成熟的改善类置业客户早就学会了以"城市视角"而非"住宅视角"来评判项目价值，在他们看来，非住作为配套，其价值远大于户型和园林。自带大规模商业配套的住宅都已成为香饽饽，其升值潜力远高于单一住宅项目。

因此，发展非住虽难，但这是营销人员绕不过去、必须攻克的专业领域。下面，我们要探讨的就是如何找到非住营销的规律和算法，用专业思维来破局非住。

后疫情时代，非住的新质生产力

人类历史上，重大疫情之后往往伴随着一次深远的变革，社会思潮、商业生态、经营模式、消费观念都会发生重大变化。

14世纪席卷欧洲的"黑死病"催生了文艺复兴、地理大发现、宗教改革和工业文明，这些变革为当时处于黑暗中的欧洲带来了光芒，并最终改变了世界文明的发展进程。

2003年非典疫情结束后，伴随着以淘宝、京东为代表的企业的崛起，电商逐步与实体商业分庭抗礼。

2020年新冠疫情席卷全球，目前我们正在经历一个与病毒共生、充满不确定性的"后疫情时代"。当前来看，我们有足够的理由认为，新冠疫情已经成为历史转折点，并掀起了一场堪比"黑死病"的"千年之变"的序幕。从世界格局来看，新冠疫情深刻暴露出过去全球化范式的弊端。

新冠疫情触发了人类对工业文明的反思，也使人们认识到新经济是后工业时代的一道曙光。随着全球经济衰退，独角兽、平台企业等新物种在跨界理念的指引下，正推动新经济加速"接管"工业经济。

在非住领域，以数据驱动、平台支撑、网络协同为特征的新经济正在和平演变，加紧重塑商业新观念、新格局与新模式，非住领域的"新质生产力"正在飞速落地。

我们先来看几个商业方面的变化。

据统计，2022年全国大约有42家商业综合体宣布闭店，2023年全国又有21家百货商场停业闭店，其中包括伊势丹、苏宁环球购物中心、太平洋百货、银泰百货、新世界百货、永旺、百盛、解百、大洋百货、上海百联等知名品牌，有些老店矗立几十年，陪伴了一代人的成长。有评论夸张地说："商业综合体就像正在融化、崩塌的冰川。"

2023年初，在上海市南京西路营业16年的ZARA国内首店，正式宣布停止营业。2023年6月，北京市三里屯太古里的地标性建筑之一——三层楼的H&M闭店。2018年，鼎盛时期的ZARA在中国内地开设了183家店铺，仅隔六年就减少了近90家，截至2024年1月31日，仅剩96家。2024年3月末至4月初，ZARA又关闭了位于惠州市、东莞市、上海市宝山区的三家店铺。有评论称："商场一楼的前欧美顶流要凉，快时尚集体精神萎靡。"

2023年末，随着气温下降，餐饮行业又迎来一轮闭店潮，有的地方一整条街都贴着"旺铺转让"。企查查数据显示，2023年1月至10月国内餐饮店累计吊销量达105.6万家，2022年同期为53.8万家。有意思的是，曾经风靡全国的农家乐，5年内倒闭了8万家，近几年似乎从人们的视线中消失了。有观点称："餐饮行业现在是存量博弈，大店挤掉小店，连锁出清夫妻店。"

都说实体商业不好做，是真的吗？沉舟侧畔千帆过，病树前头万木春。我们再来看另一面。

山姆会员店在中国持续火爆，截至2024年4月14日，在小红书搜索关键词"山姆"和"山姆会员店",分别显示出199万多条和95万多条笔记,山姆成为年轻消费者关注的明星流量品牌。以山姆为代表,包括开市客、阿尔迪等在内的实体店虽然冠以会员店、仓储店的名称,但其本质是硬折扣,其所销售的商品以自有品牌(俗称"白牌")为主,这些品牌没有广告预算,其采购以源头直采为主,流通过程没有经销商的参与。

硬折扣模式享有三大红利:在生产制造环节,商品去品牌溢价,这个是"白牌红利";在流通环节,转运次数和参与主体减少,商品在产地装车后,整车直接进入零售企业仓库,中间不经过批发环节,这个是"整车红利";在销售环节,预售带来库存周期大幅压缩,这个是"预售红利"。

有了三大红利的加持,山姆会员店的商品就拥有了极致的"品价比",63元采购,69.9元销售,山姆会员店的整个系统只保留了10%的毛利率。它赚的不是商品毛利率,而是通过经营用户,赚取会员费及其他增值服务费。超市火成旅游景点的胖东来采用的也是这种模式。

但如果说山姆会员店的火爆是因为便宜,那就大错特错了,一年260元(普通卡)的会员费已经把很多低消费人群挡在了门外。最近有个新词——消费左移,横坐标是价格,纵坐标是品牌品质,越来越多的人希望横坐标价格向左缩减,但品牌品质不变。在经济下行压力加大的背景下,人们需要的不仅仅是便宜,还有体面的消费降级。经济好的时候,人们去大饭店吃一顿牛排大餐可能得1 000元,但现在去山姆会员店购买上好的澳大利亚进口谷饲牛排,回家自己做,200元不到就能搞定。硬折扣模式因其三大红利,拥有极致的"品价比",刚好接住了这波体面的消费降级潮。2024年,华为问界M9、理想

L9、华为非凡大师智能手表大卖，都是因为抓住了这一机遇。

山姆会员店1996年就进入中国，但是直到2021年才爆火，整整等了25年，其中的关键原因是消费水平的提升和商业模式的进化，零售行业的新质生产力到了这个节点瓜熟蒂落。

2016年，"新零售"首次被提出，其核心是O2O，即线上、线下一体化，强调线下商家都要学会线上宣传、引流，建立自己的公域、私域流量池。这个理念给零售行业开了"天眼"，奠定了后续商业经营的新法则。本书讲到的非住业态，无论是金街、社区商铺，还是公寓、写字楼，经营者都必须学会O2O新零售模式，不会在线上获客，将来就面临被淘汰的风险。山姆会员店真正爆火从2021年开始，它谙熟打造爆品、线上出圈、二次传播，用"线上导流"赋能"线下购买"，例如芥末味夏威夷果、巨型泡面桶、烤鸡、彩虹薯片、瑞士卷、青柠汁等商品在小红书等社交软件上"二次传播"后迅速大热。

时至今日，O2O并不新鲜，线上获客也并非难事。以山姆会员店为代表的新经济模式以数据驱动、平台支撑和网络协同三大要素为核心，既涵盖O2O，又高于O2O，形成完美护城河。山姆会员店主销的SKU（最小存货单位）大约为5 000种，这5 000种商品不是一天形成的，而是从沃尔玛体系内的5万个品种中筛选出来，又经过数十年的供应链优化才完成的。同时，这5 000种商品不是一成不变的。根据顾客购买数据的变化，山姆会员店会进行相应调整。另外，供应链技术的不断变化，也会带来商品的变化。所以说，山姆会员店的5 000种商品是一个不断发展、动态领先的商品池，这是它的核心优势。

我们以山姆会员店为例讲解了硬折扣模式，业界有观点认为："所有零售业态都值得用硬折扣模式重做一遍。"再回到本书的主题非住营销，我们同样可以用硬折扣模式把商铺、公寓的经营逻辑重新梳理一遍。

以商铺为例，业界素有"热区"和"冷区"的说法。所谓冷区，就是位于项目交通动线末端、人流难以到达的区域，比如商业街二楼以上、远离楼梯口的商铺。冷区铺位不好卖，卖出去了也不好租，但我们也能看到很多位于冷区的商铺经营得有声有色。笔者曾拜访过一家位于上海市某万达广场金街三层冷区的烘焙店，2020—2022年，它的营业面积扩大了两倍，还投入70万元重新装修，生意很旺。一般来说，烘焙店只能吸引周围两三千米范围内的客群，但这家店的客户却遍布全上海，其经营秘诀就是"新经济模式"，用数字化方式对"人、货、场"商业三要素进行重构与升级。一方面，通过私域客户运维，强化客户黏性，实现老客户的多次裂变。目前该店运维着三个分别有500人的微信群，而且新客户的数量还在不断增长。互联网可以让商品直达终端客户，订单基本都是线上预约。精细化订单管理和前置采购管理可以让该店做到零库存、食材新鲜不过夜。另一方面，通过后台大数据的精准分析，这家烘焙店在产品研发上精准匹配客户需求，减少单品数量，从而提高销售频次，减少客户挑选时间。生意慢慢好了之后，该店扩大经营面积，选用了年轻人喜欢的ins装修风格，店铺温馨浪漫。同时该店设置了线下蛋糕DIY（自己动手做）和培训课程，在各大生活服务类平台上发布照片，进行大量传播，打造线上网红店、线下打卡点。

上述"新经济模式"改变了人们对传统地段和门面的认知，让野百合也有了春天。另一个商业新大陆——公寓也是这样。后疫情时代，很多商铺关门，但以"空中商铺"为代表的新型公寓却火了起来，成了年轻人创业的新宠。这些商铺虽然面积小，但是极具个性，间间都是网红店。过去常讲"酒香也怕巷子深",你能想象各类商业项目开在一栋40层的公寓楼内吗?互联网改变了这一切。重庆市观音桥商圈的红鼎国际,一栋48层的高楼,竟然生龙活虎地开着猫咖、即时美容、私人影院、私房菜馆、茶室、买手店、手办潮玩店、密室逃脱店、桌游店、角色扮演店、汉服店、旗袍店、和服体验店、摄影棚等近300家不同业态的商铺,几乎囊括了现在年轻人的所有喜好。游客们不远千里赶来,只要一部手机就能找到自己心仪的商家,有人竟在里面玩了6天5夜。在那里,排队两小时等电梯"逛楼"成了一道独特的风景。

重庆市红鼎国际公寓是一个十年前的项目,其中虽然有"新零售"模式,但基本是"野蛮"生长状态,有人甚至将其称为"商业城中村"。该公寓楼缺乏基于大数据反馈的精准定位,也基本没有统一的运营管理和平台支撑,因此其产品与服务不可能获得硬折扣模式的三大红利,这与真正的新经济模式相差甚远。从这方面看,作为"空中商铺"的公寓业态还有很长的路要走,这也意味着它还有很大的发展空间。

当下,"与辉同行"等直播带货账号之所以火爆,其经营逻辑就是硬折扣模式,用三大红利给用户带来极致"品价比"。如果一栋公寓楼作为一个统一的经营平台,将一座城市的直播"网红"集中在这里带货,线上赋能线下,将数据驱动、平台支撑和网络协同三要素做到位,那么这一定会成为非住领域新质生产力的标杆。

这就是新经济给非住带来的认知升级和商业模式的改变。所有的难题都是视角问题,我们过去在商铺、公寓、写字楼和车位等非住业态营销中遇到的困境、痛点,其本质都是视角问题。今天,我们换一个视角看,很多问题都可以迎刃而解。因此,我们探讨非住营销,首先要"变",转变思维,升级认知,用新商业模式、新质生产力来重新审视非住,重新界定和解构问题,从而找到解题之道。如果仍然抱残守缺,不知有汉,无论魏晋,那是没有出路的。

非住营销的一号法则：先人后事

数字化带来的是非住的"变"：认知与商业模式的变革。我们一方面要顺应变革，不能穿新鞋走老路，另一方面要把握非住营销的"不变"。正如北宋著名理学家程颢所云："万物皆有理，顺之则易，逆之则难。"非住营销的"理"就是其背后一整套"不变"的底层规律和算法，这是万变不离其宗的"宗"，只有把它们找出来、理顺了，我们才能以不变应万变，让操盘变得容易。

从营销实践来看，非住营销主要有两大不变的法则："先人后事"与"相信>算账"。

"先人后事"是管理大师吉姆·柯林斯在《从优秀到卓越》一书中提出的观点，意思是把合适的人请上车，让大家各就各位，同时让不合适的人下车，然后才决定把车开向哪里。简单来说，企业要先招聘和留住合适的人，然后再决定发展方向和战略。对于非住营销来说，"先人后事"是最重要的法则，没有之一。很多看似艰难的项目，其最主要的症结并不是事情本身有多难，而是没有找到合适的人，没有合适的规则让团队各就各位。营销实践中最常见的情形是，一个小型综合体项目有住宅、公寓和底商，由同一个营销团队操盘，结果住宅卖完了，大部队撤了，非住成了滞重，最后折价甩卖，项目亏损。问题出在哪里？团队！让一个不合适的团队来决定车开向哪里，这本身就是一个错误。

为什么强调"先人后事"？道理很简单，这在于人性。

就拿上述小型综合体项目来说，其有住宅、公寓和底商三种业态，住宅营销相对容易，而非住较难。如果由同一个营销团队操盘，那么在销售指标的压迫下，加上人类趋利避害的本能使然，团队的力量肯定会优先用在住宅上，住宅可以让团队轻松地冲规模、出业绩，那为什么还要去啃公寓和底商这种硬骨头？这就是《孙子兵法》里讲的："夫兵形象水，水之形，避高而趋下。"相反，如果另有一支团队不能接触住宅，只能做公寓和底商项目，独立费用、独立指标，这支团队就会全力突破非住。抛开专业不谈，只要做到这一点，非住业绩至少可以提升20%。这就是"先人后事"的威力。既然团队是打赢非住营销战的第一保障，那我们就从团队视角对非住业态进行分类（见图1-1），以此作为针对性施策的起点。

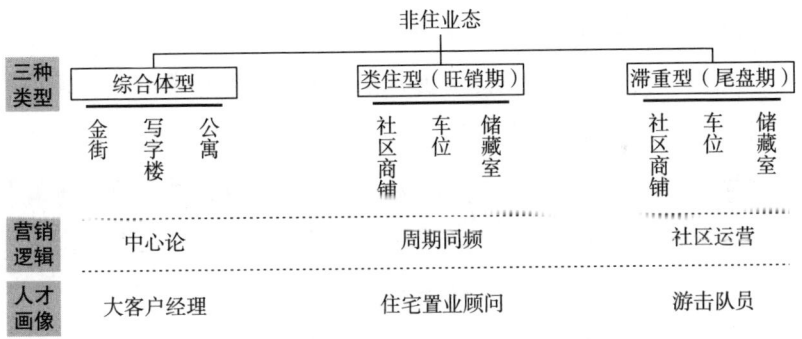

图1-1 非住业态分类

从销售团队的维度看，我们可以把非住业态分成三类。第一类是"综合体型"，具体包括金街、写字楼和公寓，其销售人员的人才画像是大客户经理。这三种业态破局的关键是大宗销售，销售人员必须"带资进组"，有非住类大客户资源，有挖掘和经营大客户的能力。第二类是"类住型"，类似于住宅，或者是住宅的附属品类，具体包括社区商铺、车位和储藏室三种业态。这里要强调的是，这三种业态在项目旺销期属于类住型，因为这个时候其最佳的销售人选就是住宅置业顾问。第三类是"滞重型"，具体业态和第二类一样，只是到了尾盘期（甚至项目已经交付），原来的营销大部队已经撤走，剩余卖不掉的业态无疑就是滞重，这个时候销售人员的人才画像是"游击队员"。

关于"综合体型"业态，我们的定义是：至少包含两种以上的可售商业业态，并且商业体量超过2万平方米。这类项目必须配置专门的销售团队。从业内头部房企的典型画像来看，这类团队主要有以下四个特点。

- **高量级、深耕型**。负责人最好来自发达地区，销售人员最好是本地销冠，有商办销售经验并且深耕本地，必须自带客户资源。
- **荣誉感、归属感**。所有销售人员的头衔都是大客户经理，重视大客户。很多综合体项目和住宅项目是同一个操盘手，销冠都在卖住宅，业绩不好的人员被发配去卖非住，非住团队的自我认同感很低，这样是不可能做出好业绩的。
- **高底薪、高佣金**。通常来说，商业销售人员的底薪是住宅销售人员的1.5倍，佣金是住宅销售人员的1.5~2.0倍（这里说的是佣金金额而不是点位）。

- **稳定、重过程**。非住销售尤其是大宗非住销售，同住宅销售规律不一样，甚至可以说"三年不开张，开张吃三年"。因此，非住团队销售指标的下发和考核也有其独特性，不像住宅指标那样具有短期性和刚性，而是更注重过程中的里程碑管理。同时，非住的销售周期一般比较长，所以团队要保持相对稳定，这一点很重要。

"类住型"业态的人才画像不用赘述，这里需要专门说一说"滞重型"业态的人才画像。

举一个真实的案例：某大型房企年中盘点非住尾盘，发现若干个老项目的营销团队都已经撤了，但还剩余一些车位和零星的商铺，货值在300万~5 000万元不等。销售指标催得急，营销总决定成立非住突击队，从各项目中抽调住宅销冠，组成精锐部队，但最后的结果却不理想。问题出在哪里？团队！

以军队来比喻，住宅销冠属于"正规军"，作战方式是"阵地战"。他们卖车位的方式往往是"守住阵地"，即电话访客、降价收割，但收割完一小撮客户之后，降价只会引起其他客户更长时间的观望。另外，这群销冠突击队的心态就像《亮剑》中李云龙说孔捷的："你在我这儿不过是打短工的麦客，说不定哪天就调走扶正了。"所以他们立功心切，心态浮躁，往往打一通电话，割了一小把韭菜就想走。在这种情况下，车位肯定是卖不好的。

但实际上，对于尾盘期的滞重型非住，最合适的销售人员画像是"游击队员"：他们的销售能力较强、赚钱欲望强烈、吃苦耐劳、善于沟通，能适应机动作战，但可能学历不高，对个人职业发展的预期不高。从非住营销实践来看，一些二手房经纪人出身的销售人员往往更符合"游击队员"的画像。游击队员曾在历史上留下了浓墨重彩的一笔,用来概括滞重型非住的销售人员画像再恰当不过,缘由有三。

第一,滞重型非住靠"阵地战"无法解题,必须打灵活的"运动战""游击战",销售人员不仅需要阵地访客,还需要完成外围挤压、外部资源联动、上门拜访、业主联谊等苦活、脏活、累活,需要具备更多的灵活性、主动性和进攻性,技术要求更全面,工作强度更高,工作环境更艰苦,这是住宅正规军无法承受的。

第二,游击战不是一种简单的战术,其本质是获得广泛的民众支持,而这又基于长期的基层工作。滞重型非住的破局必须把提高业主黏性当成战略来抓,经营"堡垒户",团结小区里一切可以团结的力量。要想打赢这场商战,若心态不放平,不接地气,不深入敌后,我们是不可能成功的。

第三,"游击队员"必须是专职的,卖车位的人员就专职卖车位,不能从住宅销售人员中短期抽调或让其兼职。

这就是"先人后事",强调各就各位,让合适的人上车,让不合适的人下车,上车的人安下心来专门攻克非住。这是非住营销的一号法则,也是走向胜利的第一步。

非住营销的二号法则：相信＞算账

非住营销的二号法则是"相信＞算账"，这说的是非住营销的难点和痛点——信心营销。在这一部分，我们要进行三层剖析：第一层，为什么要强调信心营销？第二层，信心营销要让客户信什么？第三层，怎样让客户相信？

第一层，为什么要强调信心营销？为什么说"相信＞算账"是非住营销的二号法则？要想解释清楚这些问题，就要从非住业态的特点说起。

非住与住宅最大的不同在于：住宅的价值是"固态"的，有相对稳定的价值呈现，影响价值的动态变量较少；而非住的价值却是"液态"的，价值呈现很不稳定，影响价值的动态变量较多。例如，要想知道某座城市某住宅的价格是多少，只要结合地段、产品等要素，就能较容易给出一个可以达成市场共识的评估价。但非住却不然，同一个地段的商铺、公寓、写字楼，一街之隔，售价相差50%以上是很正常的，因为除了常规的地段因素，定位设计、销售模式、招商服务、营销策略及费用投入、运营管理及服务水平、客户与用户圈层等动态变量都能影响非住的价格。一个卖不出去的商铺，其价值可能还不如一个仓库。

非住的这几个特点导致它的价值很难锚定,算法也比住宅复杂得多,销售人员很难和客户达成共识。市场比准法、租金反算法等算账逻辑经常失效,因为通过算账推导出来的价格是现实的、没有想象空间的价格,往往要比销售价格低很多。非住营销人员要动用逻辑、想象力和人性洞察等各种手段,营销未来价值,这是"液态"属性的营销法则,而算账是"固态"属性的营销做法。非住项目一旦陷入简单的租金反算逻辑,就无法构建高价值预期,最终的结果就是货值折损、利润亏损。这就是由非住业态特点决定的,强调"相信>算账"的原因。

第二层,信心营销要让客户信什么?这一点我们要从信心的定义开始说起。

关于信心,《圣经·希伯来书》中的定义是:

信就是所望之事的实底,是未见之事的确据。

我们可以把这个定义解析成两层意思:①信心是相信"所望"和"未见"之事;②信心的构建需要有"实底"和"确据"。

有一件事情,在它还未发生、未兑现的时候我们就要让他人相信。这件事情是什么呢?或者说,信心营销的终极目标是什么呢?答案很简单:未来能赚到钱!

我们要让客户相信未来能赚到钱,这不是靠广告包装,更不是靠忽悠和欺骗,而是必须有"实底"和"确据"。

在地产黄金时代,赚钱逻辑很简单,无非就是投资升值。在现实的操盘中,常见的做法有两种:

- 通过广告对地段、商圈进行包装，描述投资前景，计算投资回报率，进行"裸卖"。
- 租售一体甚至实景开业，带租约销售，宣传投资回报率。

而进入地产黑铁时代，投资信仰破灭，第一种做法很难奏效，很多貌似专业的商业操盘手更青睐第二种做法。商铺、公寓、写字楼卖不动了，就提倡租售一体，成立专门的招商团队，商铺、公寓全部带租约销售。同时对招商人员提要求：投资回报率必须达到4%以上。然后销售人员向客户宣传可以获得4%的投资回报率，把非住当成理财产品来卖。理想是丰满的，现实却十分骨感，以下是两个真实的案例。

案例一，某社区商业项目实景开业，整条街都带租约销售，投资回报率都在4%以上，客户本来有意向购买商铺，结果到街上一看，冷冷清清，门可罗雀，马上打消了购买念头。案例二，某公寓项目招商引进了一家商务酒店，约定的投资回报率为5%，但该酒店是创业项目，没有品牌积淀，同一时期该城市传出带租约酒店爆雷跑路的消息，投资方随即也没有信心了。

为什么带租约不行？这难道不是"实底"和"确据"吗？当然不是，因为这个底不够实。"未来能否赚到钱"的"实底"必须是经营逻辑，而不是投资逻辑。真正懂经营的投资者不会看重短期的租金回报，而是更看重经营逻辑是否成立。通俗地说就是判断这里适合做什么生意？能不能火？利润高不高？只要生意火爆，获得长期的投资回报是水到渠成的事情。所以，我们看到很多商铺的投资回报率不到3%，结果却顺利销售，有些商铺虽然有6%的投资回报率，却一直卖不出去。

因此，信心营销一定是基于经营逻辑的，营销人员要给客户传递的信心是：未来这里可以持续经营，经营是赚钱的；投资赚钱主要基于经营赚钱，只讲投资，不讲经营，这是没有"实底"和"确据"的。

我们继续递进到第三层，怎样让客户相信？经营逻辑如何才能成立？换句话说，怎样才能让客户相信在这里经营可以赚钱？经营逻辑和投资逻辑的区别在哪里？

经营逻辑成立的底层规律是什么？答案是"人、货、场"三位一体（见图1-2）。

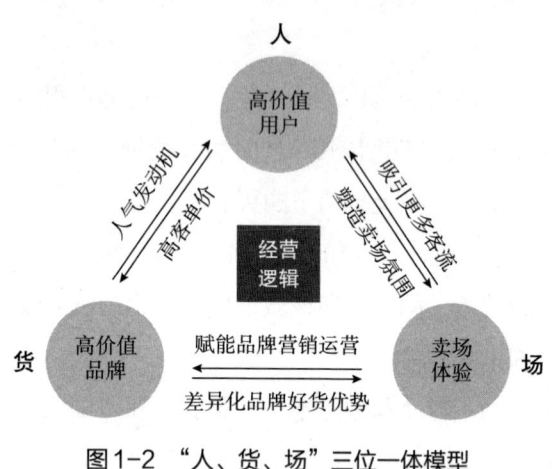

图1-2 "人、货、场"三位一体模型

"人"指的是高价值用户。用户与客户不同，客户是物业的购买者，用户指的是最终的使用者。根据业态的不同，用户可以是终端消费者，也可以是物业最终的使用者。"货"指的是高价值品牌。"场"指的是由地段、建筑物及现场服务构成的卖场体验。高价值品牌能成为人气发动机，吸引更多、更具有价格承载力的用户，这些高价值用户可以提升卖场的氛围和档次，好的卖场氛围又可以赋能品牌营销运营，带来更好的经营成果；有了好的经营成果，高价值品牌就可以继续发挥好货优势，给卖场带来更好的体验，从而吸引更多的高价值客流，客流又给品牌带来高客单价。"人、货、场"三要素良性互动、三位一体，最终达成的是经营成果的优化。

因此，要想让客户相信未来能赚到钱，我们就得从经营逻辑出发，构建和夯实"人、货、场"三要素，让其实现良性互动，互相效力。在夯实三要素的过程中，关键在于引进高价值品牌。有了高价值品牌作为风向标和价值锚点，我们才能逐步把项目的价值形态从"液态"变成"固态"，商业地产界经常将主力店称为"锚店"，原因就在此。

讲到这里，问题又来了。既然项目解题的关键是找到高价值品牌，那么高价值品牌为什么愿意来？"人、货、场"三要素是"先有鸡还是先有蛋"的关系。要想引进高价值品牌，必须先确立"人"和"场"两要素；而"人"和"场"要素又需要借助高价值品牌来塑造。那究竟要如何营销，才能把"人、货、场"三要素聚合、孵化，最终产出经营成果呢？这就到了本章最关键的一点——营销"中心论"。

何谓"中心论"？众所周知，房地产注重地段，非住是房地产业态的一种，当然也不例外，并且非住对地段的要求更高，必须是"中心"。非中心不成商业，任何一种非住业态，即使是社区底商、车位，要想卖得好、活得好，都必须立住"小宇宙中心"的定位。就拿最简单的社区底商来说，如果底商只能服务本小区住户，那么其生意肯定不行，只有形成了辐射能力，才会带动周边小区的人也来消费，比如成为方圆2千米的一个小中心，这个底商才能活得滋润，这就是"中心论"。至于金街、公寓和写字楼，"中心论"则是它们的信仰，"中心论"立不住，项目的命运就是失败。

这里要强调的是，非住营销所说的"中心"不是纯地段的概念，而是由"人、货、场"三要素聚合而形成的"中心能量场"，是一个"生态"的概念，地段只是"场"这个要素中的一部分内涵。换句话说，"中心论"和"人、货、场"三位一体为表里关系，前者为表，后者为里。现实中我们可以看到，很多位于城市中心地段的商业体奄奄一息，但很多相对偏远的商业体却欣欣向荣。有些项目的先天地段稍差一些，但通过后期卖场氛围的打造、专业招商团队的运营、高端用户的引流，"人、货、场"三要素俱足，照样能成为万众瞩目的"中心"。相反，有些项目"穷得只剩下地段"，没有高价值用户，没有高价值品牌，也没有好的卖场体验，这样只会被彻底边缘化。注意力是这个时代最稀缺的资源，通过"人、货、场"三要素的良性互动形成的良好生态，可以形成强辐射的能量场，使项目受到大众的关注，成为"中心"。简而言之，"万众瞩目＝中心"。

这样说，是不是先天地段就不重要了？当然不是。地段是"1"，是营销的起点，其余要素是"0"，是营销的高度。没有1，所有营销都是无本之木，无源之水。

说到这里，我们对信心营销的方法论做一个小结。

- 信心营销的目标是让客户相信未来能赚到钱。
- 未来能赚到钱的底层逻辑是经营逻辑，"人、货、场"三要素俱足是经营逻辑的"实底"和"确据"。
- 信心营销的基本方针是"中心论"，"中心"强调的不是地段而是生态，是能量场，"中心论"和"人、货、场"三位一体是表里关系。

信心营销的基本方针：中心论

如前文所述，信心营销的基本方针是"中心论"，"中心论"的价值内核是"人、货、场"三位一体。因此，"中心论"的确立必须基于重构与升级"人、货、场"三要素。从非住营销的实践来看，常见的做法是以"场"——先天地段和卖场体验为起点，然后逐个突破。

这里需要强调的是，"中心论"的确立不是空头支票，不是欺骗，那是坏营销，好营销不是这样的。

好营销背后的共性因素大致可以分为三个部分：逻辑、想象力和人性。……好营销需要有非常强的市场逻辑，也需要有想象力和对人性的洞察，否则难以出奇制胜。[1]

因此，"中心论"的要义是对市场逻辑有高维认知和严谨推断，对项目未来价值有超前想象与展示，以及对人性进行深刻洞察，以此重构和升级"人、货、场"三要素，构建项目未来价值的"实底"和

---

[1] 曹虎，王赛. 什么是营销[M]. 北京：机械工业出版社，2020.

"确据"，让客户形成高价值预期，在心智上实现"预售"。

从营销实践来看，"中心论"的确立必须经历三大步骤：塑地段、聚人气、造商圈。造场、聚人、引货，环环相扣，缺一不可（见图1-3）。

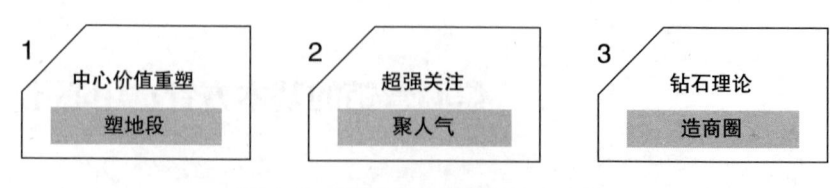

```
┌─────────────────┐  ┌─────────────────┐  ┌─────────────────┐
│ 1               │  │ 2               │  │ 3               │
│   中心价值重塑   │  │    超强关注      │  │    钻石理论      │
│  ▬▬▬塑地段▬▬▬  │  │  ▬▬▬聚人气▬▬▬  │  │  ▬▬▬造商圈▬▬▬  │
└─────────────────┘  └─────────────────┘  └─────────────────┘
```

图1-3 "中心论"落地的三大步骤

中心价值重塑：塑地段

地段价值重塑的方法有两个。

第一，关联定位，重新定义中心。

房地产注重地段，地段价值重塑是房地产营销的核心要义。针对位于发展中板块的非住项目，首要动作是用"上帝视角"和"城市广角"重新扫描整座城市的地脉和商脉，重新定义项目所在的商圈，将其塑造成所在板块的小宇宙中心。

如何重新定义中心，一个实用的方法是关联定位。关联定位本质上是一种外部思维，它从客户的心智上寻找机会，而不是从企业内部着手。关联定位通过改变参照系来重塑认知，参照系不同，土地价值也会不同。关联定位俗称"抱大腿"，特别适合发展中的潜力股。中国古人很擅长关联定位，诸如小李杜、竹林七贤、扬州八怪等，都是关联定位。李白和杜甫在诗坛无人不知，李商隐和杜牧则是潜力股，知道后者的人相对少一点，而关联定位之后其就抱上（大）李杜的大腿了；竹林七贤中除了阮籍、嵇康，其他人都是关联定位；扬州八怪里除了金农、郑板桥，其他人也是关联定位；还有我们熟知的《天龙八部》，人人都知道乔峰的大名，但是知道慕容复的人相对少一些，关联定位之后，江湖上流传"北乔峰南慕容"的说法，慕容复的名号也就传开了。

这里举两个关于非住营销关联定位的案例。

第一个案例：南昌市旭辉中心是一个60多万平方米的城市综合体大盘，包括一个9万平方米的购物中心——旭辉广场。该项目位于南昌市经开区西北近郊的一个新兴板块，商业氛围不足。南昌市有八一、红谷滩等六大传统商圈，旭辉广场的关联定位是：南昌商业第七极，打造商业模式4.0——社交体验式商业（见图1-4）。

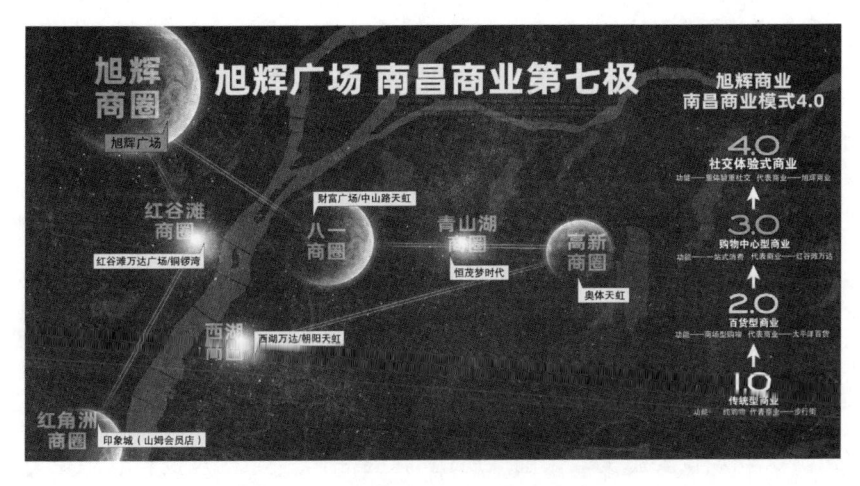

图1-4 南昌市旭辉广场的关联定位

第二个案例：深圳市长富中心写字楼位于福田保税区，总建筑面积约20.6万平方米，由1栋68层、高303米的主楼及1栋17层的附楼组成，是深港前沿的城市天际线。该项目所在的保税区给人的印象是物流园较多，大货车多，厂房扎堆，道路拥挤，高端商务氛围差，最不乐观的是晚上10点以后园区还要关闭，客户对地段价值不认可。项目原定位语"303米，深港中心，前沿生态地标"无法跳脱原地域属性，对客户的冲击不强烈，入市半年仅销售500平方米。新的营销团队接手后，第一件事就是解决地段价值认知的问题，用"城市广角"重新确定项目坐标系，拎出了益田路——深圳市福田区CBD（中央商务区）中轴线。该项目位于CBD南中轴线的末端，另一端是深圳市的地标——深圳市民中心。项目的另一个特质是303米的超高层，于是营销团队继续关联定位，用"上帝视角"扫描了深圳市全境地标级写字楼，提出"深圳商务'五塔版图'"的概念（见图1-5），将项目与深入人心的地标级写字楼——京基100、星河WORLD、华润深圳湾总部和平安金融中心关联，"塔"的题中之义就是地标。因此，新的定位语"城市中轴，深圳南塔"应运而生，经过一系列营销组合拳，项目逐渐获得市场认可。这8个字看似简单，却是好营销的典型案例。"城市中轴"源于对城市地脉的梳理与定位，需要营销人员有很强的市场逻辑和功底；"深圳南塔"则直击人心，用锚定效应创造了"社交货币"。试想一下，你的公司进驻了与华润深圳湾总部齐名的深圳市"五塔"之一，位于CBD中轴线上，是深圳市南部商务地标，这是多有面子的一件事情。

关联定位要想奏效，前文所说的好营销三要素——逻辑、想象力和人性洞察必不可少，否则关联定位就会变成"碰瓷式营销"。

第二，土地属性改良，增加城市浓度。

土地属性不可改变，但是可以改良，尤其是综合体型非住项目，其所具备的商业资源本身就可以增加城市浓度，改良土地属性。非住操盘者要做的就是在项目规划方案、开发次序和展示等方面优先布局能增加城市浓度的内容，提高客户的想象力。因此，发展型中心、综合体项目的售楼处选址必须在金街，不能在住宅区，下面举例说明。

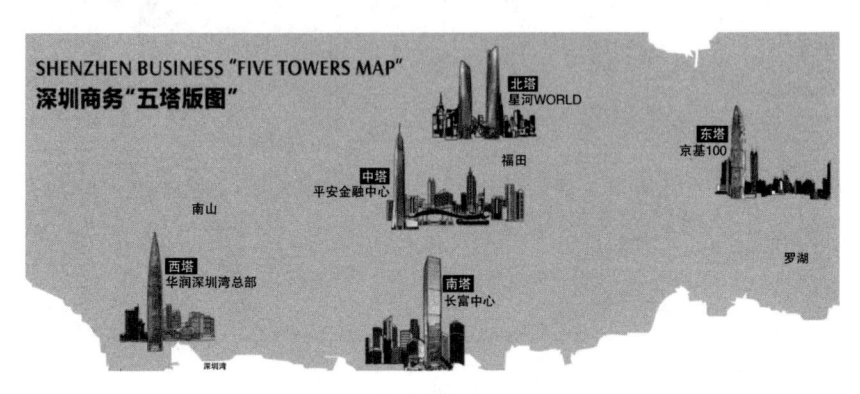

图1-5　深圳商务"五塔版图"

资料来源：深圳瑞信行。

图1-6展示的六安旭辉中心是一个总建筑面积约50万平方米的大型城市综合体项目，包括约38万平方米的住宅，约2万平方米的可售商业，约10万平方米的自持购物中心。示范区的选址当时有三个方案，呼声较大的方案一选址为东北角，理由是项目可售货值的绝大部分都是住宅，商业只有约2万平方米，理应以住宅为中心构建展示。然而最后定稿的选址是方案三，金街虽小，但承担着改良整个项目土地属性的重任，从最后呈现的效果看，这个决定非常正确。售楼处门口的广场配置裸眼3D（三维）大屏，集聚了大量人气，成功塑造了小宇宙中心。

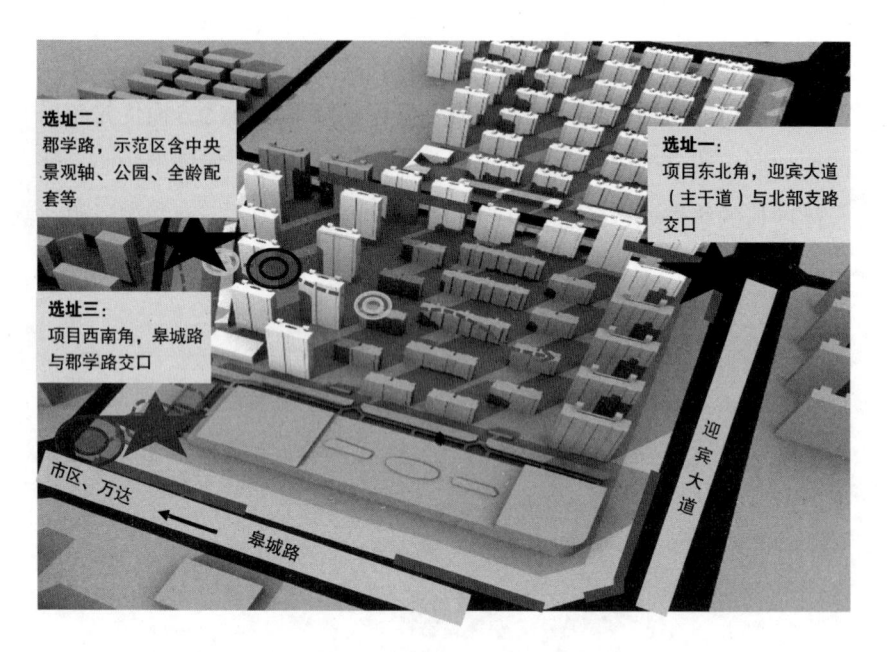

图1-6　六安旭辉中心示范区选址

超强关注：聚人气

非住"中心论"落地的一个重要要素是周期同频，也就是让住宅、金街、公寓等几种业态在同一个时间段开发，节点咬合，相互赋能，共同聚人气，从而赢得超强关注。世上本没有中心，来的人多了，自然就有了中心。

例如，某综合体项目的总建筑面积约为35万平方米，包含七种业态：住宅、社区底商、自持购物中心、金街、公寓、写字楼、车位，图1-7是该项目各业态的营销节点。2020年6月26日，住宅开盘，汇集最整齐的团队、最多的推广费用、最高的声量、最旺的人气，这是项目的高光时刻，但是聚光灯都打在了住宅上。住宅业态在12月

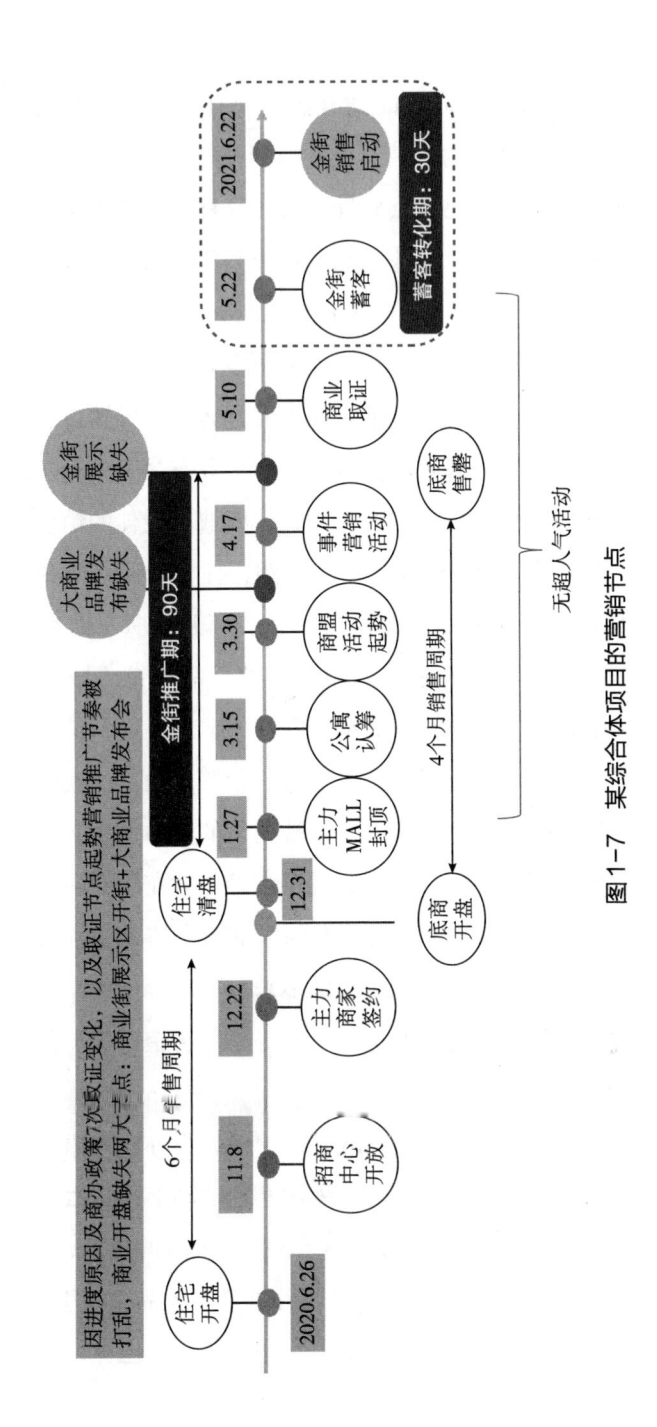

图1-7 某综合体项目的营销节点

31日清盘，而开发商直到这时才开始推出社区底商，然后是公寓和金街。住宅和非住之间的营销节点基本断开，分为前后两段，商业业态的销售距离住宅售罄已过去好几个月。这样做的结果是：项目热度骤降，来访量大幅减少，商业业态的销售只能冷启动，但这时营销费用开始捉襟见肘，所以金街的整个推广期90天，无法连续举办大型起势活动，人气自然不佳。另外，住宅也没有因综合体而溢价，因为在住宅销售期，商业业态看不见、摸不着，客户无感知自然无溢价。

因此，综合体项目必须实现节点咬合，业态之间相互赋能，只有充分发挥"众人拾柴火焰高"的效能，才能取得最佳的销售效果。图1-8是综合体项目开发的标准节点示意图，住宅和商业同频开发，节点咬合。住宅销售团队、商业销售团队、商开团队、商管团队等几支团队无缝衔接，千人招聘会、奠基仪式、品牌馆（城市展厅）开放、区域发展论坛等超强人气活动嵌套其中，用一份营销费用哺育住宅和非住所需要的超强人气，助力"中心论"落地。这就是为什么业内说做住宅项目的是小学生，做写字楼项目的是中学生，做综合体项目的是大学生。综合体项目最大的奥秘和难点就在于不同业态的周期同频。图1-8所示的综合体项目开发的标准节点体系，属于高难度动作，没有一定"段位"的房企可能做不来。

关于商业人气的营造，万达、新城等头部房企对此类营销活动还制定了标准化要求，图1-9可供参考。

在实际操盘过程中，因费用或其他原因，举办千人招聘会或大型演唱会有一定难度，我们可以变通采用其他活动形式。六安旭辉中心金街在开盘前就以不多的费用举办了5场千人级的活动，效果甚好。第一场活动是临时展厅开放，有可口可乐联名礼品，吸引了3 000人到访；第二场活动举办了五一市集，大牌聚集，星巴克、喜茶首入六

图1-8 综合体项目节点图

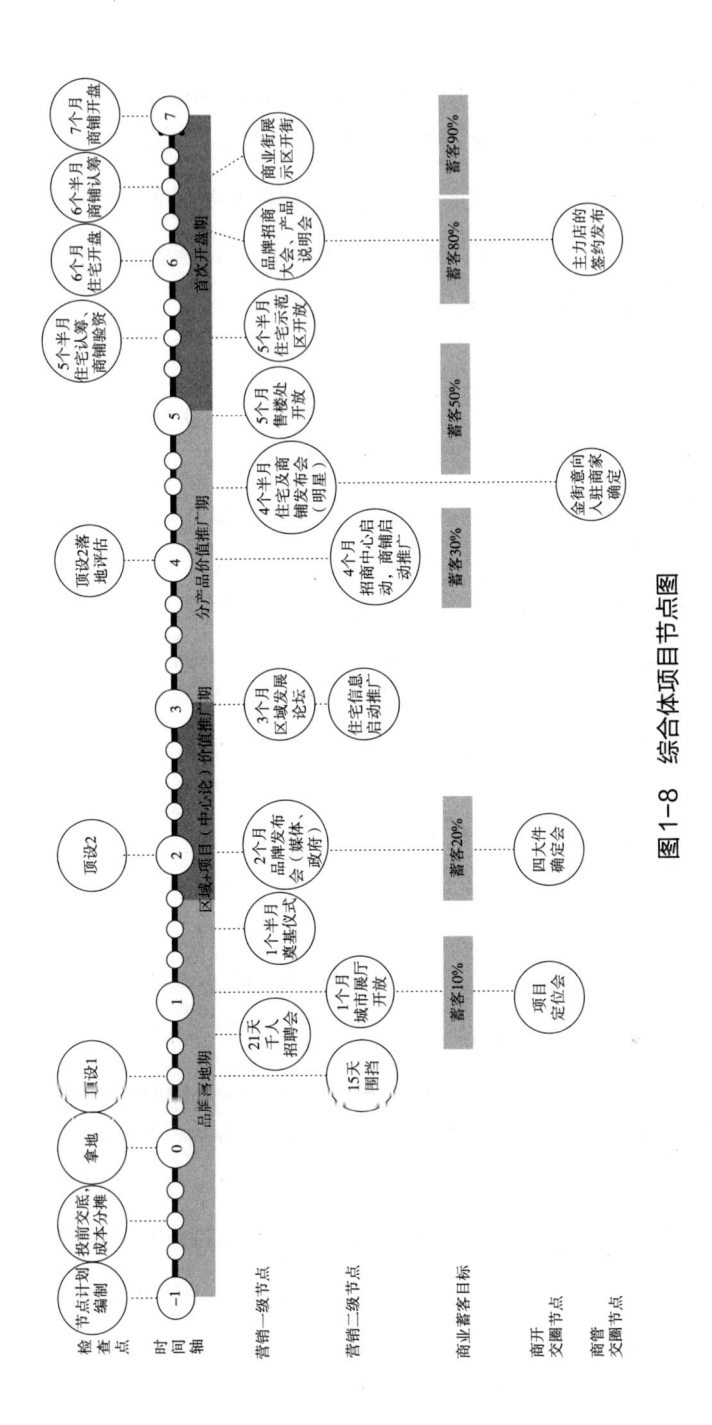

安,现场派送礼品;第三场活动举办了商业发展论坛,商业大咖和六安名人到场,永辉超市和绿篮子等商家代表站台;第四场活动是示范区开放,以超强人气助力商业验资,首轮装户;第五场活动,裸眼3D大屏亮相暨产品发布会举办,抖音网红、媒体大咖齐聚现场,万人共鉴六安首个裸眼3D大屏。

万达、新城商业综合体大型活动标准化要求	商业人气四步法
千人招聘会:搅动业界,"大鳄"来袭,吸纳最优秀的当地人才,人数为1 500人	① 城市关注
奠基仪式:牵动政府,最有号召力的人群背书,副市长以上级别人士到场	② 城市期待
品牌馆开放:彰显"城市亲和感",务必派送出30 000份礼品	
区域发展论坛:第一次发声"我就是中心",务必邀请1 000名城市精英	③ 超强人气活动
营销中心开放:必须邀请明星,在条件允许的基础上,到场10 000人	④ 现场氛围挤压
投资发展论坛:有"大咖"到场,来谈谈赚钱的事,到场1 000人	

图1-9 万达、新城商业综合体大型活动标准化要求示例

钻石理论:造商圈

如前文所述,"中心论"确立的底层逻辑是"人、货、场"三要素的重构和升级,地段价值的重塑是"造场",制造超强关注是"聚人"。而第三个环节的"引货"是指引进高价值品牌,这是最难的,也最容易被忽视。在非住营销实践中,高价值品牌之于项目,就像钻石一般珍贵。

所谓"钻石理论",说的是关于钻石的价值规律,越大的钻石越值钱,小碎钻不太值钱。1枚10克拉的钻石价值100万美元,但是100枚0.1克拉的碎钻的总价值只有1万美元。非住也是一样的,1位

购买1 000平方米商铺的大客户，其价值比20位购买50平方米商铺的客户高百倍。写字楼、公寓同理。为什么大客户对非住这么重要？除了众所周知的原因，大宗交易可以加速去化，对于体量较大的非住项目来说，如金街、公寓、写字楼，大客户销售是重中之重。通常来说，在一个销售业绩优秀的非住项目首开中，大客户销售金额会占首开货值的50%以上。另外一个更加重要的原因是大客户的引入对塑造商圈生态、落地"中心论"有着至关重要的作用。

- 大客户进场会形成风向标，增强市场信心，从而吸引其他小客户，逐渐形成中心商圈效应。
- 大客户进场可以奠定项目的调性，这是项目可持续经营的压舱石。
- 大客户因其品牌效应，可以成为项目的人气发动机，持续给项目带来优质客源。

因此，体量较大的非住项目在前期定位、产品设计和后期销售实施方面，都要注意利用钻石理论来造商圈、造生态。

以商铺为例。同样的商铺，有全部自持、局部自持、连卖式销售、全部散售四种产权模式，产权差异会导致利益出现差异，从而使未来的商业形态有差异。对于非自持商业来说，一个重要的原则是倡导"连卖式销售"，因为连卖可以创造商业经营价值，为未来的商圈创造更好的想象力。商铺卖成什么样，决定着未来的商圈变成什么样。

必须强调的是，连卖绝对不等于设计大面积铺位，连卖策略的有效性反而取决于铺子的最小化。铺子最小化不是总价逻辑，而是连铺销售逻辑。也就是说，在设计的时候，铺子要尽可能"切小"，但在销售时要求连卖。因此，在设计条件允许的情况下，商铺尽量做小，主力面积可以控制在10~50平方米。在销售实践中，30~50平方米的小铺对比100平方米以上的大铺，前者的单价要高出20%~60%。另外，商铺要尽量有多个出入口，多一扇门就多一种出租可能性。

在前期定位阶段，操盘手就要对连铺销售进行前置规划和考量，对一些重要的节点铺，比如端头、主要出入口及二楼冷区等位置进行大铺规划。在后期销售实施阶段，一方面通过商业样板段展示，强化连铺使用价值，实现大客户销售最大化；另一方面，通过连卖策略影响客户构成。通常，金街开盘时客户选房的顺序为：多套大客户→团购大客户→商业自营户→诚意金金额较高的客户或老业主客户→一次性客户→按揭类客户，销售人员要用各种利好政策来引导客户购买连铺。

总之，"中心论"落地的三个步骤——塑地段、聚人气、造商圈，都需要运用严谨的市场逻辑、合理且非凡的想象力以及对人性进行深刻洞察，层层递进，重构和升级"人、货、场"三要素，逐渐固化价值，强化客户信心。这就是信心营销的核心方法论。

信心营销的三个误区

理解了信心营销的目标、底层逻辑和基本方针之后，我们再来看非住营销实践中三个常见的误区，从而就可以非常清晰地看出问题所在。

在现实操盘中，信心营销常见的做法有三种。第一种，用广告对地段、商圈进行包装，描述投资前景，计算投资回报，"裸卖"。第二种，花费大量资金做大活动，模仿万达搞演唱会，聚集超强人气。第三种，租售一体甚至实景开业，带租约销售，向客户宣传投资回报率。

上述三种操盘方式的核心问题都是盲人摸象，只触碰了信心营销的一个局部，而不是从"人、货、场"三要素的全局来营造生态、实现经营逻辑闭环。

第一种操盘方式只讲地段，只碰到了"场"这个要素的局部。在地产黑铁时代，对于含着金汤匙问世的纯正烫金地段，这一方法都不好使，更不用说绝大部分项目都不具备好地段属性。

第二种操盘方式只讲聚人，只碰到了"人"这个要素的局部。三要素里强调的"人"是高质量的、有价格承载力的用户。看热闹的外围看客有催化剂的作用，但其着力点是人性中的从众心理和虚荣心。笔者有一个"演员和看客"理论：项目要想卖得好，演员和看客这两种人缺一不可。刷卡的客户是演员，他在台上，看客可以满足他的虚荣心，看客数量当然越多越好；但光有看客，没有演员，营销动作就没了焦点，是没有用的。这就是为什么很多营销活动搞得很轰动，最后成交量却寥寥可数。

第三种操盘方式只讲引货，只碰到了"货"这个要素的局部，并且最容易似是而非，其荼毒最深。很多操盘手一看到商铺、公寓、写字楼卖不动了，就提倡租售一体，成立专门的招商团队，商铺、公寓全部带租约销售，同时对招商人员提要求——回报必须达到4%以上。然后销售人员向客户宣传"可以获得4%的投资回报率"，把非住当成理财产品来卖。回报达不到这么高怎么办？也有办法。一个办法是延长免租期，另一个办法是赠送精装修，以达到在合同中提高租赁单价的目的。前文说了，"货"指的是高价值品牌，而品牌质量的高低并不是以暂时的租金高低来衡量的。

举一个笔者亲历的负面案例：武汉市某商业步行街项目，三条地铁线交会，招商团队把端头铺和昭示面好的商铺租出去，遴选商户的标准是有4%以上的投资回报率，结果最好的位置招来的是一批寄生型商户，其品牌引领和客流贡献能力都不够，其他位置尤其是二楼，80%的商铺因为租金较低而无法招商，只能空置，最终形成了"高位截瘫商业街"。

这里有一个典型的误区，那就是以租金高低来论短长，而没有用"人、货、场"的生态营造思路来全面思考商业街的经营逻辑。在上述案例中，端头铺应该以经营为导向，用钻石理论引入类似海底捞这样的品牌商户，充当整条街的人气发动机。头部商户的租金回报率可能比较低，达不到4%，但对项目"中心论"的确立意义非凡。真正懂经营的投资者不会只看短期租金回报，而是更看重经营逻辑是否成立。通俗地说，他们更看重这里适合做什么生意？能不能火？利润高不高？只要生意火爆，拥有长期的投资回报是水到渠成的事情。可惜的是，该步行街项目的负责人拒绝了当年如日中天的海底捞，选择了其他可以支付高租金的小商户，导致"中心论"落空，项目至今仍处于"高位截瘫"状态。

因此，不要以租金为唯一衡量标准来招商，正所谓"不谋万世者，不足谋一时；不谋全局者，不足谋一域"。招商要科学，操盘手应从经营生态的角度考量究竟要入驻哪些商家，每个商家的角色是什么？是品牌引领、客流贡献、租金贡献还是消化面积？哪些位置应该招商？哪些位置不应该招商？什么时间招商？招商之前的信心营销如何输入？这里面有大学问，不可不慎。一个成功的非住项目，对团队的招商能力要求非常高，光有品牌资源是不够的，招商人员需要有谋篇布局、排兵布阵的专业能力。

总而言之，客户想要的是未来经营能够赚到钱，非住的解题就得从经营逻辑入手，思考"人、货、场"三要素如何形成闭环。经营逻辑闭环了，投资逻辑自然成立，销售逻辑也就水到渠成。非住营销人要学会用经营逻辑去思考问题，去理解每一项生意的经营真谛。脱离经营逻辑讲信心营销，这个信心是浮在表面的，逻辑是空洞、苍白的。毕竟，像当年那样"一铺养三代"的大卖时代已经一去不复返了。

综上所述，破局非住需要两手抓，一手抓"变"，一手抓"不变"。前者是视角，后者是算法。

第二章

金街操盘：节点与步法

金街，顾名思义是指金贵的街，也就是要卖出超额利润的街铺。金街营销是一个庞大、复杂的工程，讲究环环相扣，错一步满盘皆输，对团队成熟度要求极高。在中国房地产行业，能玩转金街的公司可能不超过十家，即使是金街业态的定义者和集大成者万达集团，其运营的金街真正算得上成功的比例也不是很高。这也是本书将金街设为第一种非住业态并且以最多的篇幅来讲解的原因。

首先我们来定义金街。金街通常是指大型城市综合体项目中，紧密围绕购物中心（业内俗称"盒子"）的一条商业步行街。盒子自持，金街销售，从而补充盒子自持所需的现金流，金街借助大盒子的联动和辐射，往往能获得比普通底商更高的溢价，这就是"金街"中"金"字的意义所在。在中国，谁第一个使用"金街"名称已无从考证。北京王府井步行街有"金街"的美誉，但尚未以"金街"命名；天津和平路步行街于2000年改名"金街"，但影响力不大；直到2009年，万达推出第三代城市综合体"盒子+街区+高层"的组合形式，以"金街"命名盒子外围的步行街区，并进行批量复制，最终让"金街"成为一种业态。今天，业内只要提起金街，通常就是指万达所定义的盒子外围的步行街。本书所探讨的"金街"，一般情况下指的也是万达形式的金街。有些综合体项目没有大盒子，但有一条主题型室外商业步行街，这也在我们探讨的"金街"之列。

金街是大型城市综合体中的一种业态，在非住营销实践中，操盘手往往会把金街作为综合体营销的前锋，率先启动。金街营销人员一定得具备全局思维，用系统的方法去思考。金街营销的第一步应从综合体项目营销节点图开始，拉出时间轴，在整个综合体的全景节点中明确金街的节点坐标，弄清金街和其他业态的营销节点之间的咬合关系。有了节点概念后，再来掌握步法。金街营销的五大阶段对应营销五步法——定位、展示、推广、定价、销售，每个阶段的工作都有侧重点和动作要领。先有节点，后有步法，先知道每个时间节点应该干什么，然后再掌握怎么干。

综合体操盘时间轴及金街八大节点

如前文所述，综合体营销的一个重要原则是周期同频，也就是盒子、住宅、金街、公寓、写字楼、车位等业态的每一个节点都相互嵌套、咬合在一起，各个业态同频共振、互相借势、互相赋能。这样做的主要原因在于经济效益。例如：一个综合体项目的总销售货值为20亿元，总营销费用为5 000万元；其中住宅货值为16亿元，金街货值为4亿元，住宅的营销费用为4 000万元，金街的营销费用为1 000万元；另外购物中心全部自持，招商费用预算中的推广费用非常有限。三种业态如果各自为政，先卖住宅，4 000万元的营销费用基本上会花完，再来卖金街就只剩下1 000万元的营销费用，其中推广费用大约只有400万元。没有钱，推广势能不够，没有知名度，没有人气，当然就没有销售。因此对金街操盘手来说，最重要的就是掌握综合体操盘时间轴，把控整盘节奏，让金街的节点和购物中心、住宅的节点都咬合上，在项目推广费用最充足、人气最旺的时候销售金街商铺，具体如图2-1所示。

特别要强调的是，根据"先人后事"的原则，节点咬合的前提条件是综合体项目的营销总统筹住宅、金街，而两种业态必须各有一支

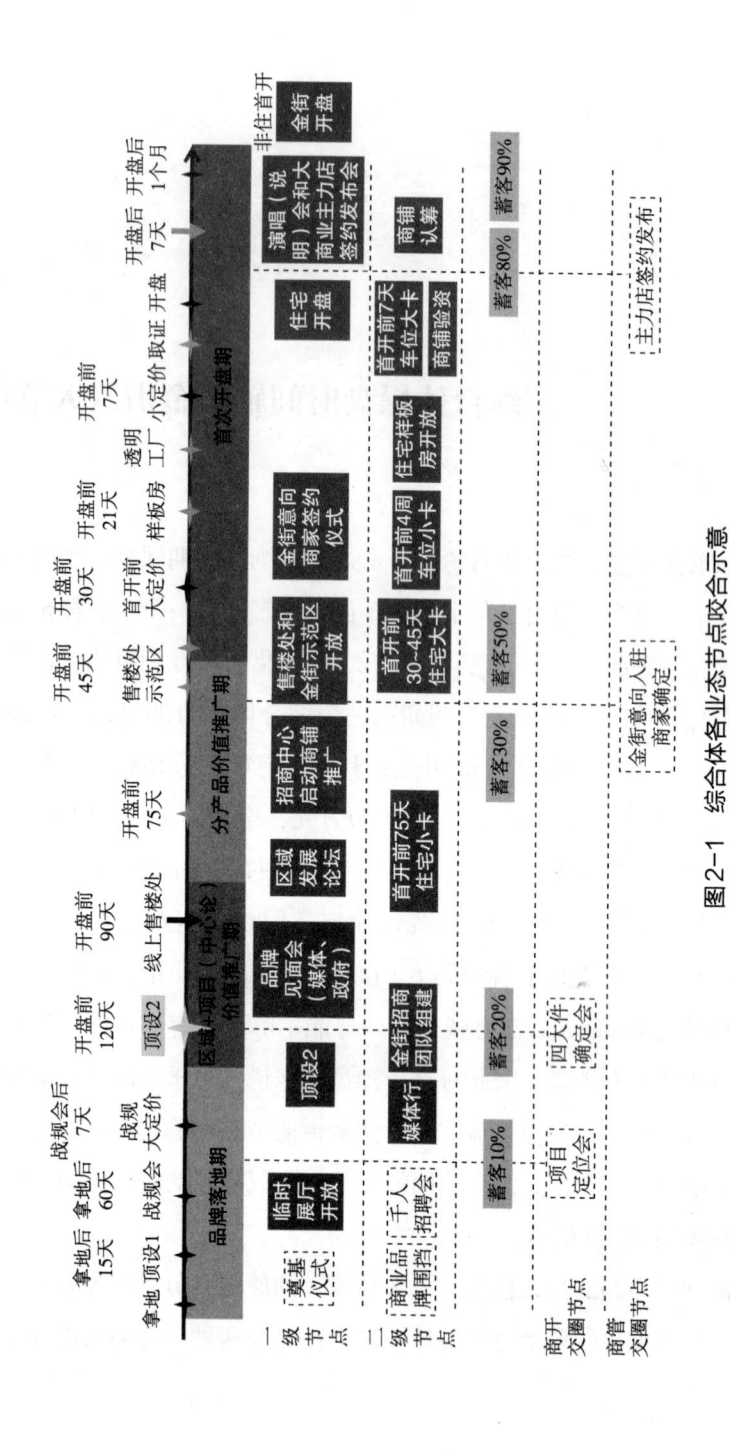

图2-1 综合体各业态节点咬合示意

独立的营销团队，金街营销团队的招商、销售、策划等职能齐全，成员各司其职。

图2-1为综合体操盘时间轴示意，涉及最常规的四种主力业态——盒子、住宅、金街和车位。操盘手可以先开住宅、后开金街，或者先开金街、再开住宅，这可以根据实际情况灵活处理。从拿地到住宅首开，时间为5个月，从拿地到金街首开，时间为6个月。时间轴前半段从拿地开始顺推，而后半段根据开盘时间倒推，中间会合。主流地产公司都有自己的节点图，节点名称也略有差异。本章重点讲解金街操盘，对综合体的各个节点暂不详细展开论述。

综合体项目操盘非常考验公司及团队的成熟度和标准化能力，业内以高周转著称的商业公司，比如万达、新城，其综合体项目从拿地到金街首开的时间通常为5个月。5个月的时间，有些公司连图纸都没有确定，更不用说开盘了。不过之前地产行业的高周转模式带来了很多问题，虚假繁荣之后是烟花易冷，常见的问题包括前宣时间短、销售邀约不足、团队疲于消节点、质量难以保障等。因此，本书所列的时间节点仅供参考，目的是讲清楚节点咬合的次序和原理，强调的是每个动作都要夯实和落地，至于时间长短，这需要根据项目和市场的实际情况来推定。

一般来说，金街首开前的营销周期为6个月左右，有8个重要的节点：

- 拿地后2个月，临时展厅开放，金街销售团队组建。
- 金街开盘前5个月，金街招商团队组建。
- 金街开盘前3个月，商铺推广启动。
- 金街开盘前2.5个月，金街示范区开放。

- 金街开盘前2个月，金街意向商家签约仪式举办。
- 金街开盘前1.5个月，商铺验资。
- 金街开盘前半个月，商铺认筹。
- 金街正式开盘。

第一个节点，金街销售团队组建，承接项目奠基仪式、工地围挡亮相、千人招聘会及临时展厅开放等重要节点积累的人气。同时，金街销售团队"带资进组"，基于自有客户资源开始Call客（电话营销），案场蓄客，起手一周，一般可以蓄客10%左右，这也是宝贵的第一桶金客户。

第二个节点，首开5个月前，金街招商团队组建。之所以提前5个月，是因为一般来说，大的商业品牌从接洽到落地，周期为三五个月是正常的。这个节点往前咬合综合体项目奠基仪式、临时展厅开放、千人招聘会、媒体行等节点，可以借助综合体项目的品牌势能，吸引业内精英的关注，这为项目招商团队的组建打下了基础。同时该节点往后咬合品牌见面会、区域发展论坛等大型推广活动，可以为金街招商对接合适的商家资源，开展针对品牌商家的信心营销。在综合体项目的操盘实践中，项目奠基仪式、城市展厅开放、品牌发布会、区域发展论坛都属于一级节点，也是项目推广费用投放的重磅环节，这几个节点的人气最旺，资源最多。金街要想旺销，必须招商先行，卡上综合体项目前期的几个大节点，从而达到事半功倍的效果。

招商团队组建后，一个重要的动作是联合大商业招商团队，成立项目"商家联盟"（简称"商盟"），联动政府机构、各种行业协会、知名连锁品牌、本地自营品牌、优秀创客等，举办各种活动，共同炒作商圈，同时发现招商机会。商盟体现了企业和操盘团队的软实力，起手一定要高。万科和绿城等讲情怀的头部企业在运作大项目时都会发动"政、企、民、学"四位一体的社会力量，极力塑造项目的"公共性"，最终都取得了很好的效果。

例如，武汉青山印象城项目联合青山区政府把商场周边40万平方米的大广场打造成Life Hub（生活中心）未来游乐园，整个商场变成一个超大型邻里中心，国家一级图书馆青山区图书馆也搬到了商场内。项目团队与中国科学院水生生物研究所、武汉白鱀豚保护基金会一同推出诸多与江豚保护、江豚知识科普相关的活动，联手打造、运营江豚IP（具有长期生命力和商业价值的跨媒介内容），让江豚保护这样的公益活动在商业空间逐步常态化。同时社区服务站、社区居民委员会……这些我们平时可能觉得去一趟很麻烦的地方，都走进了青山印象城。位于商场二层的会员中心是该项目与共青团青山区委共建的"青年之家"，具备公益服务和创业平台的功能。这些资源往小了说是商盟，往大了说体现了项目生态的"公共性"，项目的公共性越强，就能赢得更多的关注。青山印象城从2017年开业之后掉铺率高企的状态变成现在的武汉市大众社交胜地，这体现了连接公共性、营造商业生态的重要性。

招商团队还有一个重要的职能，那就是利用团队掌握的商家经营硬件要求和经营逻辑，补位销售团队，对金街的业态规划、划铺提供专业建议。前文的"钻石理论"要求大铺连卖，这需要在一开始就做出前置规划。在划铺时，前置拆解推售区域内的异形铺、不利闪素死铺，通过连卖提升该类商铺的经营价值。同时提前铺排客户落位，确保未落位商铺的连续经营价值，充分确保大客户可选区域的连贯性。例如，湖州宝龙旭辉城的金街（见图2-2）首开实现5套以上客户5个，4套以上客户1个，2～3套客户2个，首开大客户（4套及以上）

销售额占比为82%，能够达成这样的结果，前置划铺功不可没。

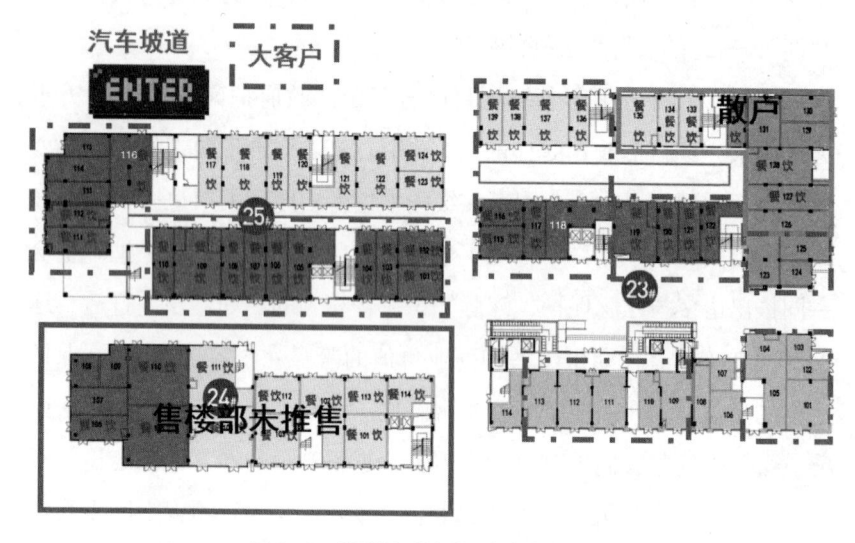

图2-2　湖州宝龙旭辉城金街某标段

在图2-2中，左侧25号区域中的116号商铺的对外门面受汽车坡道影响，毫无昭示性，可判定为"死铺"，团队对113～115号商铺不设置经营餐饮条件，做餐饮必须搭配116号连卖，从而提升了116号商铺的经营价值，确保其被大客户同步选中。右侧23号区域中的118号商铺，"门面小、肚子大"，单铺价值极低，落位时团队强制要求115～117号不单售，118号需同步带走，同步结合商街外摆区域的经营价值，证明118号后门的面宽价值，从而确保连卖去化。

经营场景的背后是投资逻辑，不同的拆解组合有不同的经营场景，商铺的划分必须基于经营场景所对应的投资逻辑；不同的客户有不同的投资诉求，基于客户的投资诉求，拆解不同的经营场景，以确保连卖最大化。比如在图2-2中，客户南北连买的逻辑是：未来出租，经营可组合、可拆分，并且中间有大面积外摆空间，以便扩大经营面积；餐饮商铺和非餐饮商铺的连买逻辑是：未来出租，经营可组合、可拆分，有餐饮条件的商铺，未来经营灵活性更强。

术业有专攻，招商团队对经营逻辑和经营场景的理解，对客户使用诉求和投资诉求的把握，对产品硬件和图纸的解读，都比销售团队强得多。招商团队和销售团队，背靠背，前者越早介入，后期的销售就越少走弯路。

第三个节点，首开3个月前，金街商铺推广启动。这里补充说明一句，除了大型综合体项目的整体推广，每种业态的首开前推广周期最好不要超过三个月。营销的最佳状态是饱和式攻击，应把有限的费用在短期内高强度爆破，而不是长期性散打。

启动推广的第一步就是金街第一次正式亮相，非常关键，起手一定要高，不仅要遵守"创造第一、表现差异、引导消费"的推广十二字诀，有自己的超级符号和谚语体系，还要站得高、看得远，操盘手要有城市视角，要把项目放在城市的立场上推广。

金街推广启动的常见动作有召开金街品牌发布会及案名发布等，发布会开启之后，后续再跟上各种暖场和渠道活动，继续把推广声量放大。这个阶段的推广动作强调两点。一是正式推广活动开始之前，蓄客进度一般要求达到30%左右。销售和渠道团队在此之前通过千人万铺大调查、大客户拜访等地推动作已经开始蓄客，只有具备了一定的客储基础，后续的推广动作才会有根基，不至于招来的都是看客。有了意向客户基础，营销卖点和口号也要根据客户的反馈进行调整，不可自嗨。二是金街推广必须讲经营逻辑，而不是投资逻辑，必须有"人、货、场"三要素的支撑，不能空洞无物。也就是说，金街招商在这个阶段必须有初步成果，端头旗舰铺、二楼节点大铺、一楼节点小铺等最好已经有了意向商家。

第四个节点，首开2.5个月前，金街示范区开放。这个节点的重点是"人、货、场"三要素中的"场"，金街样板段的亮灯仪式、裸眼3D大屏亮相、战略合作商家品牌站台都是这个节点的重头戏。大型城市综合体项目必须把住宅和金街售楼处、金街样板段整合在一起，项目的总体属性一定要突出"商"而不是"住"，要体现城市视角而不是居住视角。如图2-3所示，乌鲁木齐会展吾悦广场项目的金街示范区就包括外广场、售楼部、样板段和节点广场四大模块。金街是整个综合体项目的"引线"，综合体项目能否成功主要看金街能否引爆，金街能否引爆主要看其能否与大盒子、住宅等业态咬合，金街能否咬合成功，规划方案的权重占70%。

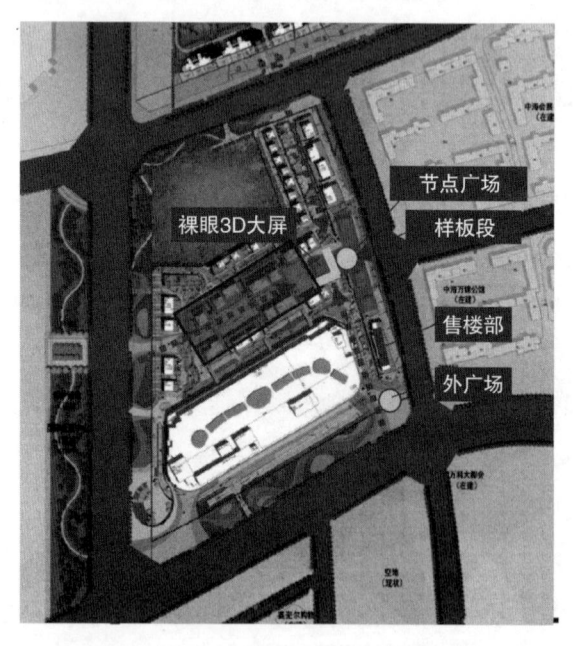

图2-3　乌鲁木齐会展吾悦广场示范区

示范区开放意味着项目的销售和招商有了体面的场地。这个时候，上文所说的商盟就要逐渐走向活跃，同大商业招商团队之间的联动也要加强。商盟可以建立一个固定的线上直播平台，定期邀请嘉宾来探讨城市商业发展的新格局，同时以消费代金券、场地借用、活动互办、线上直播等形式，实现商家与客户之间的资源交换，营造良好的商业生态与氛围。

第五个节点，首开2个月前，举办金街意向商家签约仪式。这个节点的重点是三要素中的"货"，这也是重中之重的节点。意向商家签约可以提升整个商业街的经营预期，同时租赁用户对购买客户形成反向挤压。在这个节点，操盘团队可以和签约商家联合启动宣传。

第六个节点，首开1.5个月前，商铺验资。一般情况下，这个节点要和住宅客户意向升级、转大卡的节点吻合。在这个时点，住宅即将首开，此时项目的推广力度最大，人气最旺。另外，购买住宅的客户中有相当一部分也是购买商铺的客户。这个时候借力进一步夯实"人、货、场"三要素中的"人"，效果最好。

到了验资阶段，蓄客基本完成80%，此时开始进行装户，以最大化转化已有客户基数。集中验资是装户动作的第一步，目的是试探客户对初选位置的心理反应，从而进一步判断客户的资金承受能力和价格预期。这个节点的价格一般在底价的基础上上浮8%~10%，给出客户价格区间，确定客户有三个或更多铺位意向。根据"钻石理论"，销售人员要向客户清晰释放大铺连卖优先级原则，或者借助道具制造现场紧张氛围，还可以进行多组合推广，传递验资火爆、即将开盘的信息。

商铺装户通常至少有三轮，初装、精装和认筹落位。通过验资动作进行意向初装后，大约一周时间就需要启动第二轮的精装户，第二轮的精装动作要注意以下几点。

- 提前做好销售道具，制造火爆热销场景。
- 释放"一铺难求"的信息，比如"300多组客户抢购130套铺位，还有大客户"等。
- 对第一轮扎堆的客户进行有效分流。
- 营销操盘手亲自洽谈，提高转化率。
- 将客户打造成"关系户"，制造紧张氛围。
- 对于特别铺位，让客户购买多间，或者介绍身边朋友来购买，并将其包装成大客户。

第七个节点，首开半个月前，商铺认筹。这个节点需要咬合的是大商业的主力店签约发布会，通常来说，综合体项目在这个节点还会举办演唱会之类的大型活动。在这个阶段，"人、货、场"三要素都达到前期的巅峰状态，客户的信心和预期也会达到顶点，此时开始商铺认筹是最好的时机。大盒子和金街的节点完美咬合，这是理想状况，但现实操盘中，除了几个强势的商管品牌和一些黄金地段的项目，大多数盒子的招商都比较困难，往往是这边的金街都快开盘了，那边的大盒子主力店还没有落地。在这种情况下，我们既不能坐等大商业签约，又不能直接略过这一节点。操盘手应该利用手中的品牌资源进行灵活变通，比如南昌旭辉中心的商业街——"乐街"，首开前就在条件有限的情况下，于2021年3月24日推动南昌经济技术开发区管委会主办、南昌旭辉中心承办南昌市经开区"品牌商家孵化计划"发展论坛，集结了一百多家品牌商家参与，取得了良好的效果。

认筹可以算是第三轮的最终装户，认筹节点根据项目客户量的多寡，时间可长可短，短则一到三天，甚至认筹第二天就正式开盘，多则半个月。认筹动作的要领有以下几点。

- 针对认筹客户，按照从购买多间的大客户至小客户的顺序，分时段邀约客户过来锁定。
- 鼓励客户推荐身边的亲朋好友过来购买（老带新）。
- 开盘头一天的认筹客户，通过说辞等将其包装成"关系户"，以第二天开盘客户众多等为借口邀约其提前来锁定；第二天利用锁定的客户刺激犹豫的客户，利用现场氛围逼定游移客户。

认筹阶段需要再次强调的是"钻石理论"。以经营价值引导大客户落位，优先解决"带头大哥"，以大客户逼定大客户。大客户最关注的不是回报率，而是经营逻辑，大客户最大化是对经营逻辑的最有力证明。与大客户谈判需要预留充足的空间，高级别领导可以亲自下场"同级谈判"，以确保客户的谈判体验。

从初装到认筹，三轮装户除了要关心客储健康度，核心动作之一是不断调价，通常要经过3~5轮的调价，不断优化。在保持总货值不变的情况下，根据每一段的地理位置，综合考虑每段之间的逻辑（包括但不限于位置、层高、端头、广场、道路、得铺率、1楼与2楼面积比，第一轮落位客户情况），同步考虑推售的时间节点，设置系数进行段位划分，在确保总货值最大化、去化率最大化的情况下，后期销售过程中通过回收折扣提升溢价率。

第八个节点，金街开盘。在综合体项目的操盘实践中，有些项目将金街放在住宅前面首开，有些将其放在住宅后面首开，二者只要咬合，前后次序可以根据公司及项目的具体情况来决定。

如前文所述，商铺等非住业态的价值形态是不稳定的"液态"，在开业之前，基于经营价值的信心营销直接决定了客户对商铺的价值预期。图2-4模拟了商铺的长期价值曲线，最上面的一条线代表经营成功的商业街，下方的线代表经营失败的商业街，我们可以看到，一直到商业街开业后的2~3年，客户对商铺价值预期的峰值点都在"首次开盘日"。从这里可以看出首开对商业街的重要性。"幸福的人用童年治愈一生，不幸福的人用一生治愈童年"，首开阶段就相当于商铺的童年，必须集综合体全家族的资源和力量进行推广，以积累后面两三年经营所需要的势能。

理解了金街操盘的八大节点，我们再来将其划分为五大阶段，每个阶段的核心工作不同。第一个阶段，从拿地前到拿地后2个月，核心工作是定位，产品定位及经营指标确定；第二个阶段，拿地后2个月到首开前2.5个月，大约2~3个月，核心工作是示范区展示；第三个阶段，首开前3个月到首开，核心工作是推广；第四个阶段，首开前2个月到首开前7天，核心工作是定价；第五个阶段，首开前2.5个月到首开，核心工作是销售。定位、展示、推广、定价、销售是金街营销的五步法，每一步都有专业的动作要领。需要说明的是，上述五个阶段并不是泾渭分明，互有交集是正常的，直到正式售楼处开放的中后期，推广、定价和销售必须并重，每个动作都做到极致才会有好的业绩兑现。

接下来，我们逐一论述金街营销五步法的动作要领。

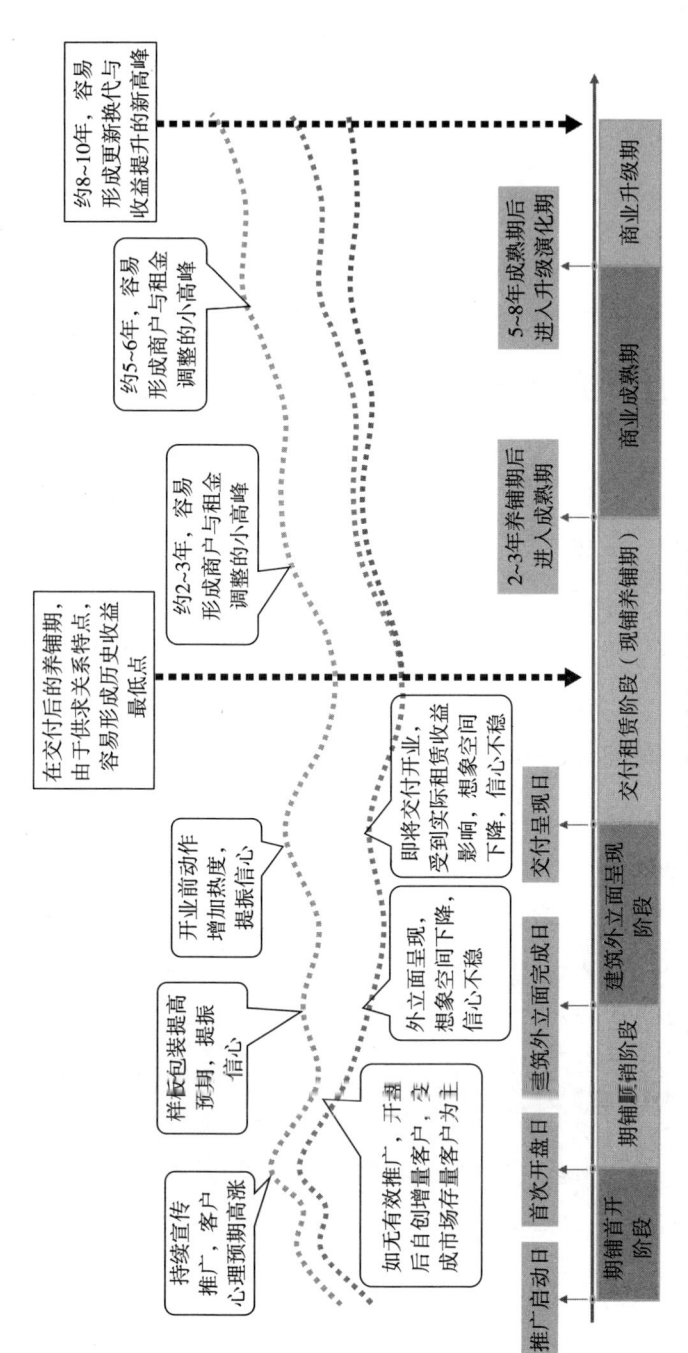

图2-4 商铺长期价值曲线模拟

资料来源：陈健飞，"商业营销思考"课程。

第二章 金街操盘：节点与步法 055

金街营销五步法之一：定位

定位是金街成功的重中之重，可以用一句话概括：总图定生死，业态定富贵。这说的是在综合体项目可行性研究、选址确定的情况下，一张规划总图直接决定了金街的生死，在总图没有逻辑缺陷的前提下，后天的业态规划和招商决定了金街的生意是否兴旺。下面，我们就从总图定位和业态规划两个方面分别论述金街的定位。

金街的总图定位

金街进化到现在，一般有两种形式，一种是万达式的传统金街规划，以大盒子为中心，金街以环线方式围绕着盒子，如图2-5所示。

在这种类型的金街规划中，室外街与盒子是一个整体，通过外廊进行连接，金街可以承接盒子的人流。从功能定位上讲，金街是大盒子的附属品，基于附属品的特性，我们在规划金街时要注意两点：一是体量不宜过大；二是二环对街为佳，谨慎规划三环。

金街体量不能超过3万平方米，尽量少做三层。

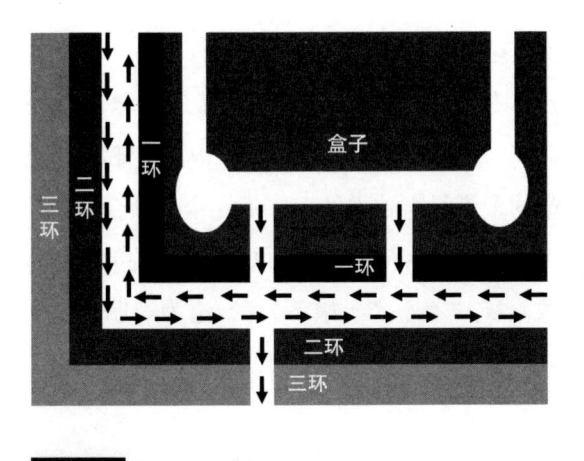

一环	位于盒子一侧的紧邻盒子的商铺
二环	与"一环"隔街相望的商铺
三环	沿最外侧分布的商铺

图2-5 金街三环规划示意

合肥包河万达金街的面积达2.5万平方米，为两层街铺，2010年12月开业至今活力依旧；同在合肥，合肥天鹅湖万达有3.6万平方米的金街，三楼铺位多有歇业，与包河万达形成鲜明对比。再比如，常德万达金街的面积达8万平方米，总长800米，街区客流少，商户经营不稳定，空置率高，市场口碑差，同时体量过大，后期运营堪忧。

因为围绕大盒子布局，一般金街都采取环线规划。一环、二环采取对街形成，这是最理想的布局；三环虽然面对城市道路，但道路能级不高，客流量小，又脱离了大盒子的势能，生意比一、二环差了很多。

万达式传统金街有其合理性，但金街与盒子是一个整体，可售和自持物业没有分开，这不利于自持物业后期资产退出，同时金街的报规验收也比较复杂。

后来出现了另一种形式的金街，其从建筑单体上完全与盒子脱离，销售型资产与自持型资产相互独立，从而保障了资产退出的合理性。这种类型的金街是半独立的，并不完全是大盒子的附属品，也无法很好地承接大盒子的客流，因此对规划方案的要求更高，不科学的方案只会导致金街"爹不亲、娘不爱"，沦为鸡肋，正所谓"总图定生死"。图2-6为某综合体项目的金街规划。

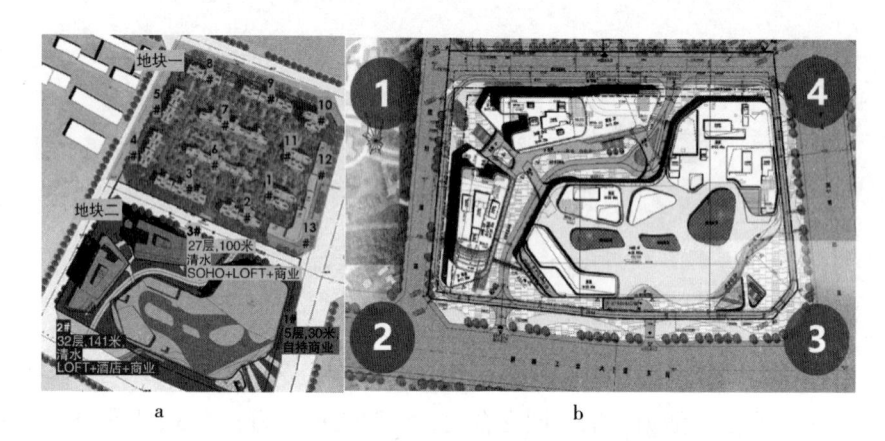

注：SOHO是指一种集办公、商业、休闲、居住功能于一体的综合性建筑或区域；LOFT是指单层高5米左右、有上下层复式结构的小户型建筑。

图2-6 某综合体项目的金街规划

该项目总图布置的逻辑是：金街最大化临主干道，预留金街主干道开口，但到了开业运营的时候才发现，节点④的客流量最大，节点③次之，节点②最少，节点①不具备人流导入条件。因为是独立式金街，其与大盒子没有连廊对接，无有效联动。更致命的是，金街本身不是对街形式，商业氛围不足，后期的经营势必面临一些困难。

相比之下，图2-7中的乌鲁木齐会展吾悦广场金街就有一个成熟的规划方案。它把第一种形式的万达式传统金街和第二种形式的独立式金街完美结合在一起，是金街规划方案的集大成者。该规划方案有如下几个亮点。

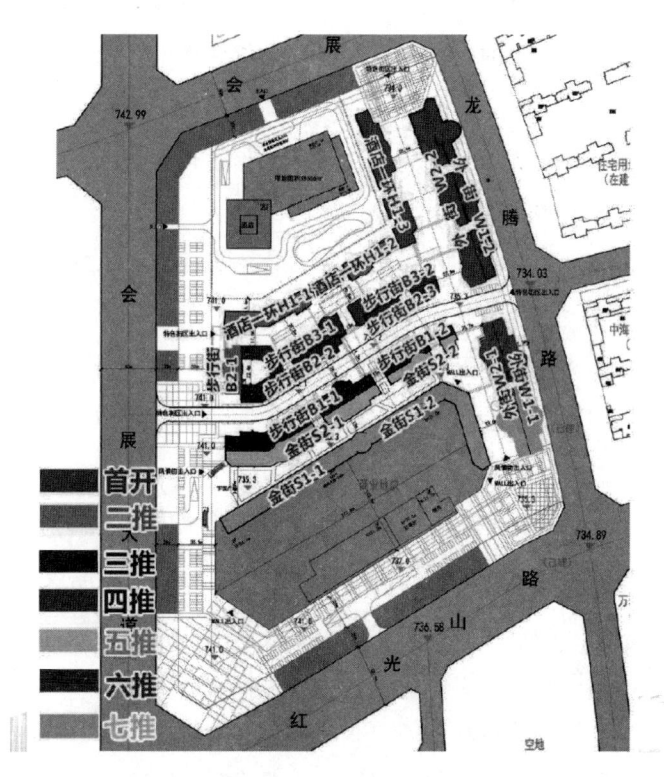

图2-7 乌鲁木齐会展吾悦广场金街规划

- 龙腾路人流量最大，盒子和金街所有商铺的主入口都开向龙腾路，商铺宁愿从龙腾路导入内街设计，也不面向其他三条能级较低的市政道路——红光山路、会展大道、会展中街。

- 金街最大化连接龙腾路主干道，只把十字路口的街角广场留给大盒子。大盒子因为体量和品牌优势，本身就能吸引目的性人流，一个主广场入口就足够了，而金街的人流虹吸能力弱得多，需要人流最旺的主干道来导流。
- 兼顾金街的附属性和独立性，一部分金街附属于大盒子，可以很好地承接大盒子的客流，另一部分金街独立于大盒子，便于资产的退出。
- 除了人气最旺的龙腾路外铺，所有的步行街都是对街设计，这对商业氛围的形成至关重要。
- 因为是独立式金街，所以必须强调特色。项目在建筑设计和业态规划上都突出了特色，主题定位为"一半很上海，一半很新疆"，通过不同文化的交融、碰撞、反差，形成了具有吸引力的时尚商业街。

地产黑铁时代，一、二线城市基本面临购物中心过剩、购物中心社区化的趋势，大盒子经营困难，遑论金街。金街在产品设计上突出特色是非常重要的，有特色的金街之于大盒子，就像是女主人脖子上的一条项链，可以突出个性、提升气质、改变气场。

比如日本的小体量综合体商业涩谷宫下公园，其特色就是在三层商业体的楼顶做了一个屋顶公园。屋顶是建筑的第五外立面。该项目的屋顶公园是一处充满现代感的广阔绿色空间，园内分为两个区域：其中一区设有滑板区、攀岩墙和沙滩排球场，另一区则有咖啡厅和草坪广场。因为设置了足够多的座椅，该屋顶公园也在一定程度上起到了公共空间的作用。坐在公园的草坪广场和长椅上，人们可以体验到在涩谷从未有过的"逗留"和放松。宫下公园的理念是"欢迎人们、花草树木、大自然的风都来到宫下公园",在后疫情时代,这里成了都市人理想的公共空间。

上述两种形式的金街,一种是附属式,一种是独立式。附属式金街必须做好与大盒子的联动,独立式金街必须临近人流量大的主干道。

除了大的总图框架,金街在产品设计上还有5个需要关注的细节——短街、窄巷、折线、店招、外摆。

短街

金街设计要强调人性化的流线长度。相关研究显示,连续步行200米,90%的人感到满意和舒适;连续步行300~400米,人们的步行热情逐渐降低;连续步行距离超过500米,50%的人会感到疲劳和厌倦,从而降低购物消费的激情和兴趣。

因此,金街的长度不宜超过500米,并且要在每个间距不大于160米的地方设置横穿该街区的消防车道。

窄巷

街道的宽度设计主要考虑两个因素:一是消费者在逛街的时候需要拥有适宜的社交距离和视觉距离,这样才能保证购物的舒适性,促进消费行为的产生,太远了会产生疏离感,人们没有消费冲动,太近了则会觉得拥挤,人们有逃离的冲动;二是需要考虑消费者站在一楼地面,视线可以与二楼商业进行交互,以保证二楼商业的客流。如图2-8所示,一位身高1.73米的客户,站在12米宽的街道中间,其视线高度是4米。

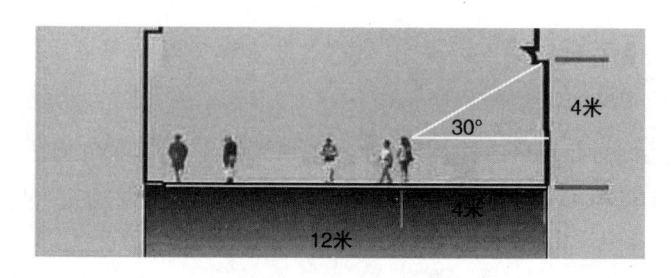

图2-8　视线高度示意

基于以上两点，步行街的宽高比为1∶1至1∶1.5最佳。如果两层商业体的楼高为12米，那么步行街的宽度最好为8~12米。在图2-9中，右图某金街宽6米，高12米，消费者站在一楼地面，看不到二楼，二楼商铺很难旺起来；左图某金街的宽高比为1∶1，消费者在一楼可以舒服地看到二楼的店招，二楼可以共享一楼客流。

图2-9　不同宽高比的金街

折线

折线很好理解。短街、窄巷、折线，这样才能达到曲径通幽、缓解疲劳、藏风聚气的效果，营造熙熙攘攘的购物氛围。

店招

参差不齐的店招设置会导致视觉混乱，从而影响金街的档次。店招与建筑设计相关，必须前置排雷。图2-10是上海某金街，采用的是骑楼设计，宽高比大于1∶2，商铺的可视性低，店招设计就像是人含着胸或者额头被头发遮住，没有精气神。

图2-10　上海某金街

外摆

外摆区域是店铺的延伸，可以扩大经营区域，增加营业额，也可以让人感到更加亲近、自然，因此顾客和商家都喜欢外摆。在设计方案的时候，开发商就得重点考虑外摆的位置，利用伞座、水牌、道具、花箱等，结合业态打造室外环境及外摆。商业外摆形式多样，一些风格独特的外摆甚至可以成为网红打卡地。

金街的业态规划

金街产品总图基本确定之后,接下来的工作就是"划铺",进一步细化方案。要想做到科学划铺,就必须懂得业态规划的原理,根据每个业态的具体要求进行科学落位和总图调整。要想搞懂金街业态规划的原理,就得搞懂金街的经营逻辑,通俗地说就是一条街上的生意火爆起来的逻辑。

如前文所述,经营逻辑需要思考"人、货、场"三要素的良好生态如何构建,有了好的生态,卖场才能火起来。我们在现实中经常看到"阴阳街"(一半火,一半不火),或者"高位截瘫商业街"(只有头部是活的,脖子以下都是瘫痪的),出现这种情况都是因为没有通篇思考整条商业街的生态构建,操盘者没有谋篇布局的能力,招商时短视。

在进行业态规划之前,我们首先要对商户进行分类,通常可以将其分成六大类,如表2-1所示。

表2-1 商户分类

商户类型	商户说明
人流贡献型	娱乐业态(如网咖等)通常承受租金的能力相对较低
品牌引领型	各业态中的旗舰品牌,如ZARA、必胜客、星巴克,承租能力相对一般,视地段、客流、交通等情况高低不一
租金贡献型	也叫"寄生型租户",一般依赖金街客流,它寻找的是现成的客户,这种商户包括部分品牌店、一般的专卖店以及中西快餐店;有些租户可能是非品牌型商户,但承租能力相对较高
面积消化型	高楼层、边角位置;寻找目的性消费客群;以消化富裕楼层或富裕面积为主,承租能力一般很低

（续表）

商户类型	商户说明
综合贡献型	主力店和次主力店。结合前面四类商户的特点，它既有客流吸引能力，又有品牌引领作用，对整个租金的贡献也比较大，同时它占了比较大的面积。一旦这类客户入驻，整个金街的基本保证就有了，基本客流也有了，它的经营对金街的整体安全起到了至关重要的作用
配套功能型	以服务类机构为主，满足金街的功能补充；有了它顾客会感到更方便，顾客对购物中心的"一站式"感觉会更好，比如银行（现在自助取款机比较多），还有一些公共机构以及政府的职能部门也可以进入，除了银行，其他商户的承租能力一般较低

图2-11是商户功能四维面积示意图，从面积大小上我们可以很直观地看出各类商户对整个金街的贡献价值，面积排在前三位的商户我们一定要特别重视。图中面积最大的一块区域是综合贡献型商户，它的面积占比大，对客流有一定的吸引能力，对品牌也有一定的定盘星作用。面积排第二的是品牌引领型商户。排第三的是人流贡献型商户，这类商户在图中显示为锥形，吸引客流的能力比较强，但它的面积占比可能不是最大的，收入贡献可能也不是最多的，品牌引领能力也稍微弱一点。

对各类商户的特质、贡献、地位等有了一个基本认知之后，我们再来进行金街的业态规划和生态构建，就有了全局观，不至于盲人摸象。关于金街的生态构建，下文有六点总结，笔者将其称为金街生态构建的"六把钥匙"。

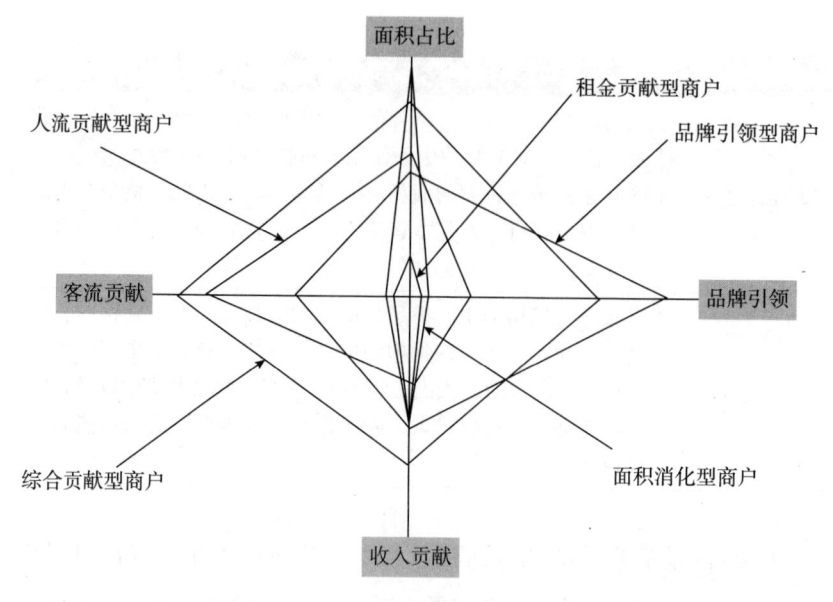

图2-11 商户功能四维面积示意

资料来源：新浪房产。

金街端头大铺是主力店，必须落位大面积的综合贡献型商户

综合贡献型商户的入驻符合上一章提到的"钻石理论"，即将多个小面积单位合铺连卖或定制，引进旗舰型商户。这类商户无论是在客流贡献、品牌引领、收入贡献上，还是在面积占比上，都拔得头筹，是整条金街的人气发动机和品牌定盘星。但需要注意的是，这类商户客流大、面积大，对金街的收入贡献大，但其租金单价和回报并不一定很高，如果单以租金衡量，开发商可能就会错过此类商户。端头大铺成功落位，金街的生态就成功了一半。在过往的实践和调研中，那些很火的金街，其端头铺肯定选对了。而一条"半死不活"的商业街，其端头铺的落位十有八九是错的。最常见的误区是，招商团队饥不择食，看到租金高、需求面积大的商户就轻易落位，结果损害了整条金街的发动机。

合肥天鹅湖万达金街，其端头大铺落位的是某银行，这个配置显然是有问题的。银行属于配套功能型商户，承租能力较强，但其硬伤在于客流贡献低。金街端头铺最好是人气发动机，而朝九晚五的银行则显然不是。

上海松江万达金街，其端头铺落位的是某口腔诊所，这个配置同样是有问题的。口腔诊所属于寄生型商户，主要依靠现成客流，虽然承租能力较强，但哪个口腔诊所的人气很旺？看过牙的客户出来还会消费吗？前面说了，金街端头铺首先要考虑的是人气，必须有一个人气发动机在金街，且发动机功率越大越好。

武汉某金街，其端头铺引进了一家300平方米的某个全球知名连锁快餐品牌，这显然也是有问题的。必须注意的是，这家全球知名连锁快餐品牌在现在的一、二线城市已经很难算得上是主力店或次主力店了，但是在一些地级市、县级市，它们还算是主力店。因为一、二线城市的这类店铺几乎遍地都是了，但是在三、四线城市，金街有了全球知名连锁快餐品牌，客流会被吸引过去。在武汉这种量级的城市，一个300平方米的全球知名连锁快餐品牌，租金又不高，充其量只能算一个品牌引领型商户，完成不了人气发动机的使命。

现在来看一个正面案例：合肥万科城市之光金街，其端头铺引进的是合肥有名的琥珀老六龙虾馆，经营面积约为4 000平方米（见图2-12）。项目团队前置招商，在桩基阶段就提前接触商户，利用规划图协商定制租约、大铺连卖、合铺经营，最终与该店签订了8年租约。该商铺于2021年带租约出售，三个买家联合出价几千万元拿下。据悉，该商铺的租金并不高，但琥珀老六龙虾馆在合肥是一家知名老店，2000年就创立。当年的老店面积只有400平方米，生意一直火爆，老板在经营龙虾方面有独到之处，2016年搬迁至万科城市之光金街的端头铺，营业面积扩大10倍，客流量仍然非常大。虽然租金并不高，但商铺最终顺利出售。

图2-12　合肥万科城市之光金街的端头铺

一般来说，大餐饮是金街端头铺的最佳选择之一，符合综合贡献型商户的四个特征，其通常需要较大的面积，可以承担大功率人气发动机的使命。不过讲到这里需要强调两点。第一，餐饮是一门"玄学"，同样一条街，这么多家饭店，火爆的可能也就一两家，其环境可能不是最好的，价格也不是最便宜的，但就是门庭若市。因此在招商餐饮类业态时，最重要的是看其生意是否火爆，能否"带资（人气）进组"，有人气就有品牌。琥珀老六龙虾馆就属于典型的跃迁型商户，老板有做餐饮的天赋，店铺去哪里，哪里就有人气，经营面积跃迁十倍，人气就能扩大十倍。第二，不要迷信连锁品牌，连锁品牌很多时候是商业的成功，并不是餐饮的成功。有些连锁品牌"店大欺客"，租金也不高，还要求拥有最好的位置，其实际上并不能带来更多的客流，不是我们所要的综合贡献型主力店。

另外，金街的转角铺和交通节点铺非常适合引进一些网红餐饮店，虽然其面积不大，但是作为人流贡献型商户，这是一个好的选项。

再穷不能穷零售，零售是另一种类型的综合贡献型商户

零售业态是客流收割机和租金保护伞。有些零售业态（比如超市）需要的面积较大，虽然租金坪效不见得很高，但收入贡献占比很高。有些零售业态（比如服装）需要的面积可能不是很大，但租金坪效很高。因此，零售业态也是一种综合贡献型商户，可以作为金街的主力店或次主力店。

同餐饮相比，零售业态有两个鲜明的特点：第一，租金和销售双高，尤其是在中国的中部和南方，零售业态占比直接决定了金街的租金回报率；第二，零售业态直接决定金街的档次和气质。因此有个观点是，零售兴则金街兴。实际情况确实如此，例如，合肥包河万达广场的零售业态占比为41%，迄今为止是万达集团运营排名前列的金街；而盐城吾悦金街的零售业态占比为7%，一楼回报率仅达1.3%，二、三楼不足1%。

服装是购物中心的灵魂：赏心悦目的卖场，精致的橱窗展示，加上导购的热情服务和背景音乐，形成完美组合。实际上，服装服饰业态也是金街的灵魂，可以夯实金街定位，消化高价值客流。金街的服装店可能不是购物中心里的流行大牌,但引进一些设计师品牌,主打个性与品位,也能与商场进行错位化竞争,赢得一批忠实粉丝。

因此,零售业态在金街里一般都要布局在一些好位置,开发商应尽可能引进一些好的品牌,并且店招、装修都要重视,尽量做到精致、时尚。

目的性消费业态是客流稳定剂,也是面积消化型商户

商业中的冷区指的是高楼层区、视线阻隔区域、人流难以到达的区域、空间舒适度差的区域和同质空间等。引进目的性消费业态是把冷区做热的最佳选择,常见的目的性消费业态有儿童教培、轻医美、网咖等。上海某万达广场金街的二楼就引进了一家"盛京马会",其从事儿童马术启蒙培训。马术运动具有贵族气质,天生就有吸粉的能力,其三匹进口小马只要一出场,绝对是焦点,孩子们都喜欢。该商户的需求就是拿下金街的冷区,其需要的面积较大,而冷区租金相对便宜,特地选择二楼最靠里的位置可以最大程度减少气味和噪声对其他商户的影响。该店的客户都是中高端目的性消费者,位置偏僻对他们影响不大。

泵式商户节点开花

泵式商户指的是不但自身可以引流客户,还可以把客流喷淋、发散和传导至其他商户的商户。以上海江桥万达金街为例,位于二楼的"少儿体适能训练馆"就是这个标段的泵式商户(见图2-13)。围绕这个商户,四周分布着水果店、餐饮店、眼镜店、服装店及小超市,共同构成了一个小的生态集群。客户出于目的性消费,送孩子去培训,培训结束后可以买水果、吃饭、配眼镜。家长在等待的时候也可以顺便去超市购物、逛逛服装店。

一般来说，泵式商户有两种类型，一是位于金街交通节点的网红铺，交通节点包括一楼出入口、转角、垂直交通出入口；二是位于冷区的目的性消费商铺，比如二楼大铺。在好的金街生态中，泵式商户必须分散布置，多节点开花，从而让客流均匀传导。

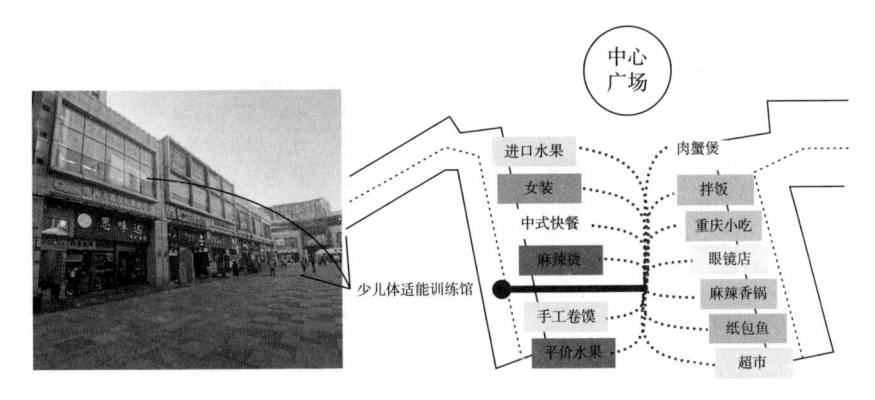

图2-13　上海江桥万达金街的泵式商户

图2-14展示了上海的两条金街，图2-14a是上海江桥万达金街，其有四个标段，每个标段都有一个可以传导客流的泵式商户，如网鱼网咖、星辰舞蹈等；图2-14b是上海松江万达金街，同样有四个标段，但只有一个标段有泵式商户，客流无法实现喷淋和传导。

很多操盘手在规划金街业态时经常东施效颦，把大盒子的业态规划方式生搬硬套到金街上。大盒子一般根据楼层进行业态分区，比如一楼是珠宝、化妆品，二楼是女装，三楼是男装，诸如此类。有些金街也像这样根据业态进行功能分区，同类业态直接连铺，比如目的性消费业态全部放在A区，餐饮全部放在B区，服装全部放在C区。这会导致客流无法均匀喷淋、传导，步行街活力不足，有时还会出现

"阴阳街"：晚上餐饮区人头攒动，医美区冷冷清清；白天医美区有人，餐饮区却略显萧条。

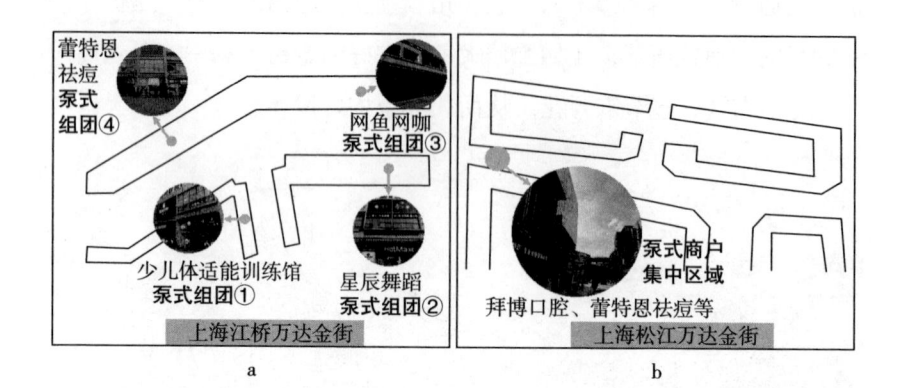

图2-14 泵式商户比较

同类业态"之"字走

一条人气旺的金街，讲究的是客流"之"字行走，在对街的两边来回穿梭。要想达到"之"字行走的效果，同类业态必须聚而不集。一方面，同业种或同业态的店铺聚在一起；另一方面，业种不同但具有互补关系的店铺要杂处在一起。有些金街的小吃店高度集中，客户不可能嘴里刚吃到一个"衢州鸭头"，立刻又去光顾街对面的"火辣炸鸡"。消费业态不互补，可逛性不足，客流自然无法"之"字行走。

黄金位置一楼要租金，二楼要形象

金街的端头大铺要布置综合贡献型主力店，另外还有一些次黄金位置，比如转角铺、交通节点铺。这类位置划铺的原则是：一楼要租金，划小销售；二楼要形象，合大经营。图2-15展示了上海松江万达金街的某转角铺。

图2-15 上海松江万达金街转角铺

很多操盘手的划铺原则是，只要看到转角类的好位置，就主张连铺销售。其实，从经营逻辑全局看，这样划铺不一定能实现效益最大化。

前文介绍了六种类型的商户，纵观全局，金街一定不能缺少租金贡献型商户。从图2-11商户功能四维面积示意中可以看出，租金贡献型商户的面积不大。很尖、很短，两边也很窄的锥形商户，不一定能带来很多客流，消化面积也不大，品牌引领也不强，但承租能力比较强。这类商户的作用是奠定整条金街的租金价格锚，增强投资信心。所以在销售时，一楼应该尽可能划小单位销售面积，一开始就规划定位好。有些金街的转角铺以大铺销售，后来又自行隔断、划小经营。还有一些转角铺采取"一拖二"大铺销售，后面又划分为铺中铺，经营十分混乱。

因此，金街的端头可以规划一个旗舰大铺（前期可做销售中心），定制化招商；转角黄金位置尽量"小一托大二"，不要"一拖二"；另外，二楼交通节点铺一定要大铺连卖。

说完金街生态营造的"六把钥匙"，最后做三点总结。

第一，一定要区分前期招商和后期服务式招商。前期销售阶段切忌一股脑儿式招商和带租约销售。一股脑儿式招商是后期服务式招商的工作，前期招商一般只需要针对端头旗舰铺、一楼节点小铺、二楼节点大铺（目的性消费商户和泵式商户）以及冷区铺等关键铺位进行招商。这些商铺的面积一般不超过20%，可以阶段性自持，以市场价招租，从而奠定投资信心。而剩余80%以上的面积在销售时博取溢价。

图2-16是一个失败的金街项目招商落位图，对照上文讲的金街业态规划、生态营造原理就可以知道其前期招商的偏差在哪里。该项目团队前期一股脑儿招商，绩效考核只关注招商数量和4%的租金回报，结果金街最好的位置给了能级不够的商家，金街后半段和二楼都没被激活，整条街处于高位截瘫状态。后期商管团队介入，计划调整11个铺位，但这非常艰难。

第二，金街有3～5年培育期，商管团队的科学招商、运营服务（品牌孵化）及强管控，三者缺一不可。商管团队的话语权、定价权，直接决定金街生死。

第三，金街招商不能迷信全国连锁品牌，要找有经验、能玩转新零售的"灵魂创业者"，前期应谨慎选择创业小白。

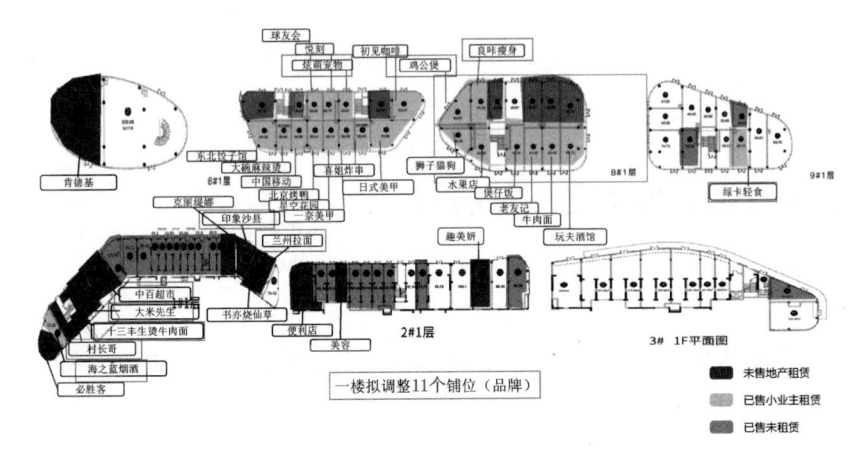

图2-16 某金街招商落位

金街营销五步法之二：展示

在销售住宅时，几乎所有大开发商都会重金打造一个美轮美奂的示范区，示范区三大件开放也是营销阶段的一个重要节点。与住宅相比，金街的待遇就差多了，且不说绝大部分金街都没有一个主题示范区，很多金街在销售阶段只有喷绘围挡加裸露的外墙，连基本的展示都没有。实际上，金街的完整定义是"主题型室外商业步行街"，示范区可以让客户看到未来这条商业街最完美的面貌，包括一店一色丰富的业态组合、外摆附加值、整体品牌的高档次。更高级的包装是通过"时空穿越"的手法塑造出情境感，给客户带来异域风情冲击和记忆。典型案例是建于1994年的苏州淮海街，2020年苏州万科对其设备设施、景观小品、建筑立面、店招形象等方面进行了全方位改造升级，以多元、有趣、纯粹的日式生活美学为主题打造了一条风情商业街。该街区曾被评为"国家级著名和特色商业街区"，其中，商包可立了很大的功劳。

金街的商包有如下三个层次。

- 简单的平面包装，包括建筑立面、车贴和广告画面。

- 包含四个要素的立体包装（见图2-17）。四要素包括：①建筑立面、车贴画面、广告画面；②雨篷侧招、立体橱窗和装置造型；③小型绿摆、休闲桌椅、阳伞隔断、水牌外展和文化小品；④景观绿化、导视广告和休闲小品。
- 主打沉浸感，有创意主题的立体商包。

图2-17 立体商包四要素

资料来源：陈健飞，"商业营销思考"课程。

例如，南昌市经开区的IM乐盈广场以复古港风为主题打造布灵街，借助空间创意元素、时尚小品、特色店铺与移动小铺等，形成时尚创意市集。步行街入口迎接顾客的便是极富香港街头特色的叮叮车，巴士轨道贯穿各个空间，消费者足不出南昌便可享受漫步香港街头的惬意。

合肥龙湖·车桥新界在合肥车桥厂原址的诸多红砖拱顶老厂房的

基础上进行改造升级，焕新重生，工业风加上沉浸式剧场主题（传统工业风的红砖外墙、现代化大面积玻璃幕墙），历史和现代的交汇让该商业体极富辨识度。

在操盘实践中，做到第三个层次的创意主题商包是一件可遇不可求的事情，但通常情况下，只要按照规定动作做好立体商包四要素，就已经超过了95%的项目。四要素包含的类目如下。

①店面：店招、侧招、雨篷。

②橱窗：实体橱窗、封铺。

③旗帜：侧旗、挂旗。

④外摆：伞座、水牌、道具、花箱。

⑤导视：精神堡垒图腾柱、商家品牌柱。

⑥小品：创意小品。

⑦座椅：公共区座椅。

⑧广告：刀旗、围挡。

⑨绿化：花盆、植物。

⑩灯光：泛光照明。

⑪音响：背景音乐。

⑫其他：监控与隐蔽工程等。

要素具足后，做好立体商包还要注意八个要点[①]。

- **商业定位**：契合目标客群的消费趋势和城市发展方向，适度超越当下商业品质。
- **业态组合**：业态选择与组合应具有合理性，并且应符合区域商业

---

① 这部分内容引用和借鉴了陈健飞先生在万达工作期间的研究成果。

基础与未来发展前景；不要一类一家的"多而全"，确定各业态数量时应区分主次关系，主力业态应具有号召力。

- **视觉节奏**：整个商业街的组合包装所形成的视觉逻辑次序应清晰合理、层次丰富、节奏起伏顺畅；业态组合应考虑店面展示视觉效果的连贯性，区分主次、疏密关系。
- **要素完整**：立面、橱窗、侧招、外摆、导视、景观、小品、灯光、音响、监控设备、辅助广告等商业包装要素完整，具体根据不同项目要求进行调整。
- **美陈品质**：平面、立面布局的包装展示品质，整体设计、色彩、LOGO（商标）字体、广告位置恰当，模拟出真实感。
- **辅助广告**：辅助广告设计具有高品质，陪衬氛围、传达信息、展现概念三者并重；广告内容与主题应尽量避免粗暴的销售信息。
- **内容合法**：商业美陈展示的内容合法，设计与画面无侵权。
- **技术合理**：技术合理性检查（如中式餐饮店需考虑铺位是否具备餐饮条件，特殊业态应满足特殊规范，不能存在维护管理隐患等）。

在具体操盘过程中，做到上述要领也不难，找到一家专业的供应商就可以了。那为什么95%的项目都做不到呢？问题出在"节点"上，而节点问题又出在规划方案上。一个专业的非住操盘手，最重要的专业能力不是把控细节，而是谋篇布局。本书第一章提到的两个城市综合体项目，第一个项目在规划方案阶段就把示范区放在商业区金街入口，率先进行商包展示；第二个项目把示范区放在住宅区，展示的属性是居住而非商业，结果导致住宅和商业开发完全脱节，商业示范区的策划严重滞后，直到大商场开业，金街幕墙已基本呈现，但街面仍处于围挡遮蔽状态，展示力严重不足，从而影响了销售业绩。这就跟下围棋一样，若没有通盘考虑，开局落子错了，走一步看一步，动态补丁就会捉襟见肘。

实体商业街的商包受限于节点，于是业内开始出现"虚拟商业街"的包装展示，呈现出来的效果也不错。虚拟商业街可以理解为立体围挡，将工地围挡搭建到实际高度，模拟金街业态搭建出建筑立面、立体店招、橱窗、美陈等，效果很不错，比如淮安旭辉广场的金街商包展示（见图2-18）。

图2-18　淮安旭辉广场金街示范区效果图

金街营销五步法之三：推广

在金街营销五步法中，最难的是推广。金街推广之难主要有如下两点。

第一，节点咬合，周期同频。这一点难在公司和产品的标准化程度及团队成熟度，前文已多次强调，这里不再赘述。

第二，爆款品牌打造。所有金街都会做推广，但其动作都偏套路化、平庸化，势能不够，碰到逆风行情或项目有先天缺陷时，推广往往不管用，最后金街沦落到拼价格、被分销绑架的命运。金街推广难就难在这个"金"字上，"金"的意思是爆款，也就是溢价。只有爆款项目才有品牌力、渠道力和传播力，爆款是新渠道的开路先锋，有了爆款的传播，推广费用可以少一半。

如何打造爆款品牌？这里说的品牌指的是项目品牌，而不是企业品牌。关于品牌营销，华与华的"品牌三角形"（见图2-19）理论可供参考。

"品牌三角形"理论的具体内容是，一个爆款品牌需要产品结构、话语体系和符号系统的支撑，超级符号、品牌谚语是爆款品牌传播的两扇翅膀。如何打造"超级符号"？文化母体、品牌寄生。

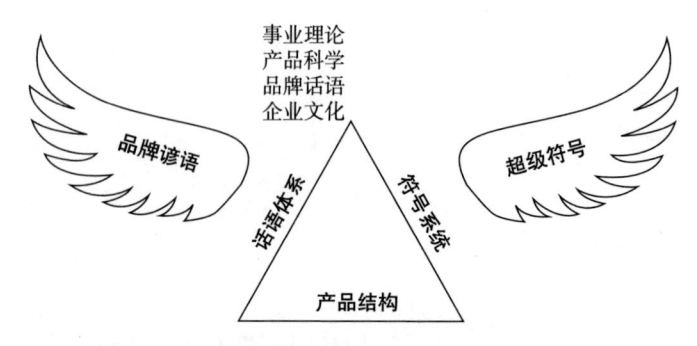

图2-19　华与华品牌三角形

资料来源：华与华品牌报告。

　　文化母体是养育我们的文化，在我们的生活中循环往复、不断重复的那一部分；超级符号是那些人人都认识，人人都熟悉，人人都喜爱，并且人人都按照它的指令来行事的符号。打造超级品牌，就是创造一个超级符号，通过这个符号把品牌寄生在文化母体上。金街是房地产产品，房地产的精髓是地段，因此，最好的文化母体就是这座城市的文脉、商脉，然后将金街品牌寄生在这上面。

　　这样讲可能比较抽象，下面我们以吴明先生操盘的上饶万达金街"十六道"为例来进一步阐释。寻找文化母体，应从解构城市、梳理地脉与文脉开始。

　　上饶万达广场的原址是上饶火车站。1936年，上饶火车站建立；1953年，上饶火车站扩建；1996年，原火车站拆除；1998年，上饶第三代火车站在原址建成，因有16条轨道，当地人称此地为"十六道"，是上饶最繁华的地方。2014年3月，万达摘牌上饶老火车站地块；2015年11月，吴明先生带领万达营销团队在梳理了地脉与文脉后，决定把万达广场金街改名为"十六道"。

这个改名无疑非常成功，当年的上饶市信州区区长说："太好了，这里本来就叫十六道，金街传承了历史。以后来上饶考察的领导我们都带他们来看十六道。"在土地拆迁的过程中，信州区政府官员付出了大量的心血和汗水，但项目拆迁完毕并拍卖后，这里仿佛与他们没有什么关系了，那段历史好像被生生割裂了。而如今，"十六道"三个字让他们再次眼含热泪，触摸到了那段历史，打开了尘封的记忆。在更名后的一个月时间里当地共接待了15次领导考察，其中有几位领导非常直白地说："我是冲着十六道来的。"紧扣营销算法、用户圈层、痛点等级和产品势能，由此出发形成创意定位，让一个小的商业街项目放在上饶市文脉与地脉这个大的立场上来讲话，从而引起目标受众的共鸣，这样品牌策略就成功了一大半。

上饶万达广场的室外步行街更名为"十六道"，引起了外界的关注，觉得"十六道"又回来了。但是人们来了之后发现这里没有一点儿老火车站的影子，美中不足，于是操盘团队开始寻找能够代表老火车站的蒸汽机车（火车头）。项目后续围绕"十六道"又开展了一系列品牌落地活动。

- 2015.12.14　"火车一响，黄金万两"。
- 2015.12.16　"全国寻找火车头"。
- 2015.12.19　"上饶商业的前世今生：老十六道"。
- 2016.8.13　祈福活动——"蒸汽机车开到了十六道金街"。
  上饶电视台报道——"十六道金街：记忆中的老火车站"。
- 2016.8.16　"开业倒计时100天活动"。
- 2016.8.22　"十六道火车老司机的记忆"。

随着"十六道"的更名，蒸汽机车的进驻，金街经营三要素中的"场"基本上立住了，也赢得了很多目标客户的关注。以火车头为标识的"十六道金街"超级符号基本形成（见图2-20）。之后项目团队围绕火车这个元素，设计了一系列卡通人物（见图2-21），以进一步强化"十六道"这个超级符号。

图2-20　十六道金街品牌LOGO

如前文所述，非住经营逻辑是"人、货、场"三要素形成闭环，"十六道"说的是"场"要素，接下来还需要有"人""货"要素，如何围绕这两方面进行品牌的势能传播？同样的思路，从梳理城市的文脉、商脉开始。

上饶最大的文脉之一是武夷山。说起武夷山，一般人会想起福建武夷山，但实际上武夷山横跨闽、赣两省，分别位于江西省上饶市铅山县和福建省武夷山市境内。同时，武夷山最高峰——被称为"华东屋脊"的黄岗山北麓在江西境内。1998年1月，江西省将一个国有林场改名为"武夷山镇"。

图2-21　十六道金街的卡通人物

资料来源：吴明，《十六道——房地产投资品营销谋略》。

同样坐拥武夷山，福建把它打造成了自己的独有品牌，江西却未重视，以致世人只知福建武夷山，而不知江西也有武夷山。同时福建人将武夷山红茶品牌推至中国红茶的顶峰，但上饶的名茶河红茶却鲜为人知。根据上述分析，核心策略形成，团队把万达广场金街放在上饶的立场说话，依靠世界文化遗产武夷山这一地理文化母体，开启爆款品牌传播之路。

上饶万达广场要帮助江西人"夺回"武夷山，并不是指夺回地理上的武夷山，而是指向福建人学习品牌打造。那么到哪里打造品牌呢？当然是到上饶万达广场了。于是，以上饶万达广场为推手的"夺回武夷山，上饶特色产业品牌运动"的城市级营销活动就分五个步骤开始了。

第一，拜访上饶特色产业领军人物和企业，前后持续近4个月，共20站。项目微信公众号和各门户网站同步播报。

- 2016.5.29　第一站：走进婺源熹园歙砚。
- 2016.5.31　第二站：走进上饶三人行赏石会所。
- 2016.6.1　第三站：走进广丰木雕城。
- ……

第二，发布特色产业品牌合作召集令，十六道金街招商大会召开。

第三，拍摄《"夺回"武夷山》视频，戳中城市痛点，与上饶民众形成共鸣。

第四，"夺回"武夷山系列软文发布：《武夷山到底属于福建还是江西上饶？》《古有南北少林，为什么不能有南北武夷山？》《"夺回"

武夷山的历史印证》。

第五，举办上饶城市特色产业品牌传播高峰论坛，十六道宣言发布。

上饶万达广场金街是一次品牌传播与推广的典范之作。从梳理城市地脉、文脉出发，打造"十六道"这个超级符号，同时将项目寄生在"武夷山"这个超级文化母体上，激起了上饶品牌原力的觉醒，形成了诸如"夺回武夷山，喝我河红茶"等品牌谚语，这产生了强大的传播力。将一个弱小的事物放在一个大的平台上喊话，这就是品牌寄生激发渠道力、传播力的妙用。"十六道"这个超级符号的成功塑造，极大地降低了传播成本。项目有了品牌知名度和美誉度，后续的销售就事半功倍、水到渠成了。

上述品牌推广方法早年有一个宽泛的名字叫"文化营销"，华与华将其进一步细化为"文化母体、品牌寄生、超级符号"这十二字诀，更具有实操性。除了超级符号的打造，文化营销在渠道推广方面的作用也很大。比如吴明先生惯用的方式是"送戏下乡"：在推广莆田万达广场金街时送"莆仙戏"下乡，莆田藏富于民，有钱人基本在乡下，而莆仙戏是莆田当地的传统文化，几乎每个村子都有戏台；在推广台州万达广场金街时送"台州乱弹"下乡，台州藏富于镇，台州万达广场的客户同样在乡下，台州乱弹是台州唯一一种地方剧种，是国家级非物质文化遗产。"送戏下乡"活动使项目品牌形象爆发式增长，配合全方位的开业节点推广，这促使底商大卖、人气爆发、业绩突出。文化母体、品牌寄生，这一方法论屡试不爽，这就是品牌营销的密码。

有一个营销能量公式：营销能量 = 0.8 × （用户 × 痛点 × 产品）+

0.2×（创意^2×渠道×交互）。这说的是营销做得好，产品占80%，狭义营销占20%，狭义营销包含三个要素——创意、渠道和交互。所谓创意，就是上面所说的爆款品牌打造。在金街推广中，品牌营销是空军，陆军是渠道团队的配合收割，这也非常关键。

乌鲁木齐会展吾悦广场金街在2021年5月首开时正值新冠疫情时期，客户不能聚集，导流活动受到很大限制。操盘手当时采取的是"进来难就更要走出去"的策略，加大渠道拓客力度，制定"一图一表一制度（奖惩制度）"，确定拓客目标，将扫楼、插车、千人万铺、广告植入、商盟拓展、意向客户六大方面的指标全部量化，并通过社区、管委会深挖其下属企业，组织项目推介。项目公司领导全员进行营销，点对点负责拓展职能部门、银行等端口，将方圆5千米划分为42个拓客片区，其中包括55个重点小区和17个重点写字楼，分配到人，形成点对点负责机制，开展拓客日考核、周纠偏。最后首开取得了圆满成功，首开前相关领导均到访，并进行意向选铺。

六安旭辉中心金街在首开前也做了大量渠道拓展工作，重点围绕大客户进行拓展，开展圈层营销和饭局营销，具体动作分为六步：第一步，千人万铺海量筛选；第二步，关键人推荐拜访；第三步，上门拜访；第四步，了解客户喜好；第五步，营销总、销售经理、置业顾问齐上阵；第六步，单独设置一场活动以配合逼定。在2021年7月金街首开前，通过千人万铺大调查，团队得到的总问卷数达5 754份，共添加客户微信1 984个，可植入店铺共255家，建立微信群291个。同时团队对专业市场拓展10次，饭局营销20场，企事业拓展10家，之后联合大盒子商管，和六安当地美食协会等共同举办多场活动，配合大客户逼定。最终在无分销的情况下实现了销售92套商铺的好业绩。

营销能量公式提到的狭义营销三要素是创意、渠道和交互，上文讲了前两者，而交互指的是和客户之间的交互反馈，这涉及接下来的两个环节——定价和销售。

金街营销五步法之四：定价

在金街营销五步法中，定价是非常重要的一环。关于定价，业内现在用得最多的方法有市场比准、租金反算。稍微严谨一些的团队将二者结合，得出最终售价，但实际上这两种方法都有很大的缺陷。

首先说市场比准。住宅产品用此方法是合适的，因为住宅市场是完全竞争市场，能找到强竞争的竞品，另外，住宅的价值形态是固态的，影响价格的变量较少。商业项目却恰好相反，尤其是金街，这是一个不完全竞争市场，同板块很难找到强竞争的竞品，而且非住的价值形态是液态的，影响价格的变量很多，即使是一街之隔的项目，商铺的销售价格之差超过50%都是正常的。在这种情况下，用市场比准法容易失真。

再说租金反算。之前已经说过，任何一个商业项目只要堕入租金算账的逻辑，其售价就会远低于投资版的价格，最后面临亏损的局面。商业项目是要卖预期的，兑现预期需要3~5年的养铺期，在此期间，实际兑现的租金都不高。如果用一个较低的租金反算4%以上的高回报率，结果就是项目售价过低了。

因此，本书提出"四位一体定价法"，综合考虑租金反算、竞品量价（市场比准）、总价倒推及经营逻辑四个方面，得出最终价格，如图2-22所示。具体方法和步骤是：租金反算定基准、竞品量价做参照、经营逻辑调预期、总价倒推做修正。

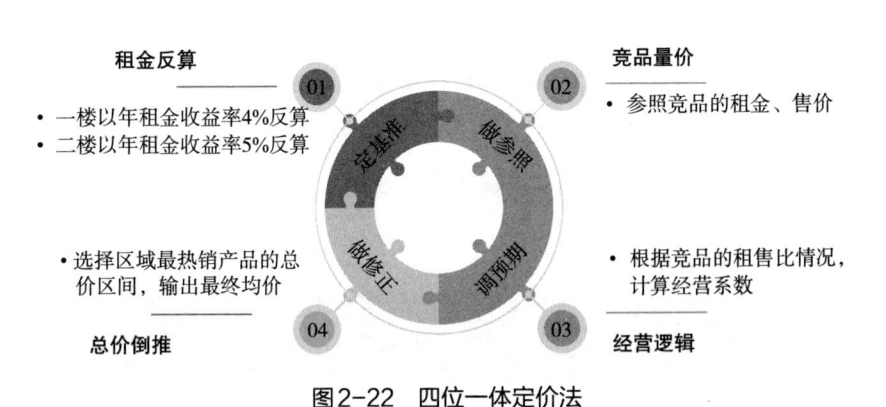

租金反算
- 一楼以年租金收益率4%反算
- 二楼以年租金收益率5%反算

竞品量价
- 参照竞品的租金、售价

总价倒推
- 选择区域最热销产品的总价区间，输出最终均价

经营逻辑
- 根据竞品的租售比情况，计算经营系数

图2-22 四位一体定价法

最终的均价公式如图2-23所示。

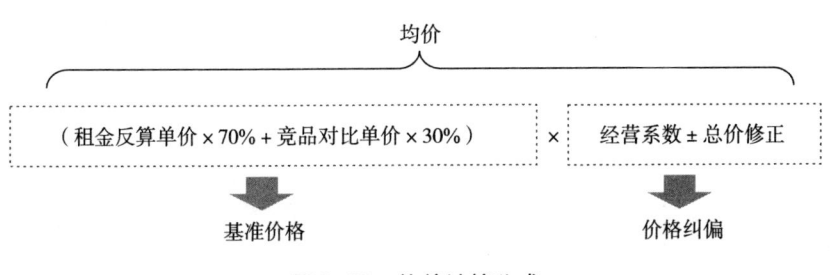

均价 = （租金反算单价×70% + 竞品对比单价×30%）→ 基准价格 × 经营系数 ± 总价修正 → 价格纠偏

图2-23 均价计算公式

租金反算

租金反算的原则是按照项目竞品年收益率4%来反算项目一楼商铺的售价。竞品选取原则是充分采集项目周边500~1 000米范围内的

竞品数据，但往往同片区内只有一个金街项目，因此也要适量采集一些跨区域、可参照性高的主题商业步行街项目的数据。

选定可参照竞品后，再来确定"相似修正系数"和"相似权重"。前者根据价值承载、价值提升和运营管理三个维度的打分来计算，拟合程度以1为参考标准，根据项目优劣上下浮动，手动输入分数；后者参考在租项目区位及产品情况，计算各参考项目所占权重。最终，计算出当期拟合租金，具体算法如表2-2所示。

表2-2 拟合租金算法

比较内容		权重	项目1 拟合程度	项目2 拟合程度	项目3 拟合程度
价值承载（50%）	地段	20%	0.9	0.86	0.76
	交通	8%	0.8	0.78	0.7
	商圈级别	15%	0.6	0.7	0.6
	建筑形态	7%	1	1.2	1
价值提升（20%）	档次	5%	1.1	1	0.78
	消费力	5%	1	0.9	0.65
	商业氛围	10%	1.3	1	0.77
运营管理（30%）	企业品牌	15%	1.1	0.8	0.82
	成熟商管	15%	1	0.7	0.89
合计		100%			
参考对象	一楼租金	修正系数	修正租金	项目权重	权重租金	当期拟合租金
---	---	---	---	---	---	---
项目1	X	0.95	A=X×0.95	40%	X_1=A×40%	$X_1+Y_1+Z_1$
项目2	Y	0.84	B=Y×0.84	30%	Y_1=B×30%	
项目3	Z	0.77	C=Z×0.77	30%	Z_1=C×30%	

我们可以用市场比准法确定一楼租金水平，一楼价格=每平方米每日租金×365÷投资回报率，投资回报率按照4%计入。

竞品量价

竞品量价的方法和上文一样，将表2-2中的"一楼租金"（竞品平均租金）替换成均价就可以了。但是这里有一点需要特别强调：市场比准不仅看价格，还看成交量，我们要的是"量、价"比准。市场调研有一个常识，如果样本容量太小，那么参考意义不大，比如某竞品的租金虽然比其他项目高出1.5万元，但每个月平均只有一套商铺成交，而本项目投资版测算的流速要求一个月至少4套，则竞品的参考意义就不大，在量价比准的时候项目的权重必须调低。

另外，图2-23中租金反算单价占基准价的70%，竞品对比单价占30%，这个权重仅供参考，具体计算时应根据所列竞品的相似程度及实际情况来做调整。很多同行甚至将前者的权重设为40%，后者为60%，这都没问题。

租金反算和竞品量价两个维度确定的是商铺的基准价格，通常情况下，综合这两个维度测算出的价格就是客观的。但在操盘实践中，不同的城市、地段、项目，不同的客户，都会使价格产生偏差，这就需要我们再结合下面两个维度进行价格纠偏。

经营逻辑

在这个维度，我们应根据竞品的租售比情况，计算经营系数。经营系数关联着租售比，这里的"售"说的不是商铺的售价，而是指商铺正常经营的销售额。

$$租售比 = 租金 \div 销售额$$
$$销售额 = 客流量 \times 客单价 \times 提袋率$$

为什么要计算经营系数？我们在现实中经常会看到，一些商业街项目的招商团队引进了较多品牌商家，这在方圆2千米内都是鹤立鸡群的存在。这些店铺具有虹吸效应，客流量、客单价和提袋率都很高，生意很好，而周边项目的租金和售价都偏低。这样根据市场比准法得到的租金和价格就会失真，用4%的年回报率反算得出的销售价格也偏低，这个时候就需要用经营系数来调节。例如，同样面积的商铺，月租金都是4万元，但其中一个商铺的月销售额是25万元，另一个商铺的月销售额只有15万元，前者的租售比是16%，后者是26.7%，那前者理应比后者有更高的价格预期。

用经营系数来修正价格，可以预估前期价格。但是一般在金街销售的中后期，有些标杆性商铺已经开业，已经有经营数据，这个时候就能以它为参照来对商铺价格进行调整。

一般来说，商业的整体租售比在15%~18%之间，属于健康状态。具体来说，主力店或次主力店为8%~15%，零售类为15%~25%，餐饮类为10%~20%，生活服务、文教娱乐类为15%~20%。表2-3是某品牌商管集团列出的商场租售比数据，仅供参考。不同城市、不同项目的数据会有差距，金街和购物中心的数据也不一样，具体数据要经过详细调研来校正。

在金街定价的过程中，我们可以结合当地租售比行情和周边竞品的租售比数据，按照不同业态确定一个经营系数表，如表2-4所示。

表2-3 某品牌商管集团商场租售比数据

业态	经营情况			
	盈利	持平	亏损	销不抵租
一般服务	30%以下	40%以下	40%以上	100%
配饰	35%以下	50%以下	50%以上	100%
化妆品	23%以下	35%以下	35%以上	100%
家居生活	25%以下	40%以下	40%以上	100%
数码电器	6%以下	10%以下	12%以上	100%
餐饮（正餐）	20%以下	35%以下	35%以上	100%
餐饮（非正餐）	30%以下	50%以下	50%以上	100%
休闲娱乐	12%以下	20%以下	20%以上	100%
文教娱乐	12%以下	20%以下	20%以上	100%
综合服务	15%以下	30%以下	30%以上	100%
专项服务	15%以下	30%以下	30%以上	100%

表2-4 经营系数表示意

业态	租售比	租售比系数	经营系数
服装	<15%	1.2	
	15%~19%	1.1	
	20%~25%	1.0	
	26%~30%	0.9	
	>30%	0.8	
餐饮（正餐）	<8%	1.2	
	8%~10%	1.1	
	11%~12%	1.0	
	13%~15%	0.9	
	>15%	0.8	
…	…	…	

注：项目的经营系数 = 业态A占比 × 租售比系数 + 业态B占比 × 租售比系数 +…

总价倒推

总价倒推带有地域特色，每个地方的客户在购买商铺的时候，总价都会有一个坎，高于这个坎就成交不了。因此团队在定价时应该结合商铺面积测算总价范围，考虑总价的合理性，手动做一些修正。比如在下面的例子中，我们需要按照总价倒推的原则做一些修正。

某项目商铺，一层外街面积为100平方米左右，单价为4.4万元/平方米，总价400万元以上的商铺占60%；"一拖二"商铺的面积在200平方米以上，单价为2.6万元/平方米，总价500万元以上的商铺占60%。该项目划铺面积过大且在定价时未充分考虑面积、总价因素，从而导致高总价商铺去化难度大。

以上四个维度全部完整考虑，商铺一楼的均价，二、三楼及以上楼层的价格测算有两种方式，第一种是"四位一体定价法"，根据租金反算、竞品量价、经营逻辑、总价倒推等维度得出价格；第二种是"价格系数法"，比如二楼价格为一楼的40%，三楼价格为一楼的30%。这个价格系数根据各个项目的不同情况会有一些差距，有些操盘手倾向于拉大价格差，二楼价格甚至是一楼的30%，这都是可行的。旭辉集团有一个价格系数负面清单：①二楼价格系数不能超过0.6；②三楼价格系数不能超0.35；③内街价格系数不能超0.6。

确定好商铺的均价后，接着是分户定价：

$$分户定价 = 均价 \pm 分户调价$$

分户调价根据商铺的产品特点、位置等进行，具体可以参照表2–5。

表 2-5 商铺分户调价因素

分类	影响因素	规律	参考值（具体可自行设定）
产品特点	得铺率	得铺率越高，价格越高	根据得铺率分级，级差为 X 元
	开间进深比	根据开间进深比设置价格梯度	1:1、1:2、1:3、1:4 共四级，级差为 X 元
	使用问题	剪力墙影响程度越大，价格越低	根据影响程度增减 X 元（价格区间）
	畸形（铺型、柱网）	畸形户型的价格更低	根据影响程度增减 X 元（价格区间）
	餐饮功能（隔油池、烟道）	有隔油池、烟道的提高单价	单价增加 X 元
	层高	若同层层高有差异，则层高越高，单价越高	若商铺可在搭建后多一层使用，则单价上调 X 元
	外摆区域或赠送面积	根据外摆区域或赠送面积，上调总价	以保证均价为前提，根据外摆区域或赠送面积，总价溢价 X%（根据外摆区域或赠送面积与建筑面积的比值设置不同的溢价比例）
位置	到楼梯口的距离	二楼商铺离楼梯口越近，单价越高	相邻商铺的单价增加 X 元
	遮挡	根据遮挡严重性降低单价	单价减少 X 元（价格区间）
	位置差（人流动线）	同层根据人流量增减单价	单价增加 X 元（价格区间）
	内外街	根据人流情况，内外街设置价差	—
其他	交付时间	交付时间越短，单价越高	每半年设置一个级别

下面几种特殊商铺的定价需要特别说明。

- **端头铺**：在均价基础上加价，加价幅度不低于10%~30%，具体根据商铺周边因素或客户情况判定。
- **节点铺**：商铺中段经营连接点为节点铺，此位置较为核心，并且在一定程度上决定了商街经营状况。其预售定价应高于均价，小于端头铺的定价。
- **转角铺**：转角铺一般较大，展示性强，但存在无效空间，比如"三角铺"、"梯形铺"，内部使用空间有限，应在均价基础上视情况综合定价。
- **异形铺**：因建筑原因出现异形铺，异形部分原则上按正常定价的50%~80%纠偏，得到商铺总价后反算单价。

上文讲的定价是静态定价，在金街的操盘实践中，真正精准的定价需要项目团队和客户进行多轮交互反馈，从最早的投资测算、战规定价到销售阶段的早期报价，再到验资、落位、认筹阶段逐步精准定价，很多项目都会根据客户的反馈经过至少五轮的价格调整。客户来不来，看地段；买不买，看价格，不可不慎。

金街营销五步法之五：销售

金街操盘是一个复杂的系统工程，金街的销售也比住宅难得多。尤其是在地产黑铁时代，投资信心基本被击穿，小白投资客几乎消失，其余购买商铺的客户主要是三类人：①自用经营者，多为成功生意人，甚至"一铺养三代"；②实力雄厚、经验老到的专业投资客；③实力一般的跟风投资客。这里要特别解释一下第一类"一铺养三代"的客户，"一铺养三代"在当下已经成了笑柄，被人调侃为"三代养一铺"，这说的是小白投资客想通过"买商铺、收租金"来养活三代人，结果踩坑了。而这里说的"一铺养三代"指的是成功的自用经营者，其靠一个商铺、一门生意，养活了一家三代人，或者一家三代人都围绕这个商铺、这门生意生活。这类客户是金街销售中的定海神针。第二类客户是专业投资客，他们往往是私营企业主，谙熟生意逻辑。当前这两种客户已经成为主流人群，销售人员能否成功卖出商铺，考验的是专业功底。因此，金街销售内功修炼最重要的一个法门就是讲经营逻辑，而不是投资逻辑。所谓经营逻辑，就是"人、货、场"三要素形成闭环，这是本书一以贯之的理念。

如何修炼销售内功？这里有一个行之有效的"金街销售内功五步

法"（见图2-24）。

学习商道 → 实地考察 → 业态规划 → 形成对抗说辞 → SP及销控

注：SP是指销售推广。

图2-24　金街销售内功五步法

第一步是学习商道；第二步是实地考察标杆及失败案例；第三步是对所售金街进行科学的业态规划；第四步是针对客户顾虑，形成对抗说辞；第五步是SP及销控。下面我们分步解析。

第一步：学习商道

"金街商道"是当年万达集团在鼎盛时期专门为销售金街业态准备的文本和视频，内容包括万达金街的产品设计和招商运营理念、主力业态的经营前景及万达金街现有标杆商家的成功之道，配套视频《一路繁华》现场拍摄成功商户的情况，极具营销力（见图2-25）。这些内容现在看来仍不失为文本营销的上乘之作，在当今行业浮躁的大环境下，很难有团队愿意花这么多的时间、精力去做兼具深度和广度的文本营销。

2021年9月，笔者在旭辉集团营销中心统筹组织五个区域公司成立金街虚拟小组，走访了国内40条金街，访谈了100余家商户。每一条金街我们都会实地考察，用笨方法记录下每一家商户的名称及业态，看业态规划，看客流动线，研究金街的经营生态。在商户访谈方面，我们对每一家商户都建立了案例卡，以便研究优秀商户的经营逻辑，包括业态选址技巧、各种业态的租金及店铺要求、创业模式，以及如何买铺创业，如何创立自己的品牌，如何打造爆品，如何提高客单价，如何进行线上营销，大商铺大客单的获客方法，如何发展老带新等，在此基础上形成旭辉版本的"金街商道"。其中的很多研究成果都融入本书"金街生态营造的六把钥匙"部分。

如果每个置业顾问都能深入理解金街生态构建的逻辑，熟练掌握商业运营知识，能给客户提供超出预期且专业十足的建议，那么他在销售商铺时的气场和影响力是完全不一样的，客户不管是自营还是投资，都会因为销售人员的专业自信而变得信心十足。

002	一路繁华		
013	生来不凡		
	金街旺铺 规划先行	……014	
	——万达金街的核心武器		
	层层是惊喜 步步是黄金	……018	
	——分层商铺的动线哲学		
	天生我有才 看你怎么用	……022	与时俱进 决胜千里	……034
	—— 一拖二商铺的空间革命		——优化调整出的金街繁华	
	兵马未动 粮草先行	……026	做好基本功 巧渡培育期	……038
	——金街招商品牌哪里来？		——让客户赢在未来的关键点	
	胸有成竹 沙场点兵	……030	明明有实力 偏偏拼颜值	……044
	——金街品牌落位实战策略		——打造"吸金"外貌有招可循	

第二章 金街操盘：节点与步法 101

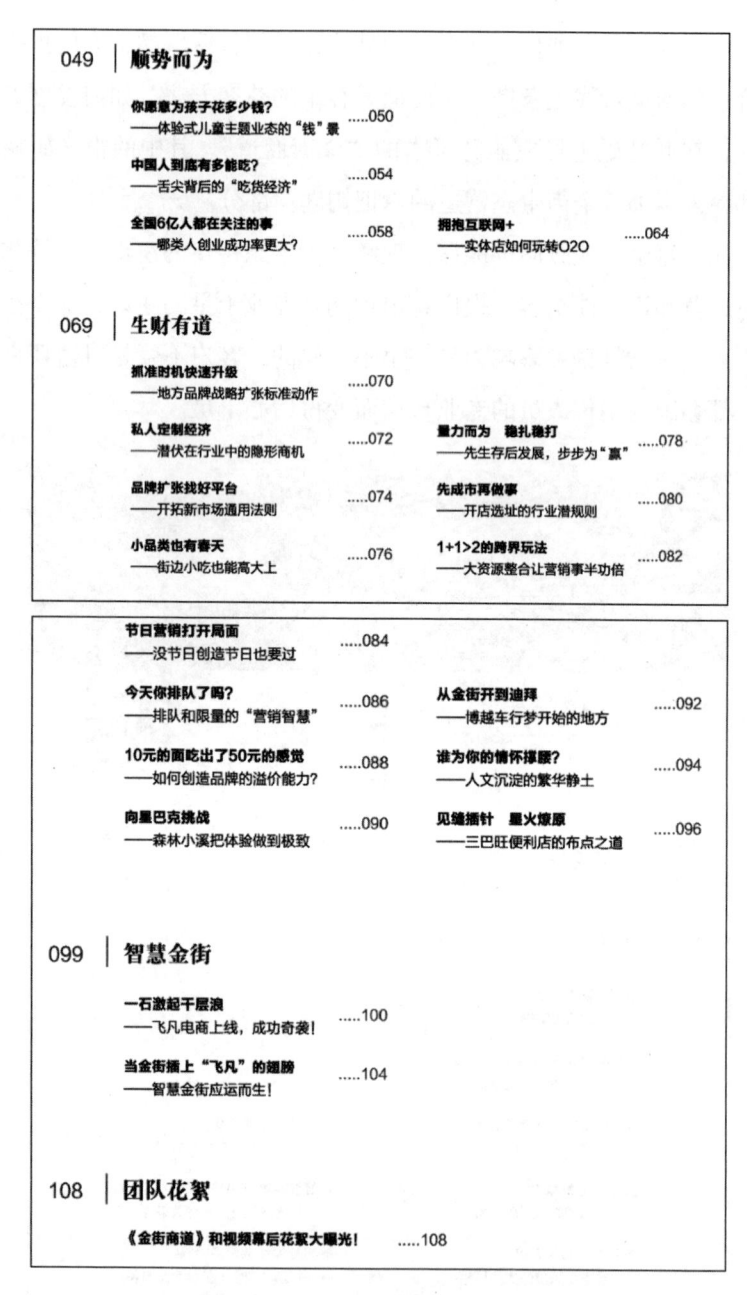

049	顺势而为		
	你愿意为孩子花多少钱？ ——体验式儿童主题业态的"钱"景	050	
	中国人到底有多能吃？ ——舌尖背后的"吃货经济"	054	
	全国6亿人都在关注的事 ——哪类人创业成功率更大？	058	拥抱互联网+ ——实体店如何玩转O2O 064

069	生财有道		
	抓准时机快速升级 ——地方品牌战略扩张标准动作	070	
	私人定制经济 ——潜伏在行业中的隐形商机	072	量力而为 稳扎稳打 ——先生存后发展，步步为"赢" 078
	品牌扩张找好平台 ——开拓新市场通用法则	074	先成市再做事 ——开店选址的行业潜规则 080
	小品类也有春天 ——街边小吃也能高大上	076	1+1>2的跨界玩法 ——大资源整合让营销事半功倍 082

	节日营销打开局面 ——没节日创造节日也要过	084	
	今天你排队了吗？ ——排队和限量的"营销智慧"	086	从金街开到迪拜 ——博越车行梦开始的地方 092
	10元的面吃出了50元的感觉 ——如何创造品牌的溢价能力？	088	谁为你的情怀撑腰？ ——人文沉淀的繁华静土 094
	向星巴克挑战 ——森林小溪把体验做到极致	090	见缝插针 星火燎原 ——三巴旺便利店的布点之道 096

099	智慧金街	
	一石激起千层浪 ——飞凡电商上线，成功奇袭！	100
	当金街插上"飞凡"的翅膀 ——智慧金街应运而生！	104

108	团队花絮	
	《金街商道》和视频幕后花絮大曝光！	108

图2-25 《金街商道》封面及目录

第二步：实地考察

学习了金街生态构建的一般原则，梳理了项目的经营目标和核心问题，之后带着目标和问题来对标，实地考察标杆案例和失败案例，验证"人、货、场"的经营逻辑，了解不同业态的租金状况和生意经。

以吴明先生操盘的青岛万达维多利亚湾金街为例，项目团队重新梳理信息后对维多利亚湾金街的定位是"教育街铺"：生意，就在学校旁边；生意，也在万达广场旁边。围绕这两个核心卖点，置业顾问、外拓人员和策划人员组成考察小分队，制订了出差计划，分批次重点考察对标项目。

首先，维湾团队前往青岛市区，围绕学校旁边的商铺进行了详细调研和摸排，在晚会上进行总结和分析，得出学校周边商铺运营的几个规律：①业态以托管、早教培训类为主，且运营情况非常理想；②新规划校区比老校区的商铺运营情况好很多；③教育街铺的经营收入稳定，利润较高。针对教育街铺的概念，操盘团队还专门委托第三方对全国的教育街铺进行走访摸排，掌握了国内典型教育街铺的情况后，再结合团队实地调研结果，编撰了近2万字的"生意就在学校旁边——学校周边商铺经营价值解读"。通过文本营销，团队将商铺的经营价值潜移默化地传达给受众，利用翔实的案例和数据提升客户认知。

其次，团队以李沧万达广场为起点，先后走访了济南、烟台、东营、济宁等地的7座万达广场金街，学习成功的经营经验，吸取经营不善的原因，每一名销售人员都可以胸有成竹地应对各地客户对于大商业和金街运营的质疑。团队制定了调研报告模板，详细分析金街的运营状况，掌握真实的租金数据，并且以外拓为核心，对学区资源旁的商铺进行地毯式调查，从而掌握了本地教育商铺运营的一手数据，同时精准积累意向客户。

要想卖商铺，首先得学会当老板，这是新形势下对金街销售人员的基本要求，不然无法和买商铺的老板对话。吴明先生有一句话："商铺是站着卖的。"销售人员要站起来，动起来，多走、多看、多调研，勤奋起来，主动走出去拓展圈层，不能等待客户；腰杆儿要挺直，要有自信，要有强大的心理暗示。

第三步：业态规划

学完理论后进行实地考察，接下来就是对自身项目进行业态规划。每一个节点、每一个冷区、每一个异形铺适合做什么，经营商户的业态定位及不同业态对商铺硬件的特殊要求是什么，还有消费者特点、客单价、每天的流水、租售比等，这些数据都要非常清晰。

第四步：形成对抗说辞

营销就是为了解决问题。每名销售人员都是解决问题的终端，而购买商铺的客户的问题很多、很复杂，销售人员必须站在客户的角度思考问题，用对抗性说辞来应对。

说辞源于事实，升华于故事。实地调研后我们掌握了事实和数据，再结合产品自身的资源、概念，说辞就非常丰满和真实了，说服力很强，没有虚话，只有实话。学习金街商道的目的是学以致用，挖掘对项目有用的内容，再结合金街的特点形成对抗说辞。

在这个阶段，团队可以在空闲时间"逛街"，逛完要有心得，并在内部分享体会。晚会可以每周召开一到两次，针对一种特定的业态，比如网红奶茶店，团队成员各自分头调研、收集数据，最后一起分享，彻底弄清楚这个特定业态的经营数据和逻辑。

这个阶段要求销售人员必须熟记成功的金街案例，用于日常的说辞，用翔实的案例强化客户的信心。管理者可以每天在开早会时抽查说辞情况，结合产品实情进行模拟对练。另外，和住宅销售一样，团队需要持续开展"成交客户购买原因访谈"，在访谈过程中，逐步挖掘核心客户买点，用本项目真实的客户案例和真实的客户话语来打动潜在客户。

第五步：SP及销控

商铺的SP需要团队的配合，所有销售人员口径统一，相互配合逼定。在维湾案例中，销售团队每天只推出5套商铺，其位置优劣、面积大小、价格高低都相互搭配，案场只能销售这5套房源，卖光了再考虑加推。销售人员原则上不允许向客户推荐其他房源，不给客户多选机会，认准了就持续逼定。另外，团队严控折扣，设定针对置业顾问、主管、经理、总监的谈客机制，每一步都要大胆逼定，只有交了定金的客户才给予面谈总监和申请最后折扣的机会。

金街是非住营销中最难的一个业态。操盘手必须了解综合体每种业态营销节点的全貌，并找到金街八大营销节点的坐标，嵌套咬合，充分借势。有了总体时间轴的概念，再来掌握定位、展示、推广、定价、销售五个阶段的工作要领，重点是理解每个模块的底层逻辑和方法套路，这样就构建了金街操盘的"四梁八柱"，之后在操盘实践及同行案例复盘研究中再来精细化,添砖加瓦。持之以恒,大成不远矣!

第三章

社区商铺营销：营商一体

社区商铺是一种常见的非住业态。社区商业按经营形式通常分为销售型、持有型和混合型，按建筑形态通常分为社区商业街、集中商业（邻里中心）和混合式社区商业。本章要探讨的社区商铺主要是销售型街铺，其最常见的建筑形态是住宅底商，自持型社区商业不在本书探讨范围内。

社区商铺和前文提到的金街都是可销售型商业，区别在于金街的能级高于社区商铺，外向程度更高，辐射范围更广，商家能级也更高。除此之外，二者的商业性质相同，"人、货、场"的经营逻辑和底层规律也相同。因此，本书第二、三章中的有些模块是通用的，比如第二章谈到的金街商包展示、四位一体定价法、销售内功修炼同样适用于社区商铺，而第三章提到的五维定位法、全景诊断模型也适用于金街。读者可以相互参照，个中细微差别可在实践中验证和体悟。

疫情之下，社商的逆袭

社区商业发源于美国，以美国为代表的发达国家，其社区商业占社会商业的60%以上，目前我国的这一占比仅为30%左右。过去，社区商业作为商业形态的末流，并未受到足够的重视。

疫情期间，相较于大部分遭受重创的实体商业，社区商业展现出了超强的韧性。2021年的《中国实体商业客流桔皮书》显示，在重点城市客流恢复增幅前100名的商圈中，41%为社区商业。危急时刻彰显出的高抗风险能力和强大的生存力，决定了社区商业将被另眼相看。同时，后疫情时代消费者追求的便利、健康型生活模式刚好与社区商业小而美、便而捷、精而全的趋势吻合，这使社区商业成功逆袭，成为热门增长点。

2021年5月28日，商务部等12部门联合印发《关于推进城市一刻钟便民生活圈建设的意见》，提倡建设15分钟社区商业生活圈，最终促成社区商圈标准化发展，规范社区商业职能。社区商业过去普遍存在的问题是：传统业态多、现代业态少，购物类多、服务类少，粗放型经营多、集约型经营少，以及缺少统一的规划等。2021年之后，以华润、万科、保利、龙湖为代表的头部房企在已有布局上加速落地社区商业项目，推出自己的社区商业产品线。社区商业开始百花齐放，争春斗艳，呈现出以下几个崭新、鲜明的发展趋势。

1. 从零售商转变为生活服务商

早期的社区商业更注重功能性，特别是消费功能，很多传统的社区商业都只有基本的生活配套。随着居民收入水平的提升及消费观念的更新，人们对社区商业的业态与品牌提出了更高的要求。很多居民希望社区商业在功能上更加多样，品牌更有特色。另外，在一些城市的成熟区域，社区周边的常规商业供应已经较为饱和，但居民在生活品质及精神层面的需求不断升级，这不仅包括一般的生活购物、餐饮、娱乐等，还包括亲子、社交、文化等多层次的需求。消费者从简单消费向复合消费的转变也引导社区商业从零售商升级为生活服务商，这涵盖购物、送药、取快递、送餐、家政、居家养老、托幼、健身、教育等服务，从而为美好生活赋能，营造出温馨、便捷、有温度的社区氛围。

2. 发挥社区情感属性，与消费者形成社交互动

众所周知，社区商业是最贴近居民的商业。作为服务于社区的配套商业，其如果只有冷冰冰的商业行为，与社区居民之间没有情感互动，没有人情味，就无法与消费者产生黏性。疫情之下催生的社区团购和一部分"团长"在疫情之后依托社区商业沉淀下来，注重与社区居民的情感培养，继而发展出社群管理、社群营销，让社区商业变得有温度。

3.提供更多的社交服务与互动空间,维系邻里关系

社区商业不应该只有商业。目前,国外新型的社区商业项目在空间打造上趋向考虑保留更多的公共空间,通过这样的举措来拉近社区商业与社区居民的关系,创造和睦的社交价值。社区商业不仅是经济载体,还是文化载体,但传统的社区商业往往在第二个方面明显欠缺。

社区商业具备独立的场地与空间,所以可以定期或不定期举办周末跳蚤市场、公益义卖、节日主题派对及亲子交流等社区活动。这不仅可以促进社区的健康发展,提高消费者的黏性,还可以提升社区商业的影响力,并为商业带来稳定的客流。

4.打破传统的时间限制

2023年,随着疫情防控放开,消费者的夜生活丰富起来,尤其是一些白领阶层占比较高的社区,夜间经济的发展蒸蒸日上。政府层面也落实了一些对于夜间经济的支持政策,24小时全时段社区商业生态圈逐渐形成,24小时便利店、24小时健身房、24小时餐饮店、24小时药店等全时段商业发展起来。

社区商业前期定位：五维定位法

同金街相比，社区商业的前期定位更加重要。因为有大盒子的加持，金街的营销势能和辐射能力大得多，只要总图规划偏差不大，基本不会出大问题。社区商业则不同，规模、位置、形态、形式、形象，任何一个环节没有做到位，就会造成很大的损失，要么损失利润，要么成为滞重，尾大不掉。因此，社区商业必须根据"五维定位法"（图3-1）做好每一个定位细节。当然，五维定位法同样适用于金街，虽然每个维度的标准略有差异，但商业的底层逻辑是一样的。

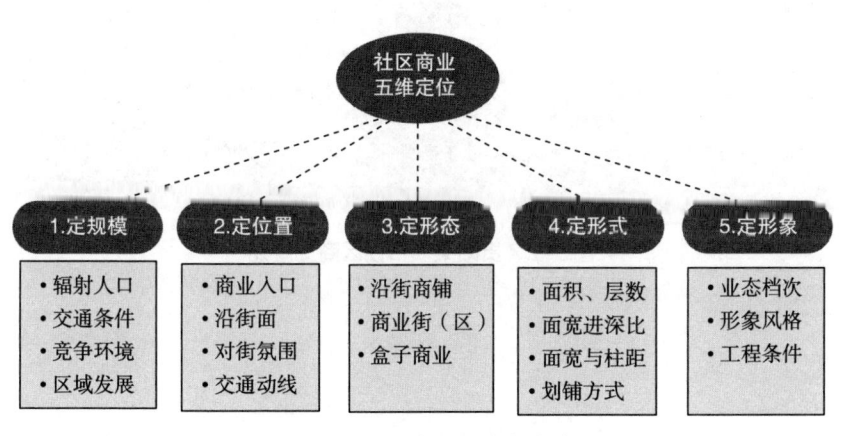

```
                    社区商业
                    五维定位
         ┌─────┬─────┼─────┬─────┐
    1.定规模  2.定位置  3.定形态  4.定形式  5.定形象
    ·辐射人口 ·商业入口 ·沿街商铺 ·面积、层数 ·业态档次
    ·交通条件 ·沿街面   ·商业街（区）·面宽进深比 ·形象风格
    ·竞争环境 ·对街氛围 ·盒子商业 ·面宽与柱距 ·工程条件
    ·区域发展 ·交通动线           ·划铺方式
```

图3-1 社区商业五维定位法

五维定位之一：定规模

商业项目是需求优先，而不是产品优先，商业规模决定供求关系，如果需求不够，那么后面的四个维度（位置、形态、形式和形象）做得再好，商铺都不会卖得好。比如图3-2所示的贵阳某项目，住宅建筑面积为13万平方米，社区商业的面积为7 928平方米，商住比约为6.1%；项目的产品设计（见图3-3）非常优秀，37～60平方米的小街铺，层高6米，支持夹层改造，商铺前面赠送外摆空间，后面结合地库赠送灰空间，赠送率基本达到200%，但因为有效需求不足，商铺严重滞销，后面不得不变更规划，缩减商铺规模。

图3-2　贵阳某项目社区商业规划

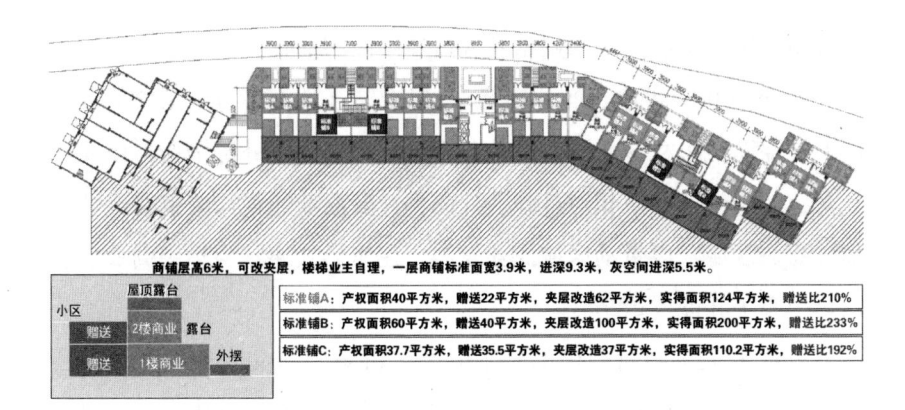

图3-3　贵阳某项目社区商业产品设计示意图

社区商业的规模究竟达到多少是合理的？我们先来了解一个社区商业经营规模的基本常识：按经营规模划分，社区商业可分为内向型、中间型和外向型三类。

内向型社区商业，商业建筑面积占住宅建筑面积的2%以下，人均商业面积在1平方米以下，所处区域主要为住宅区，商业规模以本小区居民消化程度为限。这类商业由于体量不大，往往集中布置在小区主入口附近或小区居中位置，方便住户到达，销售模式以直接销售为主。

中间型社区商业，商住比为2%~5%，人均商业面积在1~2平方米，所处区域主要为住宅密集区、商业区，这类商业立足于本小区居民，兼顾外部消费群。由于中间型商业体量较大，需要部分外部客流的支撑，自给自足不能满足商业需要，项目往往会部分采用销售型或对核心区域部分持有运营，这样可以带动整体商业业态均衡发展。中间型商业往往需要外部客流的支持，可以考虑规划特色商业街（餐饮街、啤酒街、文化街等）以扩大其辐射范围。在规划上，中间型商业的分布形式应考虑入口街铺型及入口集中内街形式。

外向型社区商业，商住比为5%以上，人均商业面积在2平方米以上，在满足本社区居民需求的前提下，吸引大量外部消费群以支撑经营，对外经营性质相对最强。外向型社区商业通常需要持有经营大部分商业区域，以带动区域商业发展，建筑形式通常为集中商业（如购物中心）和商业街结合。

了解了关于经营规模的基本分类，再对照前文所说的贵阳某项目，其商住比为6.1%，属于外向型社区商业。外向型社区商业要想成功，需要满足三个条件：①辐射半径为2千米左右，有大量外部消费群体；②建筑形式为集中商业和商业街结合；③需要自持大部分商业区域。其中，辐射人口多少最关键。

辐射人口不能草率地在地图上画一个圈，算一下人口规模这么简单。辐射人口多少要看四个条件：①人口规模和结构；②交通条件；③竞争环境；④区域发展。

- 人口规模要看客群的主力消费流向（导入和导出半径）、人流量、现有居住人口数量、现有产业人口数量、人口的受教育程度、年均可支配收入等数据。
- 交通条件要看道路能级（高速、主干道、次干道）与通达性；是否有快速路、护栏、绿化带、电线杆等影响客流的障碍物；有无对街商业等，这些条件都要认真分析。
- 竞争环境主要看销售狭义库存及广义库存、销售周期、售价与租金（一、二、三层，外街、内街价差）、投资回报率、人均商业面积等数据。
- 区域发展主要看地产开发和产业发展对人口导入的影响，包括现有住区入住率的变化，在建、规划住区的人口导入预估（分布、数量、开发进度），产业、办公人口导入预估（考虑产业结构变化），等等。

上述项目从中长期规划看，有地铁站（规划中）、汽车客运站、贵阳知名高中，方圆1.5千米内有恒大和绿地两个大盘，辐射人口达3万人以上。但是从交通条件看，项目西侧临贵阳主干道，其宽度为40米，双向6车道，设计时速60千米，这是一条快速路，无对街，商业氛围严重不足；北侧同样面临40米宽的城市一级主干道，街对面的高中为封闭式管理，没有什么人流，没有对街氛围。从竞争环境看，恒大、绿地项目规划自建30万平方米的购物中心，加上自身有大量底商，区域规划商业已经饱和。从区域发展看，恒大、绿地两个项目因运营问题，都处于停滞状态。通过分析这四个方面的条件，该社区商业基本无外向辐射能力，只能老老实实定位为内向型社区商业，安全边界是商住比控制在2%以下，也就是2 600平方米以下，超过这个规模，就存在虚假商业货值。

从社区商业实践看，很多操盘者在前期投资测算和产品定位时不假思索，直接按照政府规定的商业指标来做规划，结果导致社区商业规模过大，出现大量滞重。其实在投资拿地的前期，很多规划指标都可以调整。操盘者的脑子里一定要有这根弦，商业规模直接决定项目的生死，不可不慎。

五维定位之二：定位置

定位置比较简单，核心要义是选择人流量最大且最易到达的位置，主要看商业入口、沿街面、对街氛围和交通动线等几个方面。一般来说，除了满足政府的强制要求，比如红线退界等，社区商业要尽量选择昭示性好、人流量大、对面有商业的沿街面。操盘者可以模拟人流，制定商业交通动线，选择消费者最易到达的入口（比如靠近地铁口，住宅区人行出入口，或者靠近学校出入口），同时注意辐射人口半径应超过500米，应有便利的停车条件。商业设计要确保商业体的连续性，交通动线需要形成环路，避免断头路。

五维定位之三：定形态

定形态，即选择经营价值高的商业类型。社区商业常见的形态有三种：沿街商铺、商业街（含外街、内街）、集中商业。一般来说，能级不高的社区商业推荐做第一种，谨慎选择第二种，原则上禁止第三种。

沿街商铺规划要做到沿街面最大化。在没有自持购物中心带动的情况下，原则上不要出现内街，即使有，内街体量也尽量最小化。相对于外街，内街昭示性弱，需要通过交通动线组织、主力店强制引导来增强商业人流，避免出现死铺。原则上禁止规划盒子型商铺。

盒子型商铺有"公摊大"这一硬伤，因此最重要的是必须有外部消费人流的支撑。辐射人口必须是现实存在的成熟社区人口，而非未来规划的人口。比如武汉白沙洲某社区商业，大盘总体量为60多万平方米，商业体量为1.9万平方米，项目设计了三个盒子，其定位逻辑是周边聚集了数个大盘，未来可辐射的常住人口规模在30万人左右。但是现实很骨感，白沙洲是一个新规划的刚需板块，周边大盘全部处于刚交付状态，入住率极低。该社区商业的辐射人口只是未来的一个预期，商铺必须经过一个漫长的养铺期。在这期间，盒子商业会面临招商难、经营难的风险。因此，社区商业除非有现实的可辐射人口做支撑，原则上不要规划盒子型商铺。

五维定位之四：定形式

定形式就是选择能卖出好价格的商铺形式，包括层数、面积、面宽进深、柱距，以及最关键的商铺户型。

关于可销售型商铺的设计要点，资深地产专家陈健飞曾做出10点概括：面积最小化，进深最短化，结构最优化，层高最大化，开门最多化，业态餐饮化，附赠多元化，空间体验化，动线合理化，定位目的化。这些要点同样适用于金街和社区商业。

关于商铺层数，有一个商铺价值与层数关系的7A原理（见图3-4），即商铺租金随层数增加逐层减半，因此商业设计要尽可能加大占地面积，减少层数。5 000平方米以下的社区商业原则上设计层数不应超过两层；10 000平方米以上的外向型社区商业，某些情况下可增加局部三层，但是必须严格遵守五个条件：①在昭示性及人流量较大的部分（近小区出入口及人流入口），以商业价值最高的"端头一拖二、拖三"或蘑菇铺（小一拖大二）的形式出现；②三层面积不超过一层面积的30%；③必须预留餐饮条件；④门前预留充足的停车位；⑤若出现三层单层铺，则需要增加电梯引流。

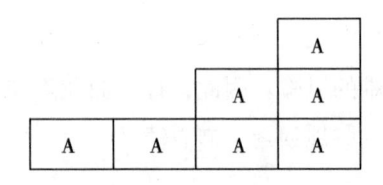

图3-4　7A原理

一般来说，大面积小价格，小面积大价格，单层铺的面积不宜多于70平方米，有强业态倾向的可根据业态倾向做合铺连卖，尽量不要设计大铺。

面宽进深方面要强调的是，商铺进深不宜过长是合理的，但业内常用的商铺开间进深比的理论是错误的。面宽进深比合理区间为1∶2~1∶3，面宽不宜低于4米，进深最大不要超过16米，这个只是常态化建议，并不是硬性规定。在现实中，有些商铺，比如电子烟商店，面宽2米，进深8米，这并不妨碍使用功能。

在柱距方面，单铺面宽通常为一个柱距的一半，根据不同的柱距有不同的店铺尺寸，可将多个单铺组合成大铺。

商铺户型，也就是我们通常所说的划铺，非常关键。常见的商铺户型有以下两大类型、五种形式（见图3-5）。

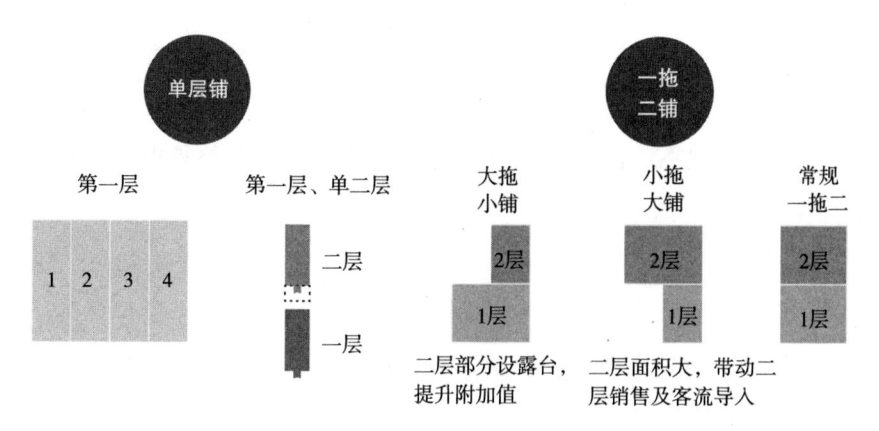

图3-5 可售商铺户型常见分类

在商铺前期定位时，因为临街面资源有限，全一层铺并不多见，于是就出现了单一、单二分层铺和一拖二铺两种类型，二者孰优孰劣，向来争论不休。单一、单二分层铺档次较高，面积分割灵活，但也有劣势：①公摊较多，单二层商铺的公摊一般会达到30%；②二层铺很容易成为滞重。一拖二铺捆绑销售，避免二楼卖不出去，但劣势在于一拖二铺往往面积大、总价高，不好卖。另外，一拖二铺的楼梯会占用使用面积，实际使用率不高，同时业态设置也麻烦，很多业态其实不需要承受1楼的高租金。这样看来，单一、单二分层铺和一拖二铺都不是最优解。

科学划铺的原则是：动线合理化、定位目的化。只有充分了解社区商业每种业态类型的经营逻辑及使用需求，才能科学规划动线，科学规划业态，科学划铺。户型理顺了，销售也就水到渠成了。

为了解决划铺问题，旭辉集团山东区域团队详细调研了山东省内11个入驻率达90%以上的社区底商项目，其中5 000平方米体量的项目4个，10 000平方米体量的项目7个。团队搜集了项目商业体量、商街类型、商街交付时间、商街开业时间、销售期售价、现阶段二手商铺售价、店铺名称、楼层、位置、面宽、进深、各层面积、业态、业种、经营状态、日租金、每间商铺照片等信息，最终得出了以下三点结论。

- 社区商业分为四大业态：餐饮（重、轻餐饮）、配套服务、儿童亲子、休闲娱乐，其比例大致为40∶30∶15∶15。该比例根据社区商业外向程度的不同而有所差异，但餐饮及配套服务是比重最大的业态，这是共性。
- 同一条社区商业街中，单一层、单二层、一拖二、蘑菇铺四种户型同时存在，大致占比分别是35%、20%、35%、10%。其占比根据社区商业外向程度的不同而有所差异，但单一层铺和一拖二铺的占比共计70%左右是共性。
- 商业价值最高的端头街适合设置蘑菇铺，冷区适合设置单一、单二分层铺。

根据上述调研结论，我们可以得出如下清晰的划铺思路。

一条社区商业街，最务实、最经济的产品形式是单层铺和一拖二铺并存。前期定位时，初始产品方案可以都是一拖二户型，然后根据业态规划、经营落位拆分组合，根据新的划铺方案调整产品设计。

如图3-6所示，两条2 500平方米左右的商业街初始规划都是设置23个一拖二铺，之后在产品定位阶段根据商业价值将其分成三段：①高价值段，靠近小区入口，适合配套服务类业态；②低价值段，商业街中间部分，适合目的性消费业态，比如教育培训、休闲娱乐等；③高价值段，外围端头，兼顾外向消费，适合餐饮类业态。

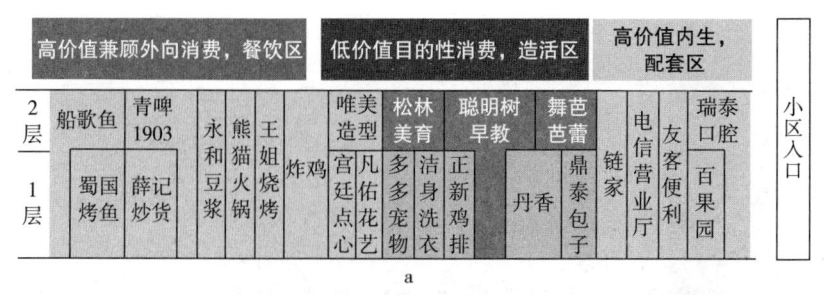

2层		青啤1903		熊猫火锅		唯美造型	松林美育	聪明树早教	舞芭芭蕾	电信营业厅		瑞泰口腔	小区入口
1层	船歌鱼		永和豆浆		王姐烧烤	炸鸡						友客便利		
	蜀国烤鱼	薛记炒货					凡佑花艺	多多宠物	洁身洗衣	正新鸡排	丹香	鼎泰包子	链家	百果园

高价值兼顾外向消费，餐饮区 | 低价值目的性消费，造活区 | 高价值内生，配套区

a

小区入口	丰禾市集		优瘦身	亿嘉琏	真功夫	社区诊所		纪大学士	一碗冒菜	刁四麻辣烫	南翔小笼包	粥饼故事		2层
	德祐地产	八马茶业	酒类直供	华莱士	紫燕百味鸡	国风大药房	家家悦	马博士游泳	小二推拿	阿水大杯茶			一刀削面	马牛肉面	招商银行	1层

高价值内生，配套区 | 低价值目的性消费，造活区 | 高价值兼顾外向消费，餐饮区

b

图3-6 社区商业经营模型示例

业态落位后，图3-6a的商业街2 500平方米，23个一拖二铺，最终划分成了24个商铺，其中单一层10个、单二层3个、一拖二铺7个、蘑菇铺4个，业态规划是餐饮类10家、配套服务类11家、教育培训类3家；图3-6b的商业街2 500平方米，23个一拖二铺，最终划分成了23个商铺，其中单一层9个、单二层3个、一拖二铺8个、蘑菇铺3个，业态规划是餐饮类11家、配套服务类7家、教育培训类1家、休闲类4家。

在实践中，要想做好前期划铺，操盘团队至少需要调研该城市5条以上成熟的社区商业街，深入研究现实的而非想象的"人、货、场"三要素构建的经营逻辑，非常清晰地了解当地每种业态的品牌商家所需要的面积、物业业态、承租能力、利润率、回正周期、工程条件等各种情况（见表3-1），然后结合实际，形成本项目的业态配比

表3-1 社区商业不同品牌商户的经营情况示例

社区定位	业态	品牌	需求面积（平方米）	物业形态	投资租赁承租能力（元/天/平方米）	投资租赁回报周期（年）	自主经营坪效（元/天）	自主经营利润率	自主经营回报周期（年）	工程条件
刚需社区	特色小吃	绝味鸭脖	20~50	1层	8.0~10.0	5~7	20.5	50%	4~6	商铺周边须有同类餐饮业态，客流量大，居住人群密集，店铺开口大，可视性好，有上下水
	文具	晨光文具	20~60	1层	8.0~10.0	5~7	49.3	48%	5~6	临近学校、教育机构等学生客群，有良好的门头展示效果及通达性
	水吧	瑞幸	30~80	1层	8.0~10.0	5~7	22.4	70%	4~6	临街店面使用面积不小于30平方米，展示面宽度3米以上，要求有上下水，动力电不低于30千瓦，可独立办理营业执照，产权清晰
	花店	久久花艺	50~80	1层	5.0~7.0	7~9	20.5	40%	5~7	有上下水，无需烟道，层高3米以上，有独立门头
	美发	永琪美发	100~200	1/2层	3.0~5.0	10~13	12.3	82%	8~12	净层高不小于3米，楼板承重为250千克/平方米，柱距为8×8米，消防系统报审资料齐全，有上下水和排污管道
	房产中介	链家	80~100	1层	5.0~7.0	7~9	20.5	40%	5~8	靠近社区主入口，门头展示不少于4米，有上下水及排污管道
	小型快餐	阿香米线	80~120	1/2层	3.0~5.0	10~13	28.2	60%	7~10	提供上下水和电源，具备餐饮功能，给排水、排污、烟道、消防安全验收合格
	零售	零食很忙	80~150	1层	4.0~6.0	9~12	20.5	55%	8~10	净层高不低于4.5米，电量5千瓦（不含空调用电），门头面宽不低于6米，提供光纤线入户，不需要上下水
	便利店	罗森	100~150	1层	4.0~6.0	9~12	26.8	20%	7~9	上水管径不低于DN25，排水管径不低于DN100，配置380V三相互线以满足40千瓦用电，可24小时营业

建议（见表3-2）、工程条件建议，最后形成报规方案。

表3-2 社区商业业态配比示例

业态	业态细分	一层单层铺	二层单层铺	一拖二铺	蘑菇铺	小计
重餐饮	快餐小吃	6%		16%		34%
	正餐			8%	2%	
	酒楼			1%	1%	
轻餐饮	面包烘焙	4%				6%
	奶站熟食	2%				
儿童亲子	亲子母婴零售	3%				13%
	培训托管（小）		3%			
	兴趣教培（大）		5%		2%	
配套服务	超市	6%				39%
	房产中介	2%		2%		
	美容美发		4%			
	门诊医疗	2%		1%	3%	
	百货零售	2%		3%		
	营业厅	1%		1%		
	社区服务	4%		8%		
休闲娱乐	美体		3%			8%
	健身瑜伽		1%		1%	
	足浴按摩	1%		1%		
	休闲茶室		1%			
合计		33%	17%	40%	10%	100%

对业态规划、落位有了清晰的了解,再来划铺就会贴合经营逻辑,胸有成竹,划铺忌不调研、无思考。要想卖好商铺,就必须学会当好老板。划铺明确了,到了销售阶段,团队就很清晰地知道这个商铺应该干什么,经营逻辑、经营数据、投资回报都一清二楚,引导客户也就容易了。

现实中,有些项目在前期欠缺思考,定位阶段错失划铺时机。等到商铺均取得预售证,甚至已经竣备,发现卖不出去的时候,再想改刀、重新划铺,就不可能了,比如图3-7所示的武汉某社区商业项目。

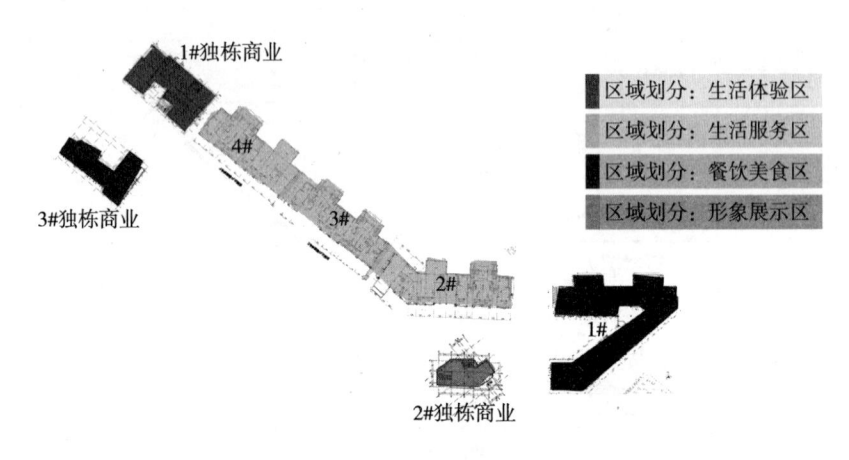

图3-7 武汉某社区商业的规划

该项目位于武汉白沙洲刚需片区,计容建面63.45万平方米,住宅总户数5 274户,其中商业面积约1.9万平方米,包括4栋底商、3栋独立商业盒子,合计147套。2018年该项目住宅上市,但商铺未能利用住宅热销去化,错失周期同频机会。2020年下半年商铺开始销售,一年时间仅卖出8套一层商铺,二、三层商铺均未实现销售。究其原因，问题主要出在产品设计上。首先，商铺面积大、总价高，套均面积为140平方米，100平方米以上的商铺占比约93%，70~90平方米的商铺仅占7%，缺少60平方米以下的小铺子；其次，在产品形式上，商业盒子的占比为52%，一层商铺仅占20%，二、三层商铺的占比共计28%，其中异形铺占80%；然后，除了1号楼带餐饮条件，其余均无，餐饮铺占比为9%；最后，1.9万平方米体量的商业街区，无停车位，无公厕，无电梯，无卸货区，立面无亮化、无特色。这个产品设计把前文所说的雷都踩了一遍。

五维定位之五：定形象

定形象就是选择最佳的形象档次，包括商业风格、业态档次等。在五维定位中，之所以将"定形象"放在最后，是为了强调"由内及外"的逻辑。很多设计方案脱离经营实际，单纯追求"高大上"的外形，结果卖铺的时候吃了大亏。比如，一个内生型社区商业街，却采取了单一、单二分层铺设计，外表看起来"高大上"，但是公摊大，人流导入困难，二楼商铺都冷冷清清。

商铺前期定位时，必须把前面四个维度——规模、位置、形态、形式都想明白，然后再来定档次、风格及工程条件设计，为下一步的商包创造有利条件，否则就会本末倒置。

期铺营销模式：周期同频

与金街一样，最容易出售的社区商铺是期铺，最好的销售时机是住宅开盘阶段，即商铺和住宅周期同频，在住宅推广密度最高、人气最旺的节点，同时销售商铺。二者同时蓄客，开盘时间可以间隔一个月左右。在这个时间点开盘，商铺尚未交付，销售人员可以讲预期，从而起到事半功倍的销售效果。在旭辉3.0版营销体系中，普通住宅楼盘要求住宅、车位和商铺周期同频，同步去化。图3-8是"旭辉营销体系3.0"的住宅首开节点图，从图上可以清晰地看到，住宅和商铺的节点咬合。条件允许的情况下，商铺要做到"开盘即开业"。

商铺要想做到"开盘即开业"，至少需要5个月的筹备时间。表3-3是旭辉淄博星河城项目的开业进度表，读者可以对照图3-8的节点图，搞清楚社区商业和住宅之间的节点咬合关系。

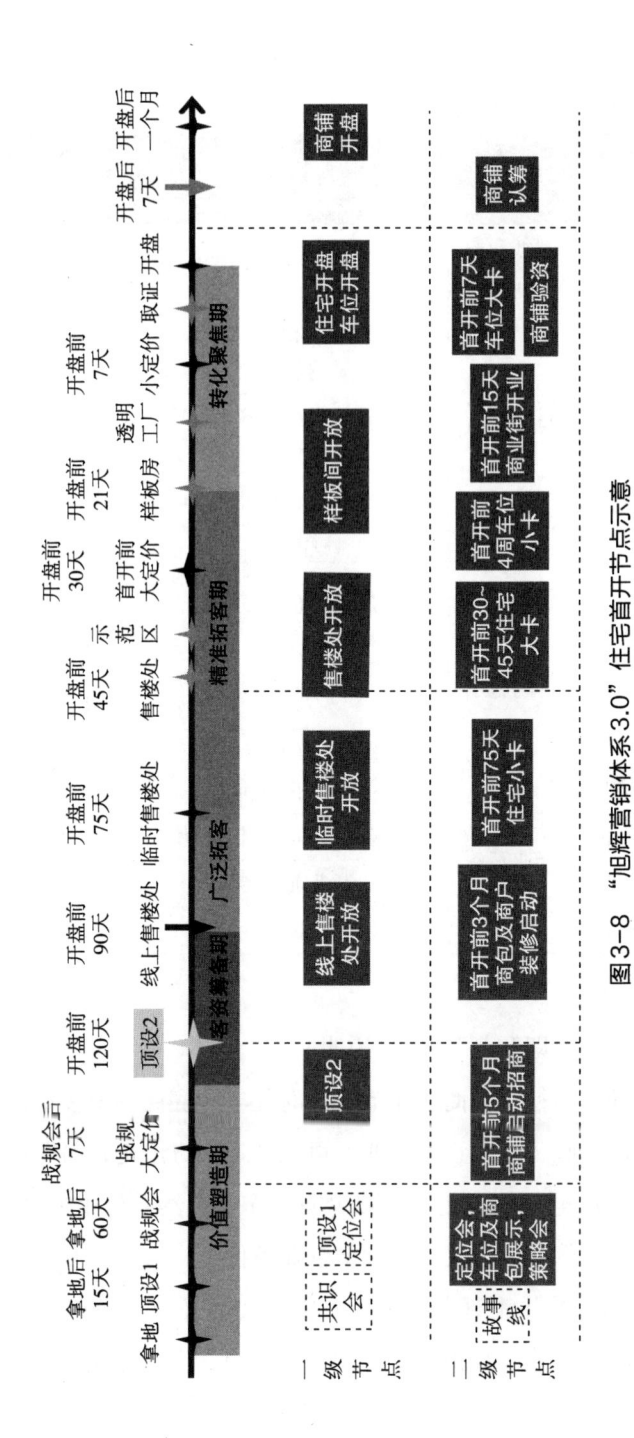

图3-8 "旭辉营销体系3.0"住宅首开节点示意

第三章 社区商铺营销：营商一体 129

表3-3 社区商业开业进度示例

淄博星河城项目开业进度表					
序号	阶段	进度	工作事项	时间	时长
1	筹备期	图纸和招商政策	图纸和招商政策确认	1月31日	
2	招商期	招商推进	客户拜访、洽谈、筛选、竞价	2月1日至3月31日	60天
3			商户条款报批与签订租赁协议	4月1日至4月10日	10天
4	租户装修期	图纸审核	提交平面图、效果图和电路图		10天
5		进场施工	进场施工管理现场交圈会	4月15日至5月20日	36天
6			进场装修	5月15日至6月10日	25天
7			装修验收，商户资料建档，以备消防验收	6月10日	
8	开业筹备	开业筹备	洽谈租户助力营销活动	6月1日	
9			开业前宣传	6月5日	
10	开业	开业	正式试营业	6月12日	

关于"开盘即开业"，还要说明两点。

第一，若是社区底商，住宅开盘时住宅和底商都未竣备，项目不能通过消防验收，达到正常开业。可以变通的方法是，前期尽量少引进大餐饮，以电代替天然气，减少明火作业，然后与相关部门沟通，通过"以罚代管"的方式，达到试营业条件。

第二，首批开业商户的选择非常重要，必须选择在本地有知名度、自带流量、能够承担人气发动机的商户，宁缺毋滥。有些郊区楼盘，其周边3千米内的入住人口严重不足，务实的做法是开一到两家自带流量的网红店，对其他店铺意向招商（品牌店的店招先挂上，暂时不开业）。有些郊区项目为了引进商户，采取免租、补贴、员工定点消费的方式来进行帮扶，结果招到的是一些创业小白，在业主未入住的情况下，生意根本做不起来，这对后续商铺销售的作用是极其负面的。操盘者要谨慎选择招商点位和商户，不要囫囵吞枣、盲目招商，避免破坏商铺的预期价值。

本书多次强调的周期同频，在非住营销中是一个特别重要的事情。相较于住宅，非住市场是非常脆弱的，节点踩中了，什么都好；节点没赶上，等到气氛已冷却再重启，销售就会非常艰难。下面我们就来探讨没有踩上节点的现铺如何销售。

现铺销售步法：布局、中盘、收官

一个不成熟的公司或团队，其意识里没有"周期同频"这根弦，往往住宅都卖完了，主力团队已经撤走，才开始销售商铺和车位等非住业态。这个时候，住宅部分基本已经交付，商铺成为现铺。早期入住率一般不高，预期没有了，故事不好讲了，操盘团队面临非常大的挑战。

讲一个真实的案例：某销售团队费了九牛二虎之力约来了一个愿意购买商铺的客户，团队齐上阵，讲前景，打配合，客户有些动心了，但最后还是坚持去现场看看情况。经过小区门口一家刚开业的药店，客户上门寻问生意如何，老板说小区入住率低，今天的营业收入只有39元。客户马上掉头就走，商铺不买了。这就是卖现铺的残酷。

有些操盘手一看到商铺卖不动了，就提出"租售一体"，要求带租约销售。在上述案例中，这个药店就是招商的成果之一，租金并不低，带了租约也卖不出去，还连带影响了其他商铺的销售。前文提到，"租售一体"本身没有错，但哪个商铺要招租，招谁来租，租多少钱，这是个大学问。很多操盘者一知半解，为招商而招商，认为"把租约抓到碗里就是菜"，但这样往往会犯大错。

现铺销售必须有章法。卖铺如下棋，包括三个步骤——布局、中盘、收官，一步都不能错。尤其是开局，起手布阵，每一次落子都有讲究，一着不慎，满盘皆输。

现铺销售三步法之一：布局

对于现铺销售，大开大合、速战速决基本不可行，操盘手首先得转变观念，打持久战。起手从"租售一体"开始，选择重要"锚点铺"招商布局、确定业态、找对老板、锚住租金，我们称之为"找对业态嫁对郎"。

招商银行2022年年报显示，2.25%的人拥有81%的财富，这就是新的财富"二八定律"。社区商业的财富定律也是一样的，起手招商，最关键的2%风向标商户以类相求、以气相引，得一而可及其余，直接决定了整条商业街后续的定位、走势和命运。

2%的风向标商户主要承担两个使命：①租金价格锚；②泵式商户，人气造活。有的商户可以同时完成这两个使命，是社区主力店；有的只能完成单一使命，是次主力店。风向标商户一般在社区商铺的高价值区域，金角、银边位置，比如人流量大的小区入口，或者商业街的端头位置。好位置，高租金，好品牌，高租起势，这可以提振团队和客户的信心，提高客户的价格预期，跳脱出固有的低租金认知。

图3-9是银川"江南赋"项目，团队起手招商就用最好的位置引进了两个商户：①VC果蔬生活超市，租金为91元/平方米/月；②罗兰佩蒂美容院，租金为90元/平方米/月。这两个商户都是连锁品牌店，承租能力强，品牌形象好，同时都是目的性消费业态，可以充当人气发动机。90元/平方米/月的租金，按4%的回报率反算，可达

27 000元/平方米的售价。租金势能起来了，销售团队的信心也提升了。置业顾问是第一意见领袖，置业顾问的信心有了，客户的信心也就有了。

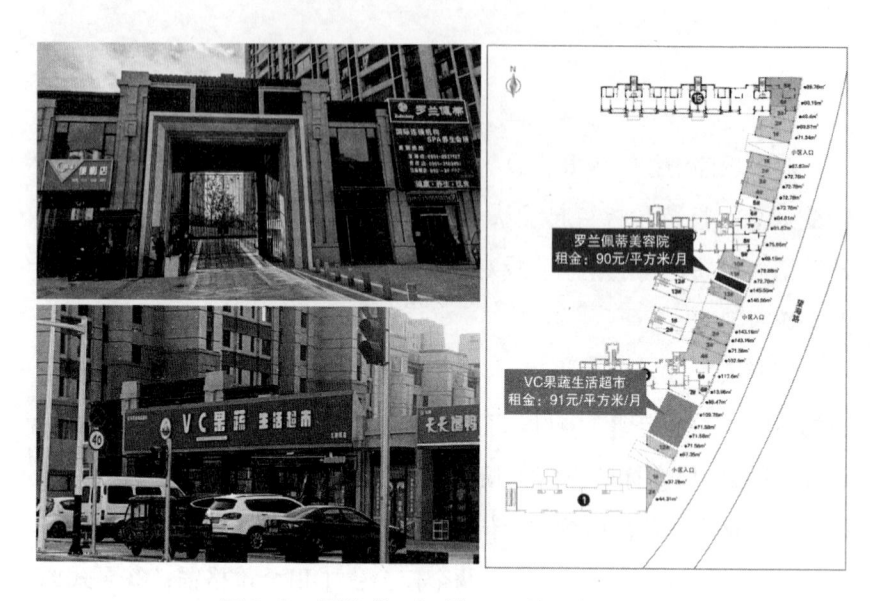

图3-9 银川"江南赋"项目的风向标商户

"江南赋"的租金价格锚达到了90元，与其一街之隔的"绿地城"却只有50元左右（见图3-10）。究其原因，"绿地城"没有刻意进行租金控制，没有风向标商户。与住宅不同，非住不稳定的"液态"体征使得同一地段的商铺价格相差50%以上是很正常的事情。

武汉"江夏府"项目的风向标商户之一，是本地知名连锁超市——兴华超市，其营业面积为1 000平方米。作为泵式商户，它给商街带人流、提价值，承担整条商业街人气发动机的角色。最终，项目商铺得以大卖，兴华超市功不可没。

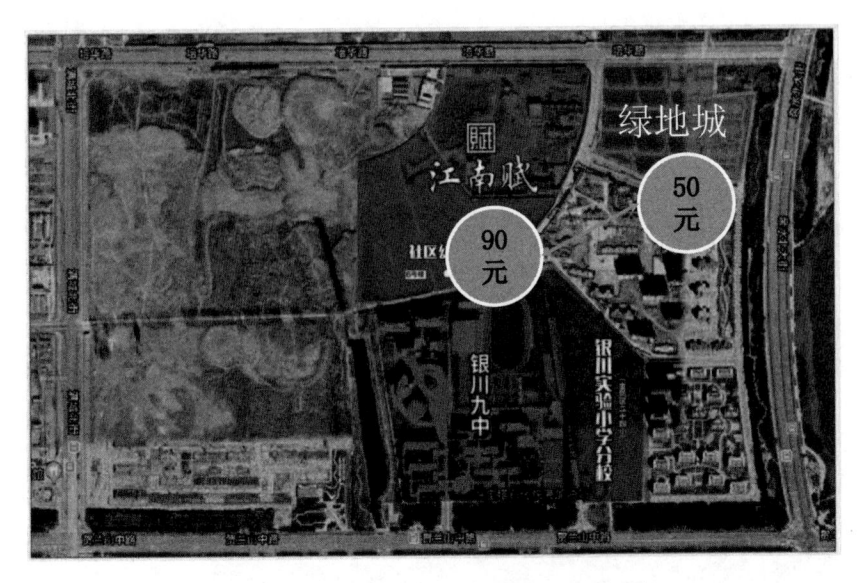

图3-10 "江南赋"和"绿地城"位置示意

不同的业态，承租能力和人气发动能力不一样；同样的业态，不同的老板经营，结果也可能完全不同。同样是果蔬超市，一个是深谙此道的连锁店老板，一个是刚创业的小白；同样是饭店，一个是口碑品牌的主理人，一个是无名小铺的经营者，前者无论是出价能力、品牌形象还是引流能力，都大大好过后者。这就是前文强调的"选对业态"还要"嫁对郎"。在投资客渐少的环境下，我们要重申"一铺养一代"的经营逻辑，用"一铺养三代"的视角找到真的"2%"，即那些靠经营商铺就能养活一家三代的灵魂创业者，激活商业街。

上述案例中的兴华超市，其购买者是一位在本地经营连锁药店的老板，也是一位长期商铺投资者，具有较深的商铺情结，他最终将10个商铺一起拿下。

"江夏府"项目引进的第二个风向标商户是本地知名的"小祝美

食"。"小祝美食"的老板祝先生在武汉老城区经营中餐店,生意火爆,使用的门面为自购,是典型的"一铺养三代"客户,很多当地人都吃过"小祝美食"。该餐饮店的入驻,极大增强了本地人对项目商铺的投资信心和自用信心。

佛山"江山傲"项目的尾盘商铺位于内街,人流量不足,销售不出去。后来团队按照"一铺养三代"的客户画像找到了一个本地做家具定制的老板:小作坊起家,前店后厂,具有很深的商铺情结。该客户具有很强的商业头脑,别人不敢碰的内街铺,他却可以从中看到商机,并且对商铺的业态规划、功能定位有自己的解决方案。由于在本地有广泛的人际资源,销售团队深挖客户连带资源,实现12套商铺连售。

总之,选择大于努力。在招商前期,"2%"的选择非常重要,直接决定社区商业的气质及租金档次。这也是为什么万科针对体量较大的外向型社区商业街的最佳位置,即使高价售出,也要返租、控制业态。附带说一句,某些全球知名连锁快餐店虽然是好品牌,但在大多数一、二线城市,不属于起手的"2%"。一是租金并不高,想象空间不大;二是无法成为人气发动机,不能造活商业街。因此,不要迷信大品牌,否则白白把自己最好的位置以较低的租金租出去,从而丧失价格锚。

开局如何"选对业态嫁对郎"?这考验的是团队的专业功底和投入度。上一章讲金街销售时提到的千人万铺大调查,同样适用于社区商业,只是社区商业的调研不需要这么大的范围。在销售社区商铺之前,团队至少应该对方圆3千米以内的相关商铺进行扫街,一为拓客,二为调研,后者其实更为重要。通过扫街,团队可以了解每一种生意的经营逻辑。

银川"江南赋"项目团队就组织了扫街调研,详细了解了每一个业态、每一户商家的情况,团队初步建立了对租金的具体感知。根据调研情况,团队整理出了"周边社区底商租金排行榜"(见表3-4)。操盘手可以清晰概览高租金业态,接着再对商业街进行起手、布局,首批2%的商户发展什么业态以及引进哪家商户,就有了明确的方向。

表3-4 某项目"周边社区底商租金排行榜"

序号	社区	商铺名称	业态	租赁/购买	租金(元/平方米/月)
1	世茂·世悦府	波比超市	零售	租赁	150.00
2	阅海万家B区	洗车行	服务配套	租赁	145.83
3	世茂·世悦府	沙清凉皮	餐饮	租赁	138.89
4	宝湖湾	果蔬时尚	零售	租赁	136.36
5	世茂·世悦府	VC果蔬	零售	租赁	128.21
6	阅海万家D区	易百分文体	零售	租赁	115.51
7	阅海万家D区	银鼎中介	服务配套	租赁	108.33
8	阅海万家D区	果蔬	零售	租赁	106.21
9	兴庆府大院	太阳文体	零售	租赁	102.56
10	阅海万家D区	便利店	零售	租赁	100.00
11	阅海万家D区	果珍品鲜果蔬	零售	租赁	100.00
12	阅海万家D区	眼之悦	零售	租赁	98.04
13	阅海万家D区	美容美发	服务配套	租赁	98.04
14	兴庆府大院	国酒茅台	零售	租赁	93.75
15	新华联广场	果蔬超市	零售	租赁	92.59
16	公园华府	德祐中介	服务配套	租赁	92.00
17	宝湖湾	烟酒商行	零售	租赁	90.28

（续表）

序号	社区	商铺名称	业态	租赁/购买	租金（元/平方米/月）
18	凤凰华府	儿童托管中心	服务配套	租赁	85.00
19	中瀛御景	贵州习酒	零售	租赁	83.33
20	中瀛御景	岳师傅剪子面	餐饮	租赁	83.33
21	新华联广场	张璇便利店	零售	租赁	83.33
22	宝湖湾	玛雅房屋	服务配套	租赁	83.33
23	凤凰华府	第一间超市	零售	租赁	83.00
24	阅海万家B区	新百便利店	零售	租赁	78.70
25	新华联广场	本零烧仙草奶茶店	餐饮	租赁	75.00
26	宝湖湾	烟酒行	零售	租赁	69.44
27	中瀛御景	福利彩票	服务配套	租赁	66.67
28	中瀛御景	易麦屋	服务配套	租赁	66.67
29	观湖壹号	伊尚洗衣	服务配套	租赁	64.10
30	观湖壹号	白茶	餐饮	租赁	64.10

在对周边社区商业进行调研的基础上，"江南赋"团队后来将调研范围扩大到全市主要板块，从而形成城市"租金雷达图"，用广角镜扫描市场，帮助客户建立价格坐标系，强化客户投资信心和安全感。

了解各行各业的生意经后，再来组织对抗说辞就比较容易了。例如商铺不带餐饮条件，其实很多业态都比重餐饮的租金高得多，比如轻餐饮、白家电；再例如没有人气，其实目的性消费业态可以辐射方圆三五千米；又例如大铺、异形铺不好卖，但很多业态就要大铺，文具店、早餐店对异形铺没有抗性。

现铺销售三步法之二：中盘

中盘的核心工作是获客、造活和挤压。

现房商铺已经不可能做大量推广，获客模式主要是自主渠道、精准获客。图3-11为佛山"江山"项目，从销售额来看，业主老带新占比33%，负极客户占比30%，商户自拓占比10%，大客户占比20%，自访客户占比7%。

除了获客，"造活"也是中盘最重要的工作任务。所谓"造活"，就是提倡营商一体，招商、运营一体化。对社区商业来说，运营服务有时甚至比招商更重要。引入头部商家后，操盘团队必须有意识地组织各种运营活动，聚集人气，持续夯实"小宇宙中心"的认知，强化商户和潜在客户的信心。

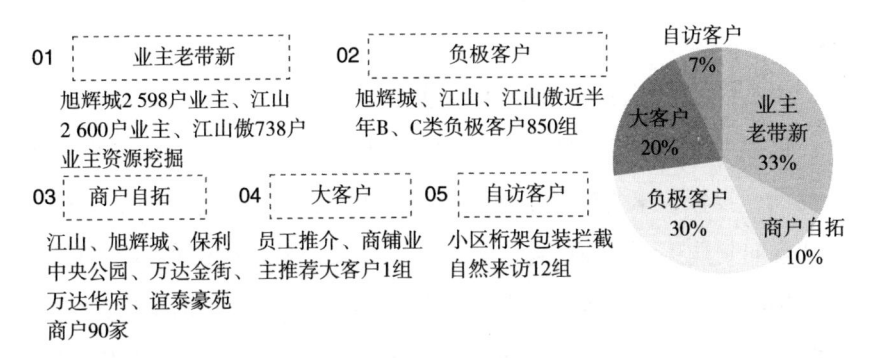

01 业主老带新
旭辉城2 598户业主、江山2 600户业主、江山傲738户业主资源挖掘

02 负极客户
旭辉城、江山、江山傲近半年B、C类负极客户850组

03 商户自拓
江山、旭辉城、保利中央公园、万达金街、万达华府、谊泰豪苑商户90家

04 大客户
员工推介、商铺业主推荐大客户1组

05 自访客户
小区桁架包装拦截自然来访12组

图3-11 "江山"项目5天脱客通路

武汉"江夏府"项目针对前期进驻的商户，策划开业前后的宣传活动。商户福利以"霸王餐"消费券等形式兑现，一方面补贴商户，提升商户营收；另一方面利用商户福利"搅动"业主，增加客户接触

机会并传递商街价值。除了开业，该项目团队平时节假日也依托大铺举办各种主题活动，为商街聚集人气。图3-12是"江夏府"项目操盘团队和兴华超市联合举办的各种运营活动，人气很旺，最终促成超市的10套商铺连卖，还有其他多套商铺成交。

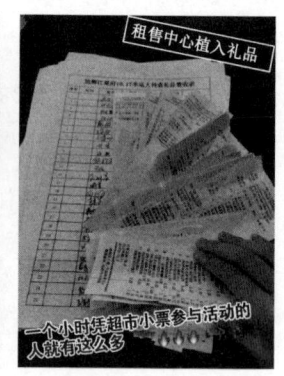

图3-12 "江夏府"兴华超市举办的各种活动

中盘的第三项核心工作是挤压成交。

仍以"江夏府"项目为例，兴华超市位于小区7号楼，打通10个商铺，投资人李先生是本地连锁药店老板，61岁，投资非常谨慎，最初意向是购买一间商铺自用兼投资。后来7号楼的10间商铺整租给了兴华超市，营销团队深挖到李先生的资金实力和置业需求后，引导其投资兴华超市整租的租约铺。租售环节是客户十分关心且感兴趣的，团队利用租售一体的流程，制造客户触点。流程固化后可每次精心策划复访节点，提前聚焦人气，安排好租户证言、案场SP、价值道具等，掌握谈判主动权，最终实现10铺连售。其全过程如图3-13所示。

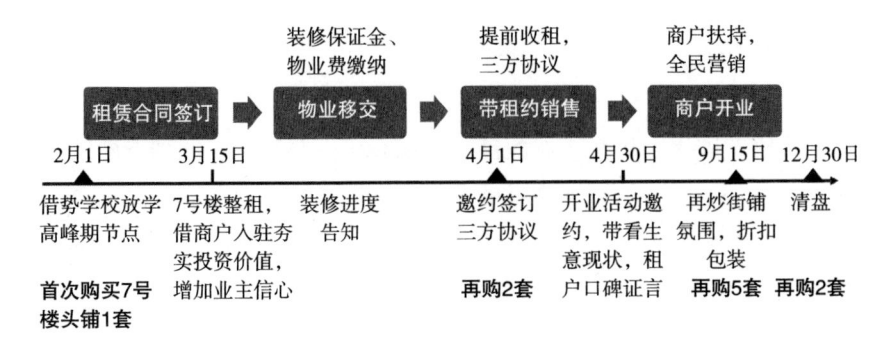

```
租赁合同签订 → 物业移交 → 带租约销售 → 商户开业
              装修保证金、    提前收租、    商户扶持、
              物业费缴纳     三方协议      全民营销

2月1日      3月15日       4月1日   4月30日   9月15日    12月30日
借势学校放学  7号楼整租，   邀约签订  开业活动邀  再炒街铺   清盘
高峰期节点   借商户入驻夯  三方协议  约，带看生  氛围、折扣
           实投资价值，           意现状，租  包装
首次购买7号  增加业主信心  再购2套   户口碑证言  再购5套    再购2套
楼头铺1套
```

图3-13 "江夏府"10铺连售过程图

"江南赋"项目采取了"租售营一体化"模式（见图3-14），找租客、引成交、强造活。团队建立了商铺租售平台，进行日常社群式运营，人为制造多重租户需求，集中进行租售氛围挤压。群内对进驻商家情况进行实时播报，持续烘托热销氛围，强化商家信心，最终实现了较好的销售效果。

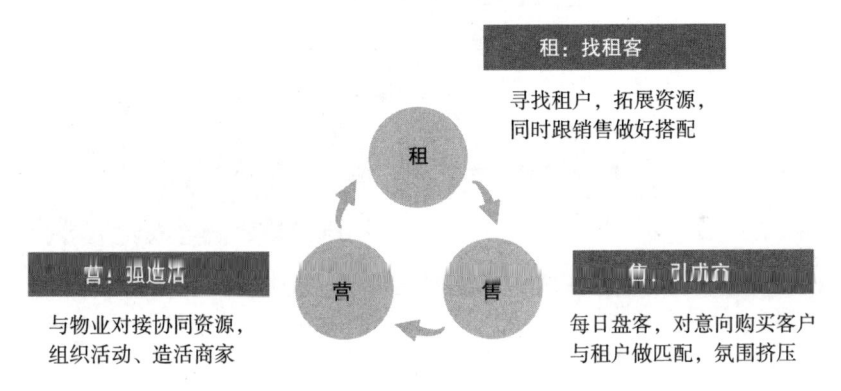

```
               租：找租客
              寻找租户，拓展资源，
              同时跟销售做好搭配

          租

   营         售

营：强造活              售：引成交
与物业对接协同资源，      每日盘客，对意向购买客户
组织活动、造活商家       与租户做匹配，氛围挤压
```

图3-14 "租售营一体化"模式

第三章 社区商铺营销：营商一体　141

现铺销售三步法之三：收官

收官，即逐个攻克难点商铺，一铺一策。收官阶段的难点商铺主要有两种类型：冷区铺与异形铺。

冷区铺挑客户，最重要的是找到适配的业态和适配的客户，做客户需求的解题者。前文提到的"江夏府"项目团队就在扫街过程中发现了一个特殊客户——某康复中心。该业态属于广义的教育培训行业，其针对的是孤独症儿童与聋儿的听力语言康复，学员小众，收费高，但有国家补贴，因此利润比一般教育培训行业高得多。老板有扩大经营的需求，因为是目的性消费业态，可接受冷区铺，要求就两个：面积大、昭示性强。针对这个需求，"江夏府"项目团队向客户推荐了二楼最靠里的8套商铺（见图3-15），利用连卖包装折扣，最终顺利销售。

图3-15 "江夏府"二楼冷区8铺连售

异形铺也非常挑客户，必须匹配对异形没有抗性的业态，制定专属对抗说辞，然后再提供一些适当的价格优惠，就可以顺利销售。银川"江南赋"项目1号楼存在异形底商（见图3-16），呈锯齿状，团队制定了对抗说辞："1号楼对面为学校，可做文具店，异形位置可做定制化文具展示空间，同时价格有优惠，是高性价比之选。"最终该商铺顺利销售。

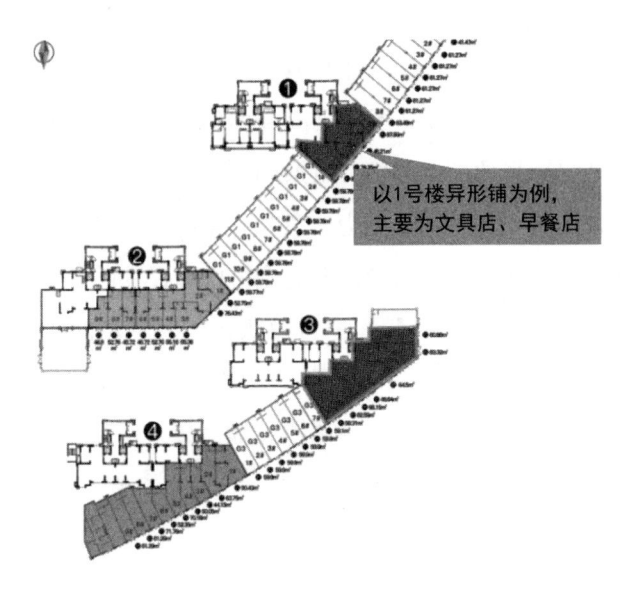

图3-16 "江南赋"异形铺

社区商铺现铺销售三步法——布局、中盘、收官的核心要领总结如下。

- 租售一体是对的，但起手和布局非常关键，前2%的风向标商户直接决定了整条街的格局和命运。
- 科学布局，精准起手，"选对业态嫁对郎"来自勤快、专业的调查研究，要有活地图。
- 对社区商铺来说，运营有时比招商更重要，新时代的销售模式是租售营一体化、营商一体化。
- 社区商铺最重要的客户就是本小区业主及其人脉资源，一定要深耕小区业主和地缘客，附近就是星辰大海。

最后再强调一点，团队。租售营一体化这么复杂的事情，是不是需要专门的招商团队？是不是还要有专门的运营团队？答案是除了规模较大、外向型强的商业街区，普通的内生型社区商业不需要专门的招商和运营团队。意愿大于能力，只要有意愿，好好琢磨、学习本书提到的纲领和打法，住宅营销团队完全可以胜任社区商业租、售、营的全部工作。银川"江南赋"项目团队在人力不足的情况下，成立"战斗3人"小组，呈三角进攻队形，1人售，1人租（租赁商家维系），1人营（租户需求多方对接），非常漂亮地完成了任务。

社商营销残局：全景诊断与对策

社区商业到了尾盘阶段，很多都成为滞重。如何破局？操盘者必须有系统思维。图3-17是社区底商六维全景诊断图，从六个维度对项目存在的问题进行诊断和改进。诊断图右边是有关商业经营的三个方面，底层逻辑依然是"人、货、场"的重构与升级；诊断图左边是关于营销动作的三个方面，根据先人后事的原则，先调整组织机制，尤其是专项列支破局费用，卖相包装、价值增值，没有费用是不行的，然后再进行营销动作与货值梳理，逐一调整到位。

六维全景诊断的思路不复杂，其中的每一个动作在前文基本都能找到技术要点，兹不赘述。

在操盘实践中，非常可惜的是，高周转思维仍然存在，掌控着包括房地产公司老板在内的绝大部分从业者。所有商铺项目都需要"养商"，需要打持久战，但每个月的销售指标兑现可等不及。因此，主流公司去化滞重商铺的手段仍然以"降价、包销、工抵"三板斧为主，最后货值大幅折损。对于业主来说，本来有机会拥有一条高品质的商业街配套，助力住宅保值增值，但最后在浮躁的行业大背景下，这一切都随风而去了。

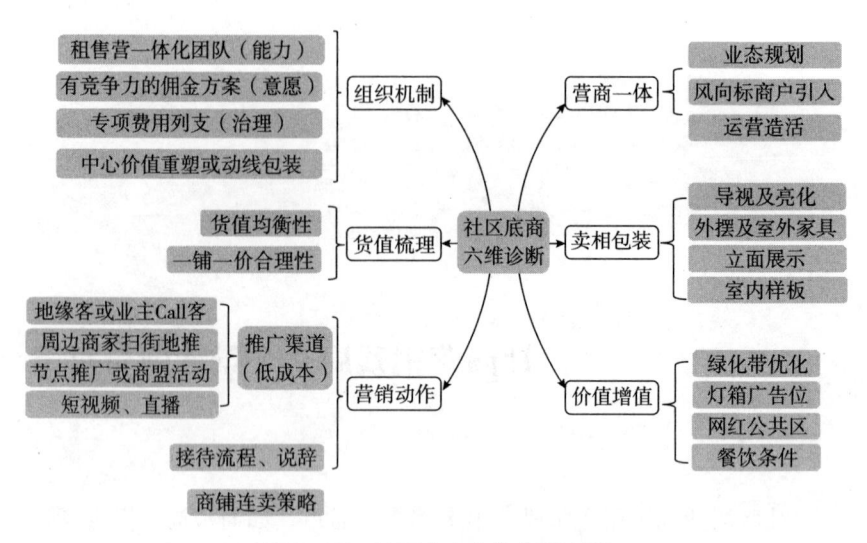

```
                  ┌─ 租售营一体化团队（能力）
                  │  有竞争力的佣金方案（意愿）      ┌─ 业态规划
                  │  专项费用列支（治理）      营商一体 ─┤  风向标商户引入
                  │  中心价值重塑或动线包装           └─ 运营造活
         组织机制 ─┤
                  │
                  │                                ┌─ 导视及亮化
                  │         货值均衡性              │  外摆及室外家具
         货值梳理 ─┤                    卖相包装 ─┤  立面展示
                  └─ 一铺一价合理性   社区底商       └─ 室内样板
                                     六维诊断
         ┌─ 地缘客或业主Call客
         │  周边商家扫街地推                       ┌─ 绿化带优化
         │  节点推广或商盟活动    推广渠道         │  灯箱广告位
         │  短视频、直播        （低成本）         │  网红公共区
         │                                        └─ 餐饮条件
营销动作 ─┤                              价值增值 ─┤
         │  接待流程、说辞
         │
         └─ 商铺连卖策略
```

图3-17　社区底商六维全景诊断

因此，社区商业破局最难建立的共识与认知是，抛弃高周转思维。地产黑铁时代，社区商业是利润的定盘星。不会卖社区商业，投资阶段就没有出价能力，住宅的溢价利润就无法覆盖社区商业的"跑冒滴漏"。

第四章

公寓营销：正本清源

公寓是五大非住业态中体量最大且最难销售的一类，这一点从各大城市"尸横遍野"的公寓市场上就可以得到验证。

公寓为什么最难卖？究其原因，其他业态都有刚性需求，做生意的买商铺，开公司的买写字楼，停车的买车位，这都是刚需，但唯独公寓没有。公寓产品一直游离在商住两用之间，功能边界模糊，具有很强的可替代性，居住功能容易被更实惠的住宅取代，办公功能容易被形象更好的写字楼取代，服务功能容易被配套更全的酒店取代，公寓好像没有自己独一无二的定位。

更致命的是，公寓的缺点非常突出：商业性质，40年产权；超高的二手交易税费，流通性差；首付5成，按揭贷款期限最长10年；没有学区，不能落户；公摊面积大，商水商电，不通燃气……没有特长，缺点突出，这导致公寓在公开市场上的保值升值潜力较差。在上一波地产牛市中，公寓不仅跑输大盘，其价格破发更是常态，无数投资人被现实毒打。口口相传，众人惊呼：千万别碰公寓！

而另一方面我们又看到，有些公寓成为城市房价的天花板，甚至比同地段住宅的价格高出近一倍，比如"深圳湾1号"；有些公寓200平方米的户型，月租金高达六七万元，还一房难求，比如上海"宝格丽公寓"。新冠疫情持续三年，全球经济大萧条，市场深度下调，实体商业受到的冲击越来越大，很多曾经红火的大型商业综合体都沦为正在融化、崩塌的冰川，街铺的空置率越来越高。但是在商业市场中，我们却惊喜地看到老树发新芽，高层公寓作为商铺的一种新型变种，受到越来越多创业者的青睐，逆袭为一股不容忽视的商业新势力，未来一定会成为非住新质生产力的代表业态。

面对冰火两重天的市场，公寓的出路在哪里？公寓营销应该如何破局？这一切问题都要从厘清公寓的定位开始解决。公寓之所以落入今天的窘境，核心原因是"定位"出了问题。公寓业态在模棱两可的定位中迷失了自我，找不着北！解铃还须系铃人，公寓营销要想破局，首先必须搞清楚的问题是：公寓业态的灵魂和特质是什么？公寓差异化的价值体系应该如何构建？

给公寓业态找"魂"，我们需要从它的起源开始。

找回迷失：从源头看特质

在讨论公寓的特质之前，我们首先对公寓的范围做一个界定。这里所说的公寓，指的是狭义的可销售的40年商业产权性质的产品。在国外，广义的公寓泛指除独栋别墅之外的集合式住宅，这不在本书讨论之列，自持型长租公寓也不在本书讨论之列。

公寓发端于欧洲，是当时旅游区租给旅客供其临时休息的物业，由专门的管理公司统一管理，既有酒店的性质，又有相当于个人"临时住宅"的特色，这些物业形成了高端公寓的雏形。真正意义上的高端公寓兴起于美国纽约。20世纪80年代，以纽约为首的国际大都市凭借优越的商业环境吸引了大量高端人才，服务式公寓兼具高端酒店的便捷与住宅的温馨，因此得到了商务人士的青睐，成为当时租赁市场的一种潮流。在这个阶段，高端公寓约等于服务式公寓。同一时期，以新加坡为首的国家在各种政策利好的环境下吸引大量跨国企业布局，并迎来了大批注重生活品质的新兴中产家庭，而他们的高消费能力为服务式公寓市场带来明显增量。这一发展趋势引起了大量投资者的密切关注，服务式公寓随之成为大量地产商青睐的热门投资项目。服务式公寓引领者，隶属于新加坡地产巨头凯德集团的雅诗阁在此期间诞生。1984年,雅诗阁在新加坡开出了第一家服务式公寓The Ascott Singapore。同年,第一家馨乐庭Citadines La Défense Paris问世并落户巴黎。雅诗阁集团的辉煌也从这两家店开始。

在中国,公寓最早可追溯至20世纪初。当时,上海作为最早开埠的口岸城市之一,以其优越的地理环境及商业环境吸引了国内外大批巨商富贾,一座座与传统江南住宅截然不同的高层公寓逐步落沪。到1949年,上海高层公寓(8层以上)共计42幢,建筑面积41.3万平方米,占上海住宅总面积的1.75%。这些公寓基本上是提供给当时的外籍驻华高管的。为了满足外籍住客的需求,多数公寓除高标准的设施外,还提供与当时高端酒店相同档次的服务。这一座座充满异国风情的高层建筑被认为是中国高端服务式公寓的雏形,其中最著名的是"诺曼底公寓"(武康大楼)。

1924年,一块位于上海淮海中路的土地被中国建业地产公司购入,并由克里洋行的匈牙利籍设计师邬达克打样设计,法商华法公司承建,最终打造了一栋具有法国文艺复兴时期风格的建筑,即"诺曼底公寓"。诺曼底公寓共8层,一、二层为商铺,三层及以上为居民住房。住房总计64套,佣人住房30余间,户型分为4种,即一室户、二室户、三室户和四室户,朝向基本为南。诺曼底公寓是上海第一座外廊式公寓大楼,同时是上海最早一批现代化高端公寓。1953年,诺曼底公寓被上海市人民政府接管并重新命名为武康大楼,随后武康大楼凭借优越的地理位置及设计风格吸引了不少演艺界名流入住打卡,包括赵丹、王人美、秦怡、孙道临等人。

1992年,深圳开始出现土生土长的公寓产品,"公寓"这一名称获得认可。1998年左右,公寓开始细化,商业住房公寓、酒店式公寓、产权酒店式公寓等名词开始出现。2002年,酒店式公寓盛行,主打"酒店式服务+公寓式管理"。北京最早的公寓是以"外销公寓"名义出现的，只允许用外汇购买。当时的普宅一切普通，毛坯交房，有的甚至连名字都没有，而公寓不仅外立面豪华，内部户型也大，更具备精装修，方便业主买了就住，或者直接出租赚钱。公寓当时有几个标准，比如24小时的保安、电梯、热水（最好是温泉），必须要有豪华大堂和配套商业，或者把裙楼开发成商场，讲究的公寓楼还有会所，配有网球场、游泳池等。到了2002年，外销公寓退出历史舞台，公寓面对所有人开放销售。但是时至今日，上海、北京、深圳、广州等地的顶尖公寓，主要的租客群体仍然是世界500强外企的高管们。

2015年史上最长的一波房地产牛市开始，住宅逐渐供大于求，大量"鬼城"开始出现。政府追求的是"税源经济"而不是"睡觉经济"，因此在土地出让时，配建商业比例会较高。集中商场、商业街、写字楼、酒店等业态的资金回笼周期太长，而公寓看上去好一些，至少可以作为"类住宅"产品销售，有居住功能，又比住宅便宜。在这种背景下，公寓成了既能消化商业指标又能快速回现的最佳选择。在这一时期，各大城市开始出现大量公寓，公寓的定位逐渐跑偏，功能越来越偏住宅化，置业逻辑越来越偏投资化。

通过对公寓产品前世今生的溯源，我们可以确定一个重要的事实：公寓的灵魂是"商"，不是"住"。今天，公寓营销陷入困境的核心原因是，人们拿公寓的短板来比住宅的长板，以商业经营见长的公寓却和别人家的孩子——住宅比学习、比听话。商水商电、不通燃气、公摊大、无法落户、没有学区、首付比例高，全部是公寓的短板。这种对比逻辑显然出了问题。

公寓的灵魂是商业，而商业的核心是经营逻辑，需要"人、货、场"三要素实现互相促进和良性循环。在三要素中，最核心的是

第四章　公寓营销：正本清源　153

"货",也就是高等级品牌的引入。要想破解公寓的困局,最关键的是把它拉回商业赛道,用"人、货、场"的逻辑重构与升级公寓的运营和销售。公寓保值增值的密码就是以商业为灵魂的经营逻辑,所有公寓的成功都是经营逻辑的成功;反之,所有失败的公寓项目,无一例外都是套用住宅的逻辑,直接从产品到人,缺乏"货"的引入与运营,从而"场"的打造和"人"的引流就会出问题。公寓钻到住宅的赛道上,以彼之长,攻己之短,结局自然是不好的。

关于"人、货、场"的经营逻辑,这里有一个典型案例。杭州最好的板块钱江新城有两个公寓项目——东方君悦、万象城悦玺,二者均位于钱江新城的核心位置,地段无可挑剔。东方君悦临钱塘江一线江景,位置更胜一筹,通体玻璃幕墙,是钱塘江的"天际线"项目,装修配置也很高,每平方米8 000~10 000元。凭借如此优越的质素,东方君悦公寓2011年首开均价为4万元/平方米,这在杭州属于一线水平。要知道,2011年上海黄浦区、静安区的房价也才3万元/平方米。有意思的是,直至今日,时间过去了13年,该项目的房价还是4万元/平方米左右。2013年,与之相隔300米的万象城悦玺每平方米售价为3万多元,但如今,其大户型二手房每平方米售价为6万元左右。两者为什么会有这么大的差距?最核心的原因就是"人、货、场"的逻辑不对。东方君悦的运营团队没有建立经营生态的意识,在"货"的要素上,招商引进了4家经济型酒店,客群杂乱,场所缺乏贵气,小物业公司提供的服务也不到位,公寓受到高端商务人群的嫌弃。"人、货、场"三要素的缺失导致项目的档次上不去,跑输大盘已是必然。再看万象城悦玺,除了顶级商业配套万象城,还有超五星酒店杭州柏悦酒店,以及华润物业的高标准服务,这些决定了万象城悦玺的客户都是高端商务人群。"人、货、场"三要素具足及其良性互动，给公寓营造了一个良好的经营生态。万象城悦玺的大平层公寓售价为每平方米6万元，年均增长率为28%，是杭州保值增值最好的商业大平层。

公寓的灵魂是商业，这决定了公寓最主要的客群是商务人士。商务人士有高端型的，比如坐落在深圳南山区的"深圳湾1号"，其周围聚集了腾讯、阿里、华润、中海、中铁、中钢、中建等几十家知名企业，项目周边存在大量高端商务人士，这助力了它的崛起。商务人士也有中低端的，比如杭州最大的网红公寓号称聚集了2万名网红主播。

行商坐贾，商人是行走的、流动的。公寓定位要想成功，首先要看该地段的商业商务氛围，以及商务客群的数量、消费水平。前期调研时，一般通过黑珍珠餐厅密度、星巴克数量、酒吧夜店丰富程度这三个指标就可以做出基本判断。商务人群的流动性特点也意味着一个完全内生、立体交通不够便捷的弱能级城市和板块，是不可以规划公寓的。中国很多欠发达的三、四、五线内生型城市，外来商务人士很少，没有一家星巴克，在这些城市定位做公寓，结果只能是悲剧。有些板块，比如大学城和工业园，人口流动性也大，但大学生、产业工人都不是商务人士，规划做公寓，风险也很大。

商务人士是公寓的主流客群，决定公寓运营和销售的是"人、货、场"三位一体的经营逻辑，但这说的是公寓业态的底层逻辑，从业态表象上看，公寓还有一个核心特质：奢侈品。无论是轻奢还是重奢，公寓与同等级可替代产品相比，体验和价格都要高出一等。为什么？因为奢侈品具有社交价值，奢侈品是"社交价值>使用价值"的物品。买奢侈品，既可以彰显自己的身份和地位，也是一种生活方式的选择和自我价值认同，前者要的是"面子"，后者要的是"标签"。

奢侈品不一定贵，但一定得有独特的标签，这种标签既可以是物质的，也可以是代表文化和族群的。公寓作为奢侈品，不一定是很贵的豪宅，但社交属性决定了公寓无论在地段、产品还是服务方面，都要有显性的区隔和符号。符号越显性，"面子"越足。这一点刚好符合商务人士需要"社交价值"的独特诉求。因此，公寓是给一群需要社交价值的商务人士提供的具有社交属性的居住空间。公寓作为奢侈品的特质主要体现在地段、产品和服务三个方面。

1. 地段：改善板块＋商务氛围

有社交属性的地段，会让购买者获得面子。刚需板块无公寓，而无商务不公寓。在操盘实践中，大多数滞销的公寓项目，其问题几乎都出在这一点上。在一个几乎没有强势资源与商务氛围的刚需板块规划公寓，最终的结果就是，要么价格卖到骨折，要么现金流速慢到怀疑人生。

另外，只要有适合生长的土壤，公寓往往都卖得不错。以"深圳湾1号"为例，其之所以被称为划时代的公寓，最关键的就是地处深圳湾核心地段，具有顶级的商务氛围和永久无遮挡的一线海景，所有楼层的视野都非常开阔，可以俯瞰香港和深圳。

2. 产品：显性符号

这里强调的产品特质不是户型、公摊、层高等使用功能，而是指外在的显性符号，甚至可以夸大了说，公寓产品是形式大于内容的。公寓的奢侈品本质在产品端最主要的体现就是它的符号必须显性，最好是超级符号。这个显性符号包括但不限于地标性的建筑单体造型、外立面、灰空间等，在这方面，公寓产品最忌平庸。

3.服务：强管控、硬配套

服务是公寓的核心基因，如上文所述，公寓在诞生之初，其定位就是"服务式公寓"。从这个意义上讲，服务甚至比地段、产品都更重要。一提到服务，很多人会马上想到打扫卫生、代订机票、照看宠物之类的软性服务，这是个误区。服务最值钱的两大块是管控和配套，单纯的软性服务是廉价的，手机App（应用程序）就可以解决。

先说强管控。强势的保安与保洁可以强力保障公寓的私密性、安全性和居住品质，这看似简单，但其实90%以上的公寓都做不到。私密性并不是设置一个梯控就可以了，高端公寓需要的是一种"软暴力"，门禁森严，一道门隔开的是两个世界。比如上海顶级的宝格丽公寓，单一个入户大堂就有4个服务人员。每一次住户归家，1号服务员负责打开车门，2号服务员负责推开入口的玻璃门，前台的2位酒店式管家则负责24小时轮流值班，随时电话接听住户的问题。强管控意味着准入门槛，意味着对公寓住户的筛选。"深圳湾1号"的深湾会会员能在全球250个俱乐部共享权益，但入会得层层审核，还必须有2位会员推荐方可入会。这是为了确保圈层的纯粹，说白了，服务最值钱的是准入门槛。

除了强管控，服务的另一个要义是硬件方面的空间定义与功能预埋。没有合宜的硬件规划与预埋，巧妇难为无米之炊，服务就会成为空中楼阁。这里所说的硬件，除了公寓建筑本身的会所配套、公共空间，还包括购物中心、酒店、特色商业等配套。商业配套也是我们所说的硬件服务的一部分。上海宝格丽公寓除了与顶级的宝格丽酒店共享会所，包括恒温泳池、健身房、SPA（水疗）等配套，还在36楼配有独立的高空健身房，业主的健身更加私密、便捷。

强管控和硬配套是服务的两个最重要内核，因此，无强势服务的公司或者无强势商业配套的项目，轻易不要碰公寓。

综上所述，以商业为灵魂，以奢侈品为特质的公寓，在客群、地段、产品和服务方面都有较严格的要求和标准。客群和地段是公寓定位的先天要素，是刚性的；产品和服务是公寓定位的后天要素，至少二选一。先天质素偏弱的项目，产品和服务一定得顶上，放大社交属性。目前国内公寓市场之所以泛滥成灾，根本问题就在于只是将公寓产品当作消化商业指标的工具，而忘了公寓本身的定位边界，在错误的地段配置了错误的产品和服务。

产品定位：业态细分与产品设计

上文从公寓业态的起源追溯，剖析了公寓的灵魂和特质，理解了公寓以商业为灵魂，"人、货、场"三位一体的底层逻辑，以及作为奢侈品的特质。在实践中，根据档次、人群和功能的不同，公寓可以细分成五种业态，分别是：云端行政公馆、潮玩综合体、双创公寓、商业别墅、同城颐养公寓。理解了"人、货、场"三位一体的逻辑和公寓的奢侈品特质后，我们再来看如何构建公寓五种细分业态的价值体系，就有一个非常清晰的边界了。

云端行政公馆

云端行政公馆，顾名思义，云端说的是建筑形态为高层，也有定位高端的含义，行政公馆说的是针对高端商务客群打造的高级寓所，满足他们"家外之家"的浅居需求。因此，也有广告将这种业态称为"云上行宫"，"深圳湾1号"及杭州的"观云钱塘城"就属于典型的云上行宫。

这类公寓一般位于一线和强二线城市的核心商务区，交通便捷，极致占有稀缺的自然资源，往往是该城市的地标或天际线，是居住者身份和实力的象征。产品以大平层户型为主，间有中小户型。

公寓定位的前提是高能级城市的核心区位，有足够多的高端商务人群，城市能级越高，区位资源的稀缺性越高，可兑现的价格越高。需要注意的是，根据"人、货、场"三位一体的底层逻辑，最核心的是"货"，即高能级品牌。在公寓操盘实践中，高能级品牌既可以是自身项目配套，也可以是周边的成熟商业商务配套。按照这个逻辑，有些项目即使拥有顶级的江河湖海等自然资源，但周边缺乏高能级的商务氛围和商业配套，定位为"云端行政公馆"仍然是行不通的。

公寓操盘实践中还有一种情况，项目位于普通的改善板块，城市资源普通，商务氛围一般，但为了去化商业指标，规划定位为具有居住功能的"商业大平层"，以同板块住宅价格的六折左右销售，但产品配置标准高出住宅一截。最典型的案例在杭州，2018年4月，杭州出台"限酒令"，首次硬性规定商业地块出让时，不得建设公寓式办公、酒店式办公等带居住功能用房，最小产权分割单元不小于300平方米，自此打开杭州300平方米以上类住商业大平层的潘多拉魔盒。2020年是杭州的"商业大平层元年"，涌现出几十个商业大平层项目。从销售上看，近三年，杭州每年都能去化1 500套左右，套均价在1 300万元左右。购买商业大平层的客户主要有两种类型：一种是互联网新贵，看重炫耀型社交价值，需要一个半居住半直播间或工作室的居所；一种是因为没有住宅购房资格，且政府限价导致住房品质降低，有效居住需求没有得到满足的机会型客户。杭州是热门城市，有大量的互联网新贵客户支撑，这一波销售完成后，大平层出现严重的供过于求的情况。销售开始分化，符合上述"云端行政公馆"定位的大平层可以正常去化，但其他没有"商"的灵魂，没有顶级城市资源，仅以"住"的功能跻身市场的大平层，即使价格便宜，也严重滞销。2022年，杭州市政府进一步提高门槛，将商办产权的分割面积提升到800平方米，为这股风潮踩了刹车。顶流城市尚且如此，其他城市就更不用说了。在当前市场，限购、限价逐步取消，类住商业大平层基本没有逻辑，因此，这类型的商业大平层定位必须谨慎！

除了地段和客群，此类产品的核心价值体系主要有三点。

1.产品设计：超级符号、超级私密、超级配置

建筑造型独特，一般要求成为该城市的封面标识和天际线，立面以玻璃幕墙为主。除此之外，产品还要着力打造一两个让人震撼、有记忆点的超级符号。例如，"深圳湾1号"的部分户型打造了V字形阳台无边际泳池，一层一户，最大角度迎向海景，仿佛驾驶游艇在海中畅游。该项目只有23户带泳池，但所有人都记住了这个特色，这成为"深圳湾1号"的超级符号。

超级私密也是云端行政公馆的核心要件，如果是大平层，一梯一户、独立电梯厅基本是标配。杭州"观云钱塘城"共5幢楼，定位之初是3幢原生设计的大平层，2幢写字楼，因为市场反响很好，后将2幢写字楼改造为大平层。单层面积为2 300平方米左右，正常一层四户的话，户均575平方米，中间势必有一条巨大的环形走道，私密性、尊贵感和得房率会大打折扣，价格肯定也无法卖到之前的10万元/平方米。项目团队通过对核心筒的重新设计（见图4-1），调整出一个电梯厅，直接一梯一户，包括地下室、一楼大堂和标准层的电梯厅，都是一梯一户，这满足了客户的尊贵感、私密性需求。单单是这一处细微的改变，就能让货值增加10亿元，而且是纯利润。

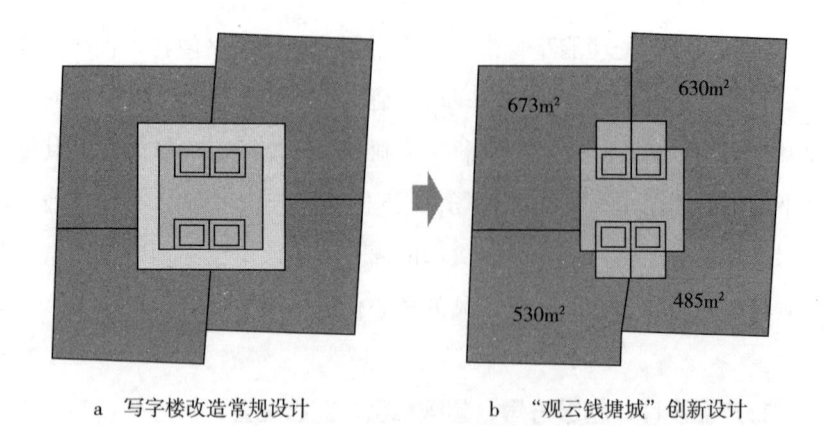

a 写字楼改造常规设计　　　　b "观云钱塘城"创新设计

图4-1 "观云钱塘城"核心筒设计

超级配置对于云端行政公馆也是必需的。除了常见的"金厨银卫"用的是嘉格纳、当代、劳芬、汉斯格雅等一线品牌,阳台的升降电动窗、三层夹胶中空low-e超白玻璃也是常见的配置。

产品配置中容易忽略的是车位标准。云端行政公馆无疑属于豪宅序列,而车位标准往往是豪宅的试金石。有些地下车位相邻停了两辆路虎揽胜行政版汽车,但因设计问题出现打不开车门的情况,一下露出了"伪豪宅"的面目。真豪宅除了设计部分6.5米乘3.5米的超大车位,正常的车位尺度也要高于普宅5.3米乘2.4米的标准。长沙的大平层公寓"润和滨江湾"号称湖南地库的天花板,地库吊顶后车道高度3.4米,车位3.1米,车位配比为1∶3,有标准车位,还有8.4米乘6.4米的VIP(贵宾)私家车库,配有地下管家大堂、司机休息室、业主储物柜、汽车美容区、公共洗手间、快递存取区等。

2. 公区配套:高端、全维共享空间

对于云端行政公馆,高档的公区配套是必不可少的,包括极致挑高的仪式感大堂、全维观景电梯、云端会所（餐厅、影院、书吧、健身房、游泳池、会客厅、多功能厅等）、空中花园、屋顶停机坪等。

3.软性服务：极致运维

云端行政公馆的服务大道至简，但安保与保洁方面的刚性标准确定最难。极致的安保，确保圈层的纯粹是重中之重；保洁方面，有些公寓会有每周3次酒店级别的客房保洁及2次更换床单、浴巾等。除此之外，高端会籍权益、各项增值服务等也是必要的。表4-1展示的是上海宝格丽公寓提供的部分增值服务。

表4-1 上海宝格丽公寓的部分增值服务

序号	活动内容
1	一次出其不意的家庭露台纪念派对
2	优先预订席位有限的米其林餐厅
3	国际艺术品拍卖会专场预览与代拍服务
4	高端品牌稀缺型号产品的预订与代购
5	最新款跑车或者豪华商务车的试驾权和购买配额
6	萨维尔街西装订制，裁缝上门量体裁衣的专属服务
7	预约医疗和养生资源的便利

资料来源：宝格丽官网。

潮玩综合体

云端行政公馆的先天资源禀赋非常优越，可以说是衔着金汤匙出生，但现实中，这样的公寓项目并不多。在实际操盘中，我们经常遇到的一类公寓是：位于城市发展中心，板块属性偏改善型，周边商圈尚未成熟，有捷运系统但可能还未建成运营，可以辐射较多的城市居住人口，尤其是可以连通商务区、大学城、产业园集群、旅游胜地或人口密集型小区等。这类公寓要么是大型城市综合体的一部分，往往有大型购物中心加持，要么是裙楼部分有体量较大的商业。在这种情况下，其可以定位为"潮玩综合体"公寓，即针对Z世代的城市年轻白领群体，在公寓单体或组团内汇集时尚酒店、特色商业街、空中商铺、小型工作室、单身公寓等多种丰富潮玩业态的公寓。

相较于其他细分业态，这类公寓的商业属性更为突出，必须严格按照"人、货、场"三位一体的经营逻辑来打造产品价值体系，同时注重其"奢侈品"调性。在产品设计、服务配套及招商运营方面强化潮玩特性，必须有专门的招商运营团队。若有可能，可以引入硬折扣模式的零售商家，通过数据挖掘、平台支撑和网络协同的新经济模式来塑造好玩有趣的综合体。

这里以旭辉集团前产品创新研发部总经理孟广超先生带领团队设计的潮玩综合体公寓概念为例来做讲解（见图4-2）。

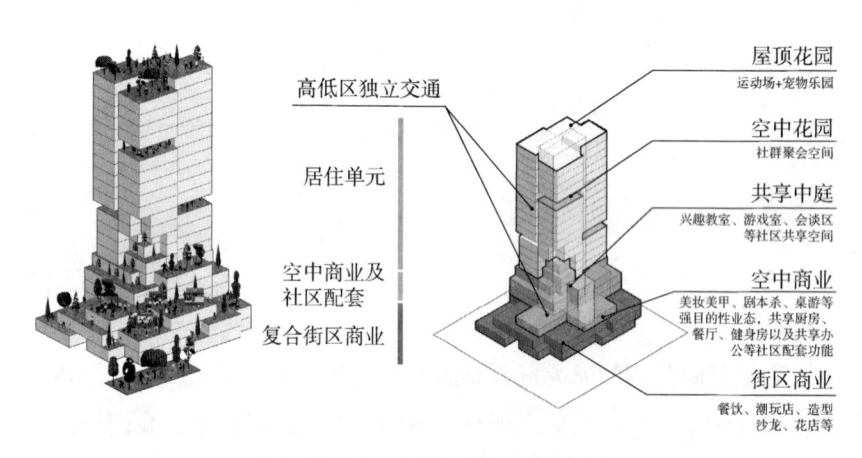

图4-2 潮玩综合体公寓概念设计

这款公寓汇集了复合街区商业、空中商业、居住单元（时尚酒店或青年公寓）三种业态，设计了大量的共享空间、增值空间。底部的低层区规划了复合街区商业及空中商业，打造多层次的丰富公共区域，融入复合餐饮、社交等；内部置入高颜值多功能玩乐空间，比如规划了游戏、阅读和轰趴三大主题空间，致力于打造一个文化、艺术、生活时尚与科技交融的新型社区。

潮玩综合体在产品设计上主要有以下四个特点。

1. 功能多元复合

潮玩综合体公寓就像一个立体城市，垂直植入了多样化的复合空间类型，如图4-3所示，

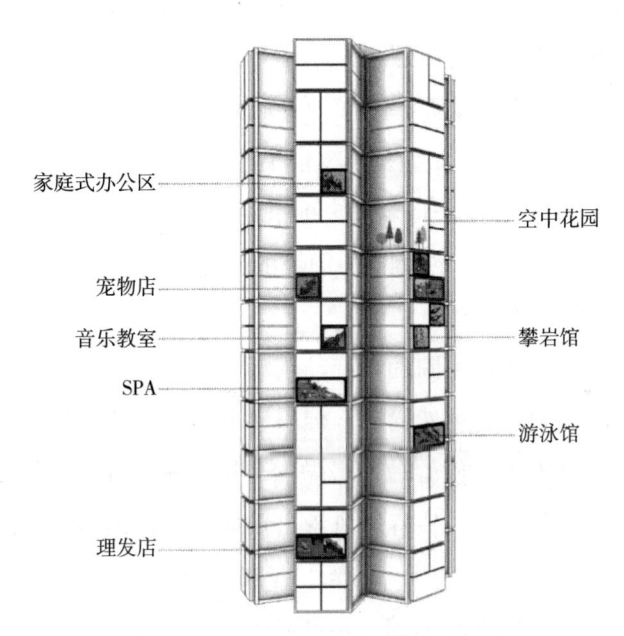

图4-3 潮玩综合体公寓经营业态示意图

公寓楼内可以容纳家庭式办公区、宠物店、音乐教室、SPA、理发店、空中花园、攀岩馆、游泳馆等各种业态，业内称之为"空中商铺"。所谓"空中商铺"，指的是在高层公寓中提供经营服务，与传统的街铺相比，空中商铺的租金较低，投资门槛更低，在有些城市，公寓与街铺的租金甚至相差10倍以上。在定制消费趋势渐起的今天，很多经营业态更偏重私密化，需要7×24小时全时段经营，公寓的优点吸引了大量个性化、定制化、体验化的商家，比如电竞、私人影院、宠物会所、医美等业态。近年来，面对电商的冲击，大量零售型业态的街铺关门歇业；而空中商铺主营的体验型业态受到的冲击较小，加上独特优势，其异军突起，成为可以与街铺相抗衡的商业新势力。

空中商铺业态最早出现在寸土寸金的香港。香港"THE ONE"项目是一栋145米的超高层建筑，地下3层，地上21层，全部为商场。而近年在内地，移动互联时代的获客手段更加立体，商家利用美团、大众点评等消费App做推广，借小红书、抖音、微博进行美学传播，用微信、QQ群等进行老客户维系，自媒体推广引流以及一系列公域、私域流量运维，使得空中商铺的导客和经营良性发展，"酒香也怕巷子深"成为历史。

位于重庆观音桥商圈的"红鼎国际"是国内较早的网红空中商铺，这栋公寓的设施虽然简陋，但很多外地游客却声称在红鼎国际的爬楼之行是去重庆旅游最值得做的事情。在旅游旺季，红鼎国际的"排队上楼"是一道独特的风景。在这栋48层的楼里，除了一般住户、公司、民宿、酒店，还至少有20间桌游店、20间私房菜馆、10间猫咖狗咖、10间小酒馆、10间私人影院，以及不计其数的服装店、按摩足疗店、健身房、剪发工作室、机麻房、密室逃脱店、火锅店……

随着空中商铺的火爆,很多综合体公寓开始推出类似定位,比如海口龙湖TOD光年2020年7月30日首开,空中商铺劲销7.06亿元。不过中国市场的痼疾在于,只要一个概念流行,同行就会蜂拥而上,但大多数项目只是空有名号,借空中商铺的名义销售投资型公寓,至于商业经营所需要的"人、货、场"经营逻辑和生态营造则一概没有。因此这里要强调的是,如果定位是空中商铺,那么除了严苛的地段条件,共享配套的展示以及招商运营先行,这三大条件缺一不可。共享配套包括多功能厅、大中庭、广场、公共家具、共享服务设施、广告橱窗预理、店铺路标指引、实景开业的商铺样板展示等;招商运营先行包括提供招商服务和专属的运营团队等。一梯十几户的鸽子笼没有服务功能的设计预埋,也没有高能级品牌的招商运营,这类公寓市场可以休矣!

2.社群共享空间

潮玩综合体公寓通过创新结构置入独特的社区公共区域(见图4-4),包括超大的屋顶公共露台(这里可以规划丰富的休闲运动设施)、多层阶跌落露台围合成的社区公共景观、利用避难层创造的多户共享架空露台、利用形体关系形成的垂直共享绿色中庭,从而营造社区感。

3.空间资源倍增与立面颜值至上

对于走在前沿的潮玩公寓,外围空间和垂直空间的设计绝对不可忽视,外围空间是性感的外表,垂直空间则是有趣的灵魂。外围空间的设计一般通过层层退台实现,图4-2所示的概念公寓,底部通过逐层退台形成公共、半公共与私人花园，各层级平台亲密互动，也为创新的商业外摆提供了有趣的场景和空间。公寓上层的居住单元通过形体交错等创新设计，营造私人景观露台，由此实现空间资源倍增。层层退台也给立面带来更多的灵动和韵律，从而使公寓成为高颜值地标。

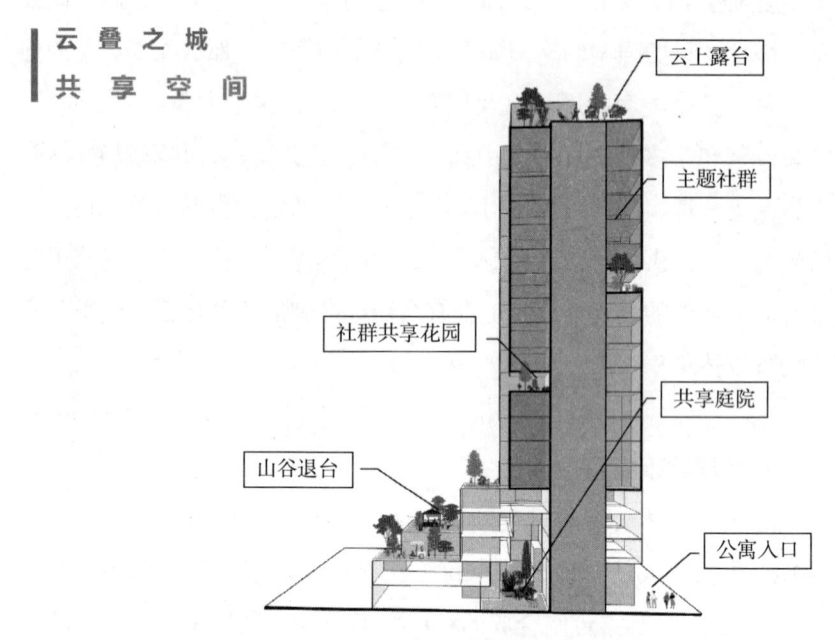

图4-4　潮玩综合体公寓的共享空间

杭州绿城西溪深蓝公寓（见图4-5）就是一个空间资源倍增、立面颜值至上的典型案例。该项目总体量约3.6万平方米，由一个16层的"X"形水晶体建筑组成。"X"造型的灵感据说来自当年的苹果手机iPhone X，该公寓也被誉为"iPhone级别的精密工业艺术品"。其外立面由大量形状不一的玻璃拼接而成，最大尺寸约4.5米×2.1米，最小仅约0.3×0.3米，全装配式钢结构，底侧面采用阳极氧化铝板，造价约4 500万元。上部通过层层退台的设计，资源倍增，衍生出一批85平方米的"收藏级云端叠院"，自带超大露台，露台面积约45平方米，开间尺度约12.6米，可媲美大多数住宅院墅。巨大的钻石状入口连接大堂，环绕布置咖啡吧、书吧、便利店和轻餐饮，现已有星巴克、瑞幸、麦当劳、全家、联华超市等品牌入驻，同时配有屋顶跑道、灯光球场、健身中心、图书馆、剧场等潮玩设施。

图4-5 杭州绿城西溪深蓝公寓

资料来源：浙江绿城六和建筑设计有限公司官网。

位于芝加哥海德公园附近的夏至公园（Solstice on the Park）公寓也是一个空间资源倍增、立面颜值至上的典型案例（见图4-6）。建筑物的立面响应太阳，表面被定向到芝加哥纬度的最佳角度72度，在冬季最大化吸收阳光，用于被动利用太阳能加温，并在夏季减少光和热量的增加，以减少空调的使用。同时该建筑利用内倾玻璃形成私人阳台，室内空间与阳台空间渗透互动，单元变化组成立面特色，这种巧妙的设计值得国内借鉴。

图4-6　夏至公园公寓

4.户型百变

潮玩综合体公寓的户型设计是否出彩，同样取决于外围空间和垂直空间的设计巧思。潮玩综合体公寓大多是LOFT产品，而对于LOFT产品来说，包括楼梯、二楼扶手栏杆、挑空、夹层在内的垂直空间可以实现剧院效果。19世纪伟大的设计师、巴黎歌剧院的设计者查尔斯·加尼叶这样描述什么是剧院设计的灵魂：

歌剧院体现了人最原始的本能，观众到歌剧院，既为了看也为了被看，观众同时是演员。所以演出不是从舞台上开始的，而是从门厅开始的。门厅里镶满镜子，太太们进门之后先对镜理妆，然后走上大楼梯，大楼梯用雕像、彩色大理石和券廊装饰得华丽无比，以烘托观众的盛装艳服和得意的气色。

因此，垂直空间的设计是LOFT产品的重中之重。杭州世茂"茂御PLUS"（见图4-7），其产品仅3.9米层高，通过"三连跃"错层设计，弱化逼仄感。1层属于社交空间，是朋友聚会的场所；2层则是办公区域，有效地跟卧室和客厅分离，互不打扰；3层可做成主卧或多功能室，以根据家庭状态的不同而随心变换。

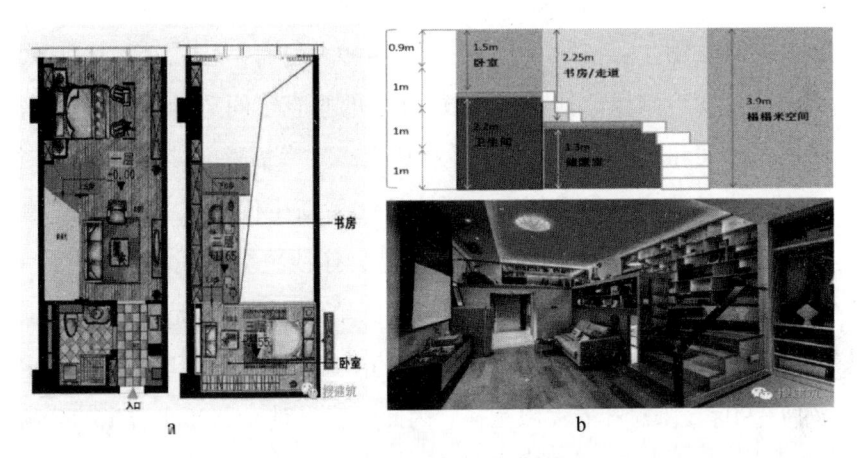

图4-7 茂御PLUS产品示意图

图4-8所示的下沉式设计LOFT产品，只有3.8米层高，但巧用下沉式设计，增加了立体感。在下沉式客厅中，沙发背靠书架，电视机挂在书桌背面，既增加了神秘感，又丰富了层次感；1.6米的下沉式

第四章 公寓营销：正本清源 171

浴缸，既可以泡澡，又可以淋浴。

图4-8　下沉式设计LOFT产品

杭州融创"运河印"公寓（见图4-9）只有3.7米层高，设计团队通过对客户画像的描摹，将微LOFT的垂直空间巧妙抬高和分割，使户内空间和生活方式别有情趣，让人产生幸福感。"运河印"针对90平方米的公寓，定义的客户群体是90后新生代人群。他们是"潮流红人+游戏主播"，是斜杠青年，是会挣钱更会花钱的"暴发户+剁手党"，是独居青年，他们不以家庭为单位，自己才是生活的中心，是"铲屎官"，是懒宅主义者，是朋克养生人士。"运河印"把客户定义为"90π"，π意味着无限选择。因此，客户对一个90平方米的公寓空间的定义是这样的：一定要有西厨、水吧、大台面，可以组个烧烤局；一定要有自媒体办公区，可以办公、直播、剪辑；卧室要有落地窗，拥有极致采光，可以沐浴阳光；要有大客厅，以便休闲娱乐，可以不要儿女双全，但一定要猫狗双全；婚后也要拥有一套属于自己的房子，想要一整面收藏墙，以展示篮球鞋和手办。

图4-9 杭州融创"运河印"90平方米公寓设计示意图

杭州世腾"镜象西湖"的"坪庭墅"产品更是将垂直空间和外围空间的利用做到了极致,约78~100平方米的精装LOFT产品,4.78米的层高,内置4处小庭院。以100平方米的LOFT产品为例(见图4-10),其包含6平方米的门庭、5平方米的主庭、3平方米的窗庭以及7平方米的坪庭。何谓"坪庭墅"(见图4-11)?坪庭因最小面积不超过一坪而得名,坪是面积单位,约等于3.3平方米。这几乎可以算是世界上最小的庭院了。

7 200×9 000朝南—中间套

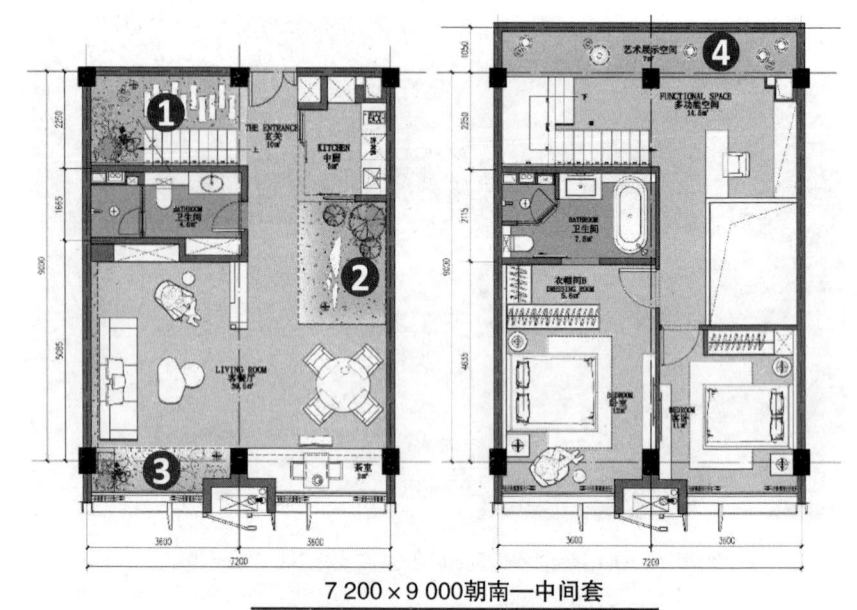

套内面积：70+71.3=141.3平方米

图4-10 100平方米的"坪庭墅"平面图

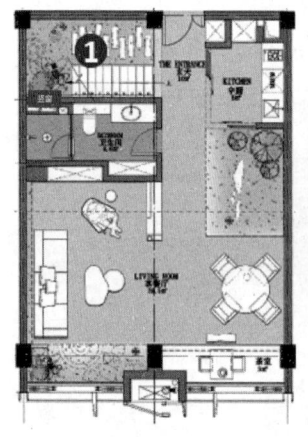

174 非住营销

图4-11 "坪庭墅"庭院样板间

第四章 公寓营销：正本清源

"坪庭墅"的设计理念将垂直空间的利用发挥到极致。门庭利用了楼梯下方空间，淋浴房设置1.7米竖窗，增大景观面；主庭利用了双层挑高空间，规划出5平方米的中心庭院；窗庭取临窗处3平方米，设计了简约的枯山水；坪庭则是二层艺术展示空间，约7平方米枯山水景观。设计方案将庭院区域预留，提供发烧友版（绿植）、静谧版（枯山水）和普通版（地板铺装）等多种可选方案，根据客户需求定制。坪庭设计精选植物，辅助设计保障，后期提供绿植维护保养服务。

总之，要想做出一款爆品公寓，功能复合、共享空间、资源倍增、立面颜值和百变户型都是必要条件，平庸注定没有"钱"途！

双创公寓

双创公寓指的是面向现代城市青年，以"大众创业、万众创新"为主旨，打造"创业+生活+社交"的360°全资源共享空间，有机整合公寓的居住、社交、创业及学习等多重属性。市面上常见的双创公寓有产业孵化中心、创客空间、直播基地、考研公寓等。中国电商的疯狂发展，特别是直播电商行业的崛起使商业店铺和超市受到冲击，但线上卖货、做直播需要租写字楼，健身瑜伽项目需要租写字楼，美容院也需要租写字楼，楼宇经济迎来了一个小阳春。在销售实践中，公寓价格亲民，赢得了很多小微创业公司及个人的青睐，因此侵入了中低端写字楼市场，并与其展开了正面竞争。与写字楼相比，双创公寓的核心差异就两个字：服务，包括软性服务和硬件配套。

软性服务最关键的是能对接政府相关部门和专业的服务机构，提供财税政策及融资服务。

如果双创公寓以产业孵化中心、创客空间、直播基地等为定位，其成立的前提就是能申请到与产业孵化器相关的财税政策，例如入驻企业可享受税收优惠政策，定期与相关部门对接，争取更多的政策扶持和资源倾斜，比如对于新出台的创业扶持政策，孵化器将及时通知入驻企业，并协助其享受相关政策。例如，南京"星河WORLD"协助9家入驻企业申报2021年南京市紫金山英才先锋计划高层次创新创业人才项目，最终有6家孵化企业成功通过"紫金山英才先锋计划"玄武区区级评审，分别获得50万元政策支持资金，其中有5家企业进入市级评审阶段，有机会额外获得100万~300万元政策资助。

除此之外，运营方为年轻租户提供创业注册地并帮助链接相关创业孵化资源，包括创新金融服务、产业政策服务、财税咨询服务、知识产权规划及资质管理服务、技术及人才服务等。比如，长沙创业工场可以协助企业办理注册、登记、变更、年检及相关咨询等，并免费提供法律、财务、企业培训、管理咨询服务，尤其是对于大学生创业企业，不仅"零门槛"准入，还让其免费享受各项服务。长沙创业工场设立了300万元创业专项基金，对园区优秀项目和企业进行股权投资。同时，该创业工场与天使投资人、风险投资机构、长沙市内相关银行、长沙相关担保有限公司等投资、金融、担保机构建立了风险投资联动管理体系，为入驻的大学生创业企业和其他企业提供多层次的资金对接服务。

双创公寓要想取得政策支持，就必须构建"人、货、场"三位一体且正向循环的经营生态，尤其是重视"货"，即高能级品牌和团队的引进。前期必须有专门的招商运营团队，推动与高校、团委相关单位合作，筑巢引凤，引进一些风向标型的创业团队，形成一定的"小气候"，同声相应，同气相求，叠加马太效应，就更容易申请到国家优惠政策。比如，深圳星河集团就与香港中文大学（深圳）联手共建"星河WORLD香港中文大学（深圳）创新创业基地"，吸引由香港中文大学团队孵化的深圳市人工智能与机器人研究院进驻，后面陆续引进1 200多家企业，成为国家级科技企业孵化器。

双创公寓必须重视共享空间配套和社群运营，突出社交和温度。

相较于冷冰冰的商务写字楼，双创公寓兼有居住功能，代表另一种生活方式，用户可以楼上居住、楼下办公，也可以居家兼办公。公寓楼宇内除了配套餐厅、咖啡厅、健身房、洗衣房、书吧和桌游等设施，还要有多功能厅、会议室、商务中心、星空露台、空中花园等共享空间。运营方可以依托共享空间进行社群运营，定期或不定期举办读书会、运动会、登山、露营、美妆交流等丰富的交友活动，以及新品发布、创业咨询会等论坛活动，打破空间壁垒，实现"人"的互动。

因雷军投资1亿元而声名鹊起的"YOU+国际青年公寓"是长租公寓，主要针对刚开始上班的年轻人，卖点是良善的公共空间和紧密的社区氛围，让年轻人更好地交流。"YOU+"的理念是：改变对房间的依赖，做空间的生意；改变对房的依赖，做人的生意；改变对平方的依赖，做立方的转化；改变对有形的依赖，做无形的转化。这种理念对于总是想着"卖卖卖"，无心去做运营服务的开发商来说，可谓升维打击。

另外，服务强管控，双创公寓应强化安保和保洁服务，强化居住氛围。

双创公寓在物业服务方面的强管控非常必要，安保、保洁必须达到高标准，对住户的准入也必须有标准。"YOU+国际青年公寓"号称有三不租：45岁以上的人群不租，因为公寓关注的是年轻群体；

结婚带小孩的不租，因为房间和楼梯为单身成年人设计；不爱交朋友的不租。公寓一旦变成藏污纳垢之地，小广告乱贴，推销员随便进入，生态就会产生恶性循环。杭州最大的网红公寓号称聚集了2万名网红主播，但光鲜亮丽的外表背后，一直伴随着各种非议，该公寓被称为新时代的"城中村"。很多房东将其改成群租公寓，"1改6""1改7"非常普遍，一套220平方米的房间甚至被隔成了13个单间，要命的是，很多房间根本没有喷淋和烟感。后来政府要求整改，群租现象才有所改善。这样的例子在中国各个大城市都不胜枚举，房子管理不对，地段再好也是枉然。

双创公寓定位的确定有四个前提条件：

- 选址应在大学城或科研机构附近，因为双创公寓的重要客群来自年轻创业群体，在选址上应锁定潜在重要客户群体，抢占先机。
- 运营团队最好有相应的政府资源，能找到相应的政策支持。
- 板块有高智产业支撑，利于创业人员的资源链接。
- 地块位置通达性及成熟度有保证，在居住过程中，住户不会因为交通和周边配套问题而影响自身的体验。

双创公寓还有一种类型：考试公寓。这类公寓主要针对已经毕业离校，脱产二战考研、考公的往届大学生，楼宇内聚合集体宿舍、付费自习室、集中培训中心、生活配套等多种功能。随着经济下行，青年失业率增加，考研、考公大军近十年连续增长，不断创历史新高。针对这部分市场需求的考试公寓在有些城市，比如武汉、郑州等地开始火起来。考试公寓卖的不是空间，而是群体激励，因此租金相较普通公寓要高，投资回报率也较高。以武汉某考研城为例，4人间公寓，每人每月租金1 400元，6人间是1 100元，8人间是900元。考试公寓配套的付费自习室，也是最近5年从日韩传入中国的新物种，一个座位每月租金为400～500元。租金相对较高，但对产品品质要求不高，因此考试公寓的年化投资回报率一般都能达到7%以上，对于有条件的项目来说这也是一个不错的方向。

考试公寓定位的确定有三个关键条件：

- 本地有足够多的大学生，最好离高校交通方便。
- 按照"人、货、场"的经营逻辑，招商引入中公教育、新东方考研等培训机构，筑巢引凤，打造涵盖培训机构、自习室、配套空间（路演大厅、网课中心、解压室）及宿舍的"培训—生活—居住"完整功能，前期可以运用样板示范区进行展示（见图4-12）。
- 管理严格、规范，确保学习氛围，配置食堂、洗衣房、健身房、文印室等必需的生活配套。

图4-12　考试公寓样板示范区

商业别墅

商业别墅简称商墅，也是40年商业产权指标的一种解题方式。商墅以低容积率、高附加值、价格相对亲民三大差异化价值，在公寓业态中独具优势，深得市场认可。商墅常见的功能定位一般有办公、会所、商铺和居住四种类型，单价相比同片区住宅有一定的剪刀差，性价比较高。

商墅定位确定的前提主要是土地条件：

- 地段有改善属性，商业配套成熟或者有较强的商务氛围，切忌在刚需板块规划商墅。
- 容积率、覆盖率及面宽等规划指标有适配性，不能过度拉高拍低，否则会导致别墅尺度过于局促。有些项目为了去化商业指标，把沿街商铺改为小商墅形式，单层面积很小，转个身就是楼梯，结果无论是居住还是营商都不好用。

关于商墅的产品设计，有两点需要注意。

1. 要有明确的产品功能定义与设计预埋

商墅的定位事先要经过严谨的市场调研，预先确定好商墅功能，到底是居住功能还是办公、会所功能，抑或商铺功能，产品设计不能"骑墙"。比如上海"龙湖天钜"项目（见图4-13），按照商铺报规，商铺卖不掉，又想改成类住型商墅对外出售。因为商铺有严格的消防要求，仅消防楼梯就使用了3米的面宽，户型硬伤严重，结果单价仅为2万元/平方米，相当于用同片区住宅价格的1/3销售都困难。

图4-13 上海"龙湖天钜"

商墅产品如果主打居住功能,就要把居住属性做到极致,对标市场上相同总价的低密度产品,形成升维打击。

比如杭州蓝城集团打造的商墅产品"龙坞茗筑"(见图4-14),主打类住型商墅,单套地上建筑面积约310~590平方米,套总价在1 000万元左右。而在同片区,相同总价只能买到150平方米左右的叠墅。龙坞茗筑的容积率只有1.1,建筑地上三层,地下一层,楼宇的间距、私密性都远高于市面上的叠墅类产品,地上单层高度约3.3~3.7米,地下建筑层高约5.3~6.8米,三层逐步退台,依坡地自然起伏而筑。而一楼赠送的花园面积为每套100~150平方米,相比叠墅产品50平方米左右的花园面积,前者优势明显。另外,每套赠送4~6个车位,男女主人的爱车和保姆车可以全部轻松停放。

如果主打商务功能,那么可规划为企业总部、商品展示中心、创意设计室、企业高端会所、私人会所等。商墅其实源自早期国外的Office Park,即拥有独栋形态以及较低的建筑密度和容积率的花园式办公环境。

图4-14 杭州蓝城龙坞茗筑

资料来源：龙坞茗筑项目官微。

目前市场上的商墅项目普遍位于开发区或产业园内，这是因为商墅是伴随着高新产业园区的发展而产生的。步入21世纪，郊区化办公兴起，产业园的开发和运营逐渐成熟，一些独栋式商办产品开始出现在北京、上海等一线城市的产业园内。从非住操盘实践看，如果项目所在地段有便利的交通和区位条件、丰厚的产业经济基础、优秀的企业资源、一定程度的政府扶持政策和完善的配套等，那么定位为办公型商墅对企业客户也有一定的吸引力。操盘者需要按照"人、货、场"三位一体的经营逻辑，把招商和运营服务提到战略高度，营造好的经营生态。

2.产品设计有较大附加值

因为是商业产权，所以商墅的层高可以做到6米，产品附加值大，使用价值高，所以在设计时一定要有惊喜空间。图4-15是南宁"福弈和庭"商墅，单个产品的建筑面积为199平方米，实得面积可以达到546平方米。

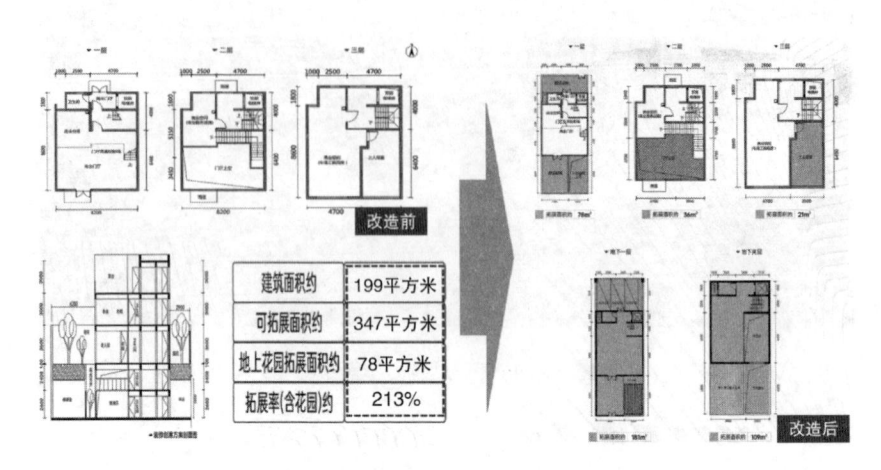

图4-15　南宁"福弈和庭"商墅

同城颐养公寓

近年来，国内大城市相继步入老龄化社会，各种定位高端的养老公寓大量出现，万科、华润、旭辉、远洋等大型房企及泰康等险资企业都开始布局自己的养老公寓产品线，但这类养老公寓都是自持型长租公寓，小业主没有产权。随着特大城市的养老资源逐渐稀缺，养老公寓的租金也水涨船高，但这种升值和住户没有关系。中国的60后是伴随改革开放富起来的第一代人，他们既渴望优质的养老资源，又抱着对产权投资的执着，针对这部分需求，同城颐养公寓应运而生。

国内同城颐养公寓这种业态由蓝城集团首创，其定位既不是养老院，也不是老年公寓，它是以50岁以上的"熟年"人群为主要对象，自由开放、充满活力又配备医养照护资源的混居型适老跨界园区。

2012年成功打造现象级养老度假小镇——"乌镇雅园"后，蓝城集团董事长宋卫平先生基于十多年来对养老的理论探索与实践总结，以及对未来的预期，提出"同城颐养"概念，并于2019年5月发布蓝城同城颐养品牌——陶然里，首个落地项目择址于杭州之江国家旅游度假区。选址考究，所处地为山水和城市兼得的最宜居的区位之一，距地铁6号线枫桦西路站直线约900米，紧邻之江中心公园，东侧是水系，风景怡人，1~3千米内有已开业的省立同德医院之江院区、三甲级别的浙一医院之江分院，还有之江银泰百货。

杭州蓝城陶然里项目（见图4-16）总建筑面积13万平方米，规划多元颐养空间、丰盛配套空间等无界业态，绿城服务首次作为股东方介入项目开发，嫁接绿蓝双城集团旗下资源椿龄荟、颐乐学院、绿橙超市、澳蒙国际幼儿园、绿城酒店、奇妙园国际早教，以及蓝熙健康、蓝城农业等，全自持运营。

项目一楼是共享餐厅和绿橙超市，共约1 000平方米，餐厅对外开放，无界共享，基础的生活配套需求在这里都可以得到满足，无论是日常就餐还是常规购物，都能做到足不出社区。陶然里乐真学院在销售期间已经正式开课，房子未交但是生活先行。乐真学院开设了音乐、摄影、陶艺等课程，超过一半的老师是身怀绝技的业主。教授乐理基础的卢老师，退休前教了几十年的音乐，如今是陶然里的业主，继续给邻居教音乐。这里再一次上演了童年的那一幕，大家既是邻居也是同学，晚年"正青春"。带"星空"屋顶的室内恒温泳池细心地应用了适老化设计，采用十分和缓的阶梯式入水方式，旁边还配了按摩泡池，以供游完泳舒缓放松。项目还引入了国际化幼儿园——澳蒙国际幼儿园，以便业主享受天伦之乐，很多人想要的"目送式上学"，在这里也得到了真正的实现。

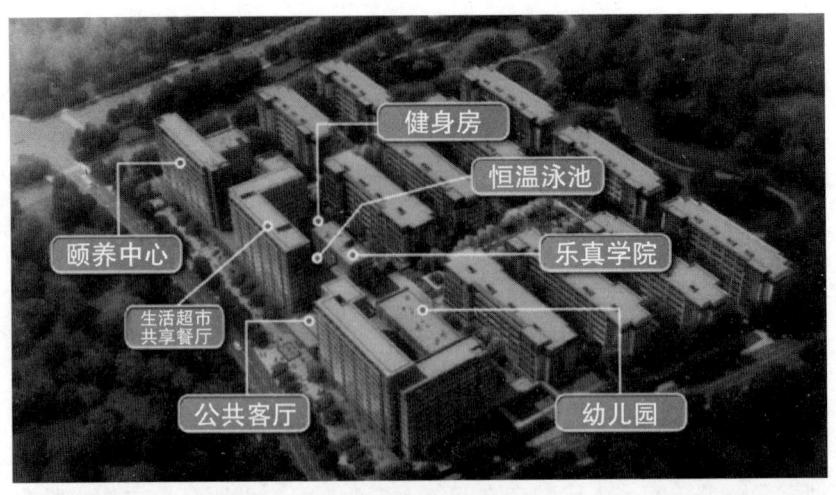

配套设施	面积	资源	备注
颐养中心	4 300m²	椿龄荟	高端养老服务,主要服务于同楼栋5~10层康养公寓的失能失智老人群体,82个床位
幼儿教育	3 000m²	澳蒙国际幼儿园	
	未定	奇妙园国际早教	
社区食堂	1 000m²	绿城酒店	配有两个包厢
生活超市	未定	绿橙超市	
乐真学院(老年大学)	未定	颐乐学院	课程象征性收费,通过按到课率返还学费的形式提高参与度
健身休闲	未定	室内恒温泳池、健身房、棋牌室	免费使用,赠送游泳年卡次200次

图4-16 蓝城陶然里项目鸟瞰及配套

资料来源:蓝城陶然里项目官微。

除了完备的配套设施,陶然里还提供体贴入微的360°全景服务(见图4-17)。从为70岁以上长者修剪指甲、整理换季衣物,到搭配营养膳食菜谱、指定专家预约挂号,再到超市货品配送到家等,服务涵盖日常生活的每分每秒。

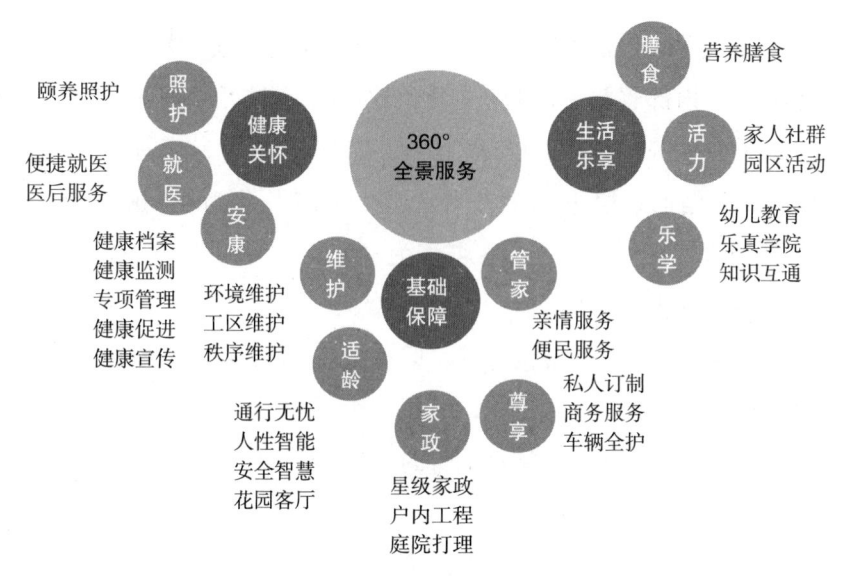

图4-17　蓝城陶然里360°全景服务

在"颐养"的产品理念下,匹配了"同城"理念,采用"引荐制"建设美好邻里关系与社群氛围,通过引荐和筛选聚集拥有相同价值观和生活理念的高素养人群,共同打造美好温暖、精彩多姿的园区文化。考虑到交付后园区配套的良性运营,园区氛围、社群文化的美好构建,以及颐养服务的持续永恒,陶然里发布"同城主张"——谢绝任何形式的投资、谢绝候鸟式的短期度假颐养、倡导这里的每一位业主皆为生活而来。

该项目的户型有平层,也有部分4.78米层高的双钥匙LOFT,单个产品的建筑面积约58~102平方米。双钥匙LOFT考虑到多种生活模式的演绎,一层用于长者舒适颐养,二层用于亲友拜访,或者营造儿童天地,或者通过出租来实现"与年轻人为伍"的互助式混龄生活。

基于优秀的产品理念和设计，杭州陶然里项目成了爆款。项目净利润20%，内部收益率达35%，货地比4.7，通过可售获得利润，通过自持获得品牌露出。800套产品，整盘销售周期为21个月，主销期约1年，热销面积段为73平方米平层，LOFT均价为43 000元/平方米，比肩同片区住宅。主力客群多为50～60岁高知高干、高净值人群，95%为杭州本地人。

陶然里的业绩引得业内艳羡，但有实力和魄力落地此类业态的房企不多。养老看似是一块肥肉，但掘金其中，能修成正果的开发商和标杆项目却寥若晨星。中国因独特的社会结构和收入分配机制，是否存在像欧美那样的"银发经济"尚存争议，现实中"未富先老"的一代人面临窘境，中国人对养老院的偏见也尚待克服。这些都决定了养老产品的定位必须谨慎，应付主义和"骑墙"只会失败。对于房企来说，同城颐养公寓难的不是产品设计，难的是软硬件服务，包括全周期颐养配套、专业的医疗服务以及高质量社交平台的搭建和运营。同时，相关的硬件配置和空间设计也不难，难的是全部自持，并引入专业机构提供全方位的服务。这里有两个关键点：

- 按照"人、货、场"三位一体的逻辑，筑巢引凤，引进专业的品牌服务机构非常关键。
- 服务配套物业全自持，品牌强管控。更高级的做法是品牌机构都由自己来输出，这样品控才有保证。在当今的公寓市场，溢价突围拼的不是地产航母，而是"地产+"模块组成的联合舰队。蓝城陶然里的厉害之处就在于，蓝绿双城集合了旗下十几个服务子品牌，共同为颐养公寓提供服务，打造护城河。同城颐养公寓这类业态目前在市面上非常少，核心点在于服务配套的自持和颐养服务机构的引入，赚钱逻辑是赚慢钱和长钱，而不是赚快钱和大钱。陶然里10 000平方米的自持就足以让绝大多数同行望而却步。在上一轮地产高周转的背景下，开发商考虑最多的是"卖卖卖"，也就是净资产收益率、可售比和去化周期，因此很难支持上述定位逻辑。在地产下半场，随着行业观念的转变和赛道的更迭，相信会有更多的同城颐养好产品、好项目出现。

综上，我们探讨了公寓的五种细分业态——云端行政公馆、潮玩综合体、双创公寓、商业别墅和同城颐养公寓，在此总结三点：

- **五种细分业态都有其严格的定位边界和前提**。公寓业态本身就有其定位边界和前提，公寓是商业性质的奢侈品，前期定位阶段必须谨慎。若先天条件不足或者后天资源不足就盲目上马，只会是噩梦一场。
- **公寓的灵魂是商业**。操盘者必须按照"人、货、场"三位一体的商业经营逻辑来构建公寓的产品价值体系，招商和运营先行，提前规划业态，布局高能级品牌，甚至需要引进超级IP。
- **公寓是奢侈品（无论是轻奢还是重奢）**。除了产品设计方面的高标准——颜值至上、共享空间配套，最核心的是提供高标准的服务。开发商若自身没有强势物业服务品牌，也没有投入重金引进外部优质服务的计划，最好不要碰公寓。这里说的强势物业服务品牌，指的不仅仅是所谓的上市物业公司、国家一级资质物业。目前，国内的国家一级资质物业公司有数千家，但隶属于开发商、真正具有强势服务基因的物业公司只有个位数。

总之，制造公寓是容易的，但批量制造的"鸽子笼"公寓已经走到了尽头，中国社会的消费升级倒逼行业必须进化到提供服务。制造是容易的，提供服务是困难的，但从制造进化到服务，是难而正确的事情。服务是软性的，不是低端的人海战术，合宜的服务来自规划阶段的空间定义与功能预埋。服务是长期主义，开发商通过服务可以找到一批坚持长期主义的客户。公寓营销就是要找到这批追求财富平稳增长的客群，而不是冒进的投机者。

营销方略：熊猫罗盘八步法

前文用了大量篇幅对公寓产品定位的方向和路径做了详细梳理，不难发现，公寓产品的魅力在于城市的多样性。2019年11月习近平总书记在上海考察时，提出"人民城市人民建，人民城市为人民"的重要论断。自然资源部和上海市政府践行"人民城市"的理念，提出打造"15分钟生活圈"，将"五宜社区"（宜居、宜业、宜游、宜学、宜养）作为建设人民城市的标准。上文谈到的公寓产品的五种细分业态，不就是"五宜社区"的完美体现吗？更神奇的是，公寓在一个综合体项目、一个组团甚至一栋楼内实现了五宜功能，将现代城市的集约化、多样性做到了极致，这就是公寓的魅力。换言之，公寓的魅力在于内容的多样性，因此，公寓业态营销方略的核心就是"内容营销"，通过全方位的推广和展示，将公寓业态的内容丰富性传达给目标客户，占领客户心智，让客户有真实的价值感知。

关于如何从内容与传播的角度做好一个品牌，国内生产量最大的内容商业化平台之一熊猫传媒的创始人申晨先生提出了内容营销方法论——"熊猫罗盘十步法"（见图4-18），这非常值得公寓营销人员借鉴。

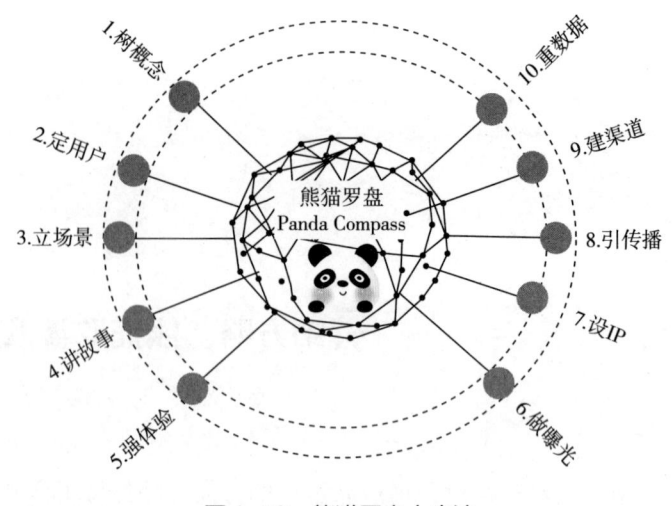

图4-18 熊猫罗盘十步法

资料来源：申晨，"熊猫罗盘"培训课。

申晨先生的"熊猫罗盘十步法"的主要应用场景是快消品行业，而公寓是不动产，和快消品有不同的特质。因此，本书将"熊猫罗盘十步法"稍做改造，形成公寓营销的"熊猫罗盘八步法"：占品类、定用户、引IP、讲故事、强体验、高曝光、建渠道、重数据。

占品类

没有同质化的商品，只有同质化的认知。对于消费者而言，做到全知全理解太难了，在他们的观念中"客观"是不存在的。如果想让消费者买单，就要让他们相信你的产品与别人的是不同的。因此，营销的第一步就是定位，定位首先要占品类。消费者的心智逻辑是用品类来思考，用品牌来表达。例如，当口渴时，消费者第一步要考虑的是我要喝哪个品类的饮料：可乐？果汁？水？茶？确定可乐这个品类后，再决定到底是可口可乐还是百事可乐？这就是心智逻辑。客户购买公寓的心智逻辑也是一样的，先思考公寓的品类：投资？酒店式居住？颐养？办公？营商？确定了品类后，然后考虑究竟买哪个项目的公寓。成功的营销就是占品类、树概念，让你的品牌成为同一品类中的领头羊。

品类是对顾客需求的翻译，确定了品类就确定了你要满足顾客的何种需求，从某种程度上也确定了产品在哪个赛道竞争。因此，占住了品类，也就是树了概念，搭了场景。比如，图4-19的两幅广告，南京"万科都荟天地城"的产品概念是门户资产，占投资品类；杭州"蓝城陶然里"的产品概念是同城颐养，占老年颐养品类。它们一上来就清晰地告诉客户：我是谁？我能为你做什么？

再看南京"万科都荟天地城"的另一幅广告（见图4-20）——"一座城市的超级磁场"，这是典型的形象广告，表面上很炫，但没有占品类，消费者难以理解它可以满足何种需求，无法与广告有效沟通，就像一个陌生人突然闯进领导的办公室开始汇报工作，领导会疑惑：你是谁？你要干什么？

占品类、树概念，其本质是一种"词语战略"，即用一个词语获得认知垄断。在公寓推广中，如果能找到一个强大的词语来准确定义品类，直击需求，占领客户心智，让品牌成为品类代表，营销就成功了一大半。

图4-19 成功的占品类广告

图4-20　公寓形象广告

定用户

占住品类后,我们要确定目标群体是谁,喜好是什么,用户画像是什么?

比如,与正常的街铺相比,空中商铺的目标群体是Z世代的"亚文化人群",要打造一个"亚文化原聚场"。亚文化本质上是一种更主动的圈子文化,比如手办圈、美妆圈、汉服圈、特摄圈、电竞圈、虚拟主播圈、桌游圈、潮鞋圈、赛博朋克圈、脱口秀圈、涂鸦圈、哥特圈、说唱圈、盲盒圈、模型圈等。每一种圈子文化都是一个千亿级的商机。

如何针对Z世代人群喊话？他们日常的社交圈、消费习惯、媒体偏好、标签是什么？他们对什么感兴趣？希望看到什么？希望被解决什么？这些问题不搞清楚，就销售不了空中商铺。

引IP

占住品类、定好用户后，最关键的事情就是引IP。IP自带流量，能让用户变成"自来水"，自发地进行宣传。上文提到的空中商铺要打造"亚文化原聚场"，而每个亚文化圈子后面都有很多个IP。公寓项目如果能成功引进强IP甚至超级IP，就会获得更大的用户群体及更多的关注，使项目成功"出圈"。

图4-21是一个都市潮玩综合体的业态规划，其中有多种细分业态，针对的是Z世代的年轻用户。项目定位确定后，头等大事就是招商，引进一些本地甚至全国范围内的强IP、超级IP。例如，针对电竞酒店成功招商"BUFF电竞酒店"，该酒店与腾讯游戏深度合作，是"王者荣耀"授权店。酒店引入前沿科技产品（如英特尔、英伟达、优派、三星、七彩虹……），4080系顶配显卡，设有"一键回城"式超级AI（人工智能）体验，拥有全智能化数据记忆与顶级的网维团队，个性化定制伴随重启还原设置，玩家能全身心沉浸在电竞世界。在潮玩零售方面，该项目引进广东KK集团旗下的全球潮玩文化潮流零售品牌X11，涵盖盲盒、手办、拼装模型、精品模型、二次元周边、潮流饰品、潮流文创及艺术潮玩等10大品类。在美食美酒方面，

该项目引进"跳海酒馆"（城市首店），这里充满涂鸦、摇滚等亚文化元素，昏黄的灯光中，打工人可以卸下白天的紧绷感，在微醺中聊天甚至"发疯"。每种亚文化本身都是强IP，自带流量。

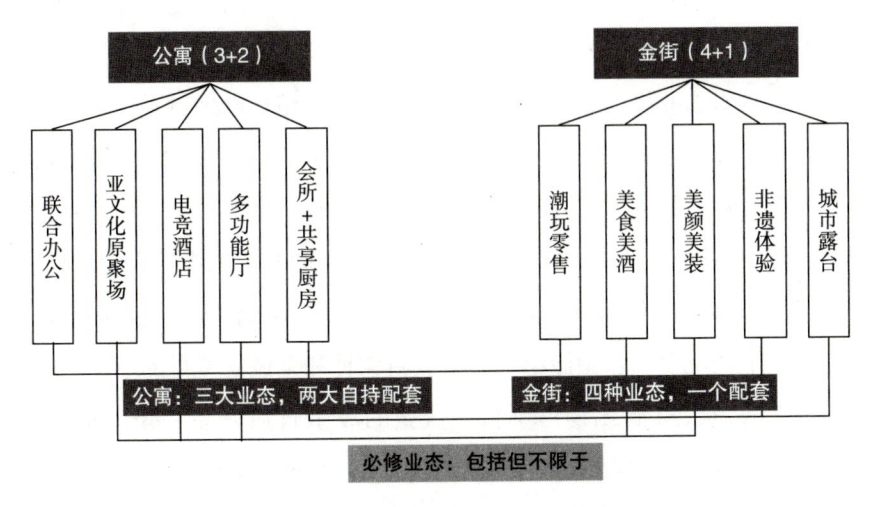

```
        公寓（3+2）                          金街（4+1）
   ┌──┬──┬──┬──┐                    ┌──┬──┬──┬──┐
   │联│亚│电│多│会                  │潮│美│美│非│城
   │合│文│竞│功│所                  │玩│食│颜│遗│市
   │办│化│酒│能│+                   │零│美│美│体│露
   │公│原│店│厅│共                  │售│酒│装│验│台
   │  │聚│  │  │享                  │  │  │  │  │
   │  │场│  │  │厨                  │  │  │  │  │
   │  │  │  │  │房                  │  │  │  │  │
   └──┴──┴──┴──┘                    └──┴──┴──┴──┘
   公寓：三大业态，两大自持配套      金街：四种业态，一个配套
              └──────必修业态：包括但不限于──────┘
```

图4-21 都市潮玩综合体业态规划

公寓产品的五种细分业态要想出圈，引入强IP的重要性如何强调都不过分。"深圳湾1号"引入明星业主作为强IP，V形阳台泳池也可以成为强IP，"陶然里"的同城颐养公寓、宋卫平和绿城服务都是强IP。其他产品，比如双创公寓、商墅，有了IP的势能加持，营销就能事半功倍。引进IP需要操盘团队足够重视，需要有专业的招商团队和专门的费用列支。

讲故事

有了强IP的加持，项目就可以更好地讲述价值故事，讲述全新的生活方式故事，增加产品服务的附加价值，让目标群体形成认同感、信任感及意愿感。互联网不相信概念，只相信故事，而故事是容易被记住的。在营销泛滥的时代，每个品牌都要会讲故事。

杭州"蓝城Co.C理想城"项目为83万平方米的纯商业体，2021年上半年位列杭州主城公寓成交前3名，它的成功之处就在于擅长讲故事。针对Z世代"趋势青年"这个群体，蓝城巧妙地讲了一个"理想城市小镇"的故事，小镇兼具市民生活氛围、市场商业属性、市井烟火气息，打通"工作+居住+商业+产业"，形成一个"城市小镇自循环生态圈"，即一处可居住、可工作、可创业，也囊括衣食住行、娱康养护一站式体验的生活场所。其中18万平方米的商业广场被打造成一个"沉浸式、微旅游"的商业新物种和全城消费目的地。

讲故事，空洞无物可不行，蓝城的故事背后是系列IP的加持。该项目与知名展览品牌HALF IMAGE（半张图艺术馆）已签约，将打造一个艺术家村，同时与几何书店、丰马in剧场等37家品牌也已签约。该项目包含三个巨大的街区，A区定位为"最忆杭州"，B区定位为"摩登都市"，C区定位为数字、科技主题的"未来生活"体验空间。这是杭州少有的体验式商业，后续还会有更多为年轻人定制的配套：滑雪场、室内攀岩、夜间书店……在享受繁华与烟火气的同时，住在这里的年轻人随时可以与艺术共融，找到自己喜欢的生活方式。在这些故事的背书下，Co.Flat国际公寓闪亮登场，开启强体验之门。

除了大型综合体的宏大叙事，小项目照样可以讲好故事。比如某公寓项目将一栋楼的8至13层定位为空中商铺，着力讲好"他经济"崛起、"败家爷们来了"的故事。中国消费市场不同客户的价值排序是"女人＞儿童＞老人＞狗＞男人"，多年前流行的这个梗在2023年双十一终于被打破了。数据显示，2023年中国男性的消费力首次超过宠物狗。艾媒咨询发布的"2020年双十一中国男性化妆品消费情况"显示，男士进口彩妆备货同比增长3 000%，以粉底液和眼线的销售数量为例，00后男生购买粉底液的增速是女生的2倍，购买眼线的增速是女性的4倍。男性"悦己主义"消费开始觉醒。男性的消费革命将给大消费行业带来数万亿的商机。该公寓项目致力于打造一个全市最大的男士彩妆店，样板区规划打造一个沉浸式男士彩妆体验区，并邀请多位男士彩妆博主进驻。随着"他经济"的崛起，男士彩妆本身就是一个IP。可想而知，该公寓项目率先进入这一蓝海，会因此成为强IP而受到关注。

强体验

在住宅销售领域，构建强体验已经成为行业共识，各大开发商都不惜花重金打造示范区。但在公寓领域，这一点却不尽如人意。与住宅相比，构建公寓售场的强体验，有两点不同。

第一，公寓在综合体项目中不是当头炮，多数时候甚至不是主菜，必须等主菜上桌之后，公寓再来锦上添花。公寓业态的强体验，不是单打独斗，不能赤膊上阵，需要其他主菜的背书和捧场。一个常规的综合体项目包括购物中心、室外步行街、酒店、公寓和写字楼，购物中心招商主力店已经确定并开业三个月后，才是展示公寓，这是强体验、强销售的最好时机。酒店进驻品牌已经确定，举行了盛大的发布会，或者室外商业街即将开街，这些也都是公寓销售的好时机。因此，对公寓项目的操盘手来说，和其他业态的节点咬合，把握销售时机非常重要。一旦错过，公寓的营销声量、客户的体验强度就会大打折扣，业绩也会大打折扣。在这一点上，公寓和金街的操盘原理是一样的。读者可以参照本书第二章金街的节点咬合图来做好公寓与其他业态的节点咬合计划，兹不赘述。

第二，公寓是奢侈品，展示时不能囿于普宅思维，"公区配套+实景运营样板房"必须一并展示到位。公区配套展示是必须的。蓝城Co.C理想城的公寓包括以下配套：屋顶的天空院子，是露天运动场；4~12层的快乐能量场，让年轻人在此休憩；2层的青年会客厅则提供共享厨房、开放剧场、艺术沙龙等设备与空间。不同背景与兴趣的年轻人，打开门就能聚会、交流、互动，去梦幻跑道晨跑，去游戏厅玩乐，或与好友在共享厨房共进晚餐。左邻右舍的住户在书吧、剧场相遇，交流分享心得……

"重庆时代中心"的售楼处针对空中商铺的业态定位，引入了三个品牌的商铺进行实体运营展示（图4-22）。引进的商家都是在重庆本地成功运营、有新零售意识、能够自主获客的成熟商家。客户在售楼处看公寓样板间时，商家都在真实经营，络绎不绝的消费者进来消费，客户的投资信心增加，这就是我们所需要的"强体验"。

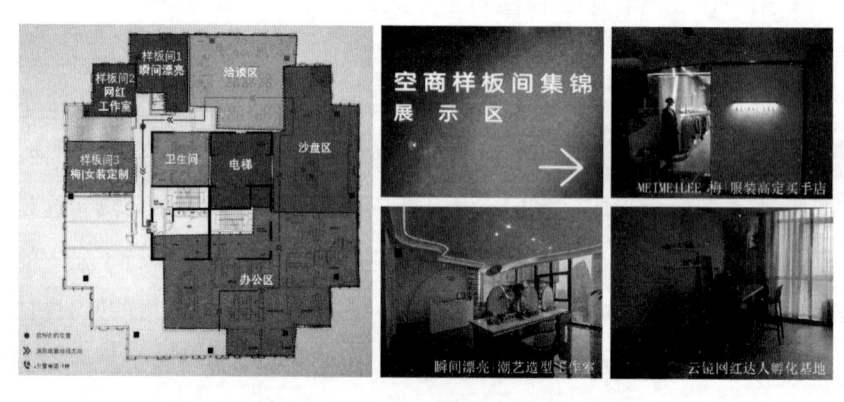

图4-22 重庆时代中心售楼处空中商铺样板间

高曝光

公寓首开必须有严谨的节点计划（见图4-23），按计划推广、招商和运营。项目团队必须有专门的招商运营人员，负责日常的招商和运营，预留专项费用，举办专业运营活动，增强项目曝光度。运营动作只有多联合商家共同举办，才能有效利用商家资源。

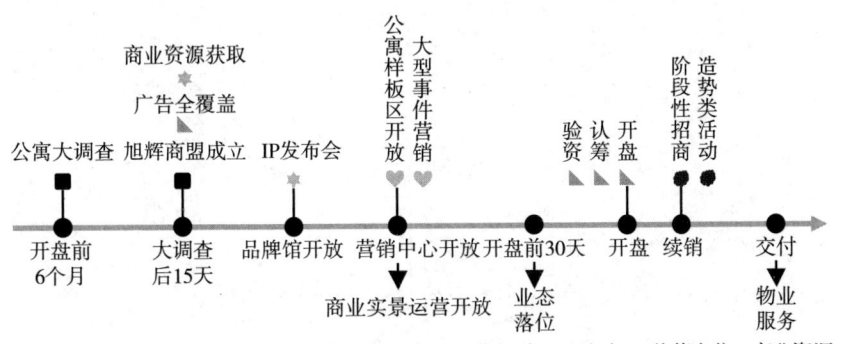

图4-23　公寓首开节点示意图

住宅营销像度蜜月，商业营销就像过大年。不要把营销预算平均分配到每一个月，而是应该把费用相对集中起来，在全年至少爆发一次，让别人都记住你、看到你。而在其他时间，你可以把这种爆发效果更好地落地，更好地传播出去。

对于公寓的营销推广来说，新媒体渠道非常重要，通常是微博做事件，微信做沉淀，抖音做人设，快手做转化，小红书种草，头条做覆盖，百度做舆论，知乎做解惑，B站做知识，混沌做总结。

除了新媒体推广，公寓项目的运营活动最好IP化，这样可以事半功倍。在汽车行业，很多车企都在打造自己的科技节，每年或每月在固定时间举办，在这一天发布最新的技术和产品，举办各种用户活动、产品试驾活动，发放购车福利，并且推出企业内部的博士天团直播等，这就是一个IP。公寓业态因内容多样性的优势，先天就适合规划IP化的运营活动。图4-24所示的就是某潮玩综合体项目，其聚焦IP主题的破圈活动，持续提升和扩大项目形象。

图4-24 潮玩综合体营销活动

公寓的推广传播还有两个常见的误区。

第一个误区，营销不充分。营销传播要让四种人看到：一是To C（面向个人）的传播，让客户看到；二是To B（面向企业）的传播，让合作伙伴看到跟你在一起有钱赚；三是要做好行业内的传播，成为行业的领头人和带头大哥；四是要做好面向政府的传播，让政府看到你的产品和你的价值。很多操盘手只关注第一类，对后面三类关注不够。第一种传播侧重流量造势，后三种传播侧重品牌认同，只有品效合一的传播才是好的传播。

第二个误区，忽略广告的结转效应，低估广告的效果。广告并非即刻起效，相反，广告效应会被传递、转移至下一阶段。广告的整体效果取决于即时效应和结转效应，如果忽略结转效应，就会导致广告的真实效果被严重低估。在公寓营销实践中，操盘手经常急功近利地看待广告投放，有些经营主官甚至粗暴地质询营销人员："你投放了这个广告可以卖多少套公寓？"其结果是，很多广告及运营计划都遭到删减，而营销投入不足，会使销售效果大打折扣。

建渠道

对于公寓销售来说，渠道建设是重中之重。这部分内容将在下一节详细讲解。

重数据

以数据为基础的内容沉淀会越来越重要，内容的创作和投放，有数据支撑会更加有的放矢。

"熊猫罗盘八步法"强调内容营销，品牌即内容，产品即内容，IP即内容，销售即内容，用户即内容，组织即内容，渠道即内容。做好内容，营销的招数就层出不穷。

销售模式：大客户的"二八定律"

作为一种典型的非住业态，"钻石理论"当然也适用于公寓的销售，1个买5 000平方米公寓的大客户，其价值远高于100个买50平方米公寓的客户的价值总和。在公寓销售实践中，畅销项目在首开时往往呈现出较明显的"二八定律"，即20%的大客户贡献80%的销售业绩。仅靠散售，首开业绩无法保证，续销也难以为继。团队一定要有大客户意识，只开发散户则永远完不成任务。

因此，操盘手必须把大客户销售当作公寓营销的头等大事来抓。

如何搞定大客户？一般有三个步骤：大客户定位、大客户拓展、大客户谈判。

大客户定位

大客户销售的第一步是搞清楚客户定位：大客户从事哪些行业？项目适合哪些行业？要想弄清这个问题，详细的市场调研必不可少，项目所在板块或方圆3~5千米之内的行业分布、经营生态及重点楼宇的业态现状都要摸清楚。正如罗振宇老师所说的："附近就是星辰大海。经营星辰大海，入手点不在远方，而在眼前的、具体的人。"

以旭辉长沙"梅溪悦章"项目为例，操盘团队针对项目周边2.5千米范围内的业态分布做了详细摸排和调研统计（见图4-25），发现在与本项目公寓业态密切相关的产业中，教育、休闲娱乐、酒店分列前三位。

居民区 132个	写字楼 29个	酒店 133个 ✓
餐厅 1 401个	购物中心 14个	交通站点 154个
教育 390个 ✓	休闲娱乐 325个 ✓	旅游 73个

图4-25 "梅溪悦章"周边产业

锁定典型业态，再去调研其经营逻辑及生态。对于酒店类业态，上述项目周边的酒店共计133家，其中星级酒店和经济型酒店共65家，招待所及旅社类68家。团队通过走访发现，在周边塔楼购买或者租赁一层或多层、集中收房类型的酒店是市场主力。在休闲娱乐类业态的325个商家中，美容店92个，网咖38个，健身房25个，按摩店32个，瑜伽店16个，KTV32个，以上业态分布于商业体、住宅、公寓、写字楼，未来将是本项目客户的重要组成部分。另外，周边各类教育培训机构390家，其中中小学及幼儿园类78个，小众且多样的教育培训机构是市场主流，教育机构的课程辅导以课外兴趣、课外技能培训为主。三类业态的详细情况对项目未来招商、大客户锁定、潜在客户挖掘均有较大参考意义。

除了商户的业态分布规律，该项目团队还着重调研了商圈内可参照的典型楼宇，如奥克斯广场和步步高新天地，发现酒店、教育培训机构、工作室、美容店、康养娱乐机构是公寓项目最重要的客群，占比约为70%，个人居住的占比较少，约20%。

由此，项目确定公寓的大客户定位：酒店、商业（美容、休闲娱乐）、办公。鉴于租赁型酒店爆雷较多，项目首选的拓展方向为自用型客户。

大客户拓展

大客户拓展主要有三大途径：傍大树、结善缘、做深访。"傍大树"的对象主要是政府、大企业、行业协会；"结善缘"的对象主要是媒体、同行、中介及老客户；"做深访"是指深度自拓。

1. 傍大树

"梅溪悦章"抓住猪八戒网和湘江集团两大股东，整合政府、不动产商会、城市更新联合会等资源，制造"猪八戒网总部入驻签约仪式"及"长沙城市更新发展峰会论坛"两大节点。一方面，对外发声，提升项目形象，增强投资客信心，为项目销售造势；另一方面，充分整合有效资源，围绕政府和协会进行大客户突破，最终通过政府介绍，成交一组整层大客户。

针对长沙市内较有影响力的商会及行业协会，由大客户团队负责拓展及跟进、维护；通过资源关键人进行上门拜访，建立联系；针对协会承办的会议、活动等，进行物资赞助，深度维护客户关系，并植入项目宣介，开展行业圈层活动，深度挖掘客户。

2. 结善缘

这主要针对媒体、中介、老客户及同行。对公寓项目来说，刻意寻找和重点维护有商办客户资源的中介非常重要。同行往往是容易被忽视的资源，买商办物业的大客户一般会货比三家，同行之间建立大客户资源共享通道和机制是非常重要的。

"梅溪悦章"项目针对地级市老客户进行老带新动作，通过老业主联系同乡会资源，提供活动场地及礼品赞助，以进行老业主维护，输出老带新政策；针对客源偏好地区进行地级市定向拓展，对接地级市分销公司，协助地级市获客。

3. 做深访

在客户拓展方面，Call客是基本动作，基于Call客初筛得到的客户线索进行后续深访是成交的关键。

"梅溪悦章"项目团队前期重点拓展酒店行业的客户，通过企查查、天眼查等渠道寻找酒店老板的联系方式，初筛了岳麓区、望城区上千个正在营业的酒店、美容类商户资源。同时与租赁酒店方洽谈，特别是大品牌（如丽枫、珀林），其背后都有投资客群。在洽谈的过程中团队摸清了酒店客户的一些实际需求，比如对大堂、机电配套工程的要求（如水箱、空调主机的放置位置等），大客户一般都会有些特殊的要求。该项目通过这个途径首开成交了5个整层的自营酒店大客户。

实践证明，深访过程中对大客户的特殊需求了解得越深入，对市场数据调研得越细致，客户就越容易成交。

另一个必须强调的要点是，不要因为大客户的重要性而忽略散客的发动与拓展。新营销的倡导者刘春雄老师曾提出快消品行业的"BC一体化"打法，即首先通过B端进入C端，然后把C端打爆，形成势能，最后再借助势能倒逼B端，让那些原本不理不睬的B端主动找品牌合作。对公寓营销来说，把C端打爆，形成势能，再通过势能影响B端，这是非常重要的。试想一下，B端大客户到访项目售楼处，计划为自己的酒店选址，一个售楼处人头攒动，一个售楼处门可罗雀，他会选择哪个呢？答案不言而喻。"梅溪悦章"项目在宣传推广和拓客方面，双管齐下，针对C端散客也做了大量的营销动作，两部分客户良性互动，最终取得了好的战果。

大客户谈判

大客户谈判并不复杂，置业顾问要敢于去谈大客户，把大客户当小客户谈，核心要点只有一个，拔高心理价位。如前文所述，非住的价值形态是液态的，不稳定，同一片区、一路之隔，两个项目的价格相差50%，一点儿都不奇怪，这就是非住的特质，也是销售非住的魅力所在。不要与客户纠结自己和竞品的价格关系，也没必要花太多时间和竞品做更多的价格比较，贵的东西有贵的理由——核心价值及身份认同。其实，越是大客户，对单价越不敏感，他们在意的是自己是否能享受到独特的权限。折扣包装也很重要，破底、放折扣等方法要落地，不要让置业顾问知道项目的真实底价是什么。置业顾问拿到的就是案场的基础折扣，其余根据客户情况再包装单独的折扣。要让大客户觉得自己额外享受了很多优惠,这会模糊掉他心理上200~300元的目标价格差异。

在谈判过程中,高层级领导及时介入,满足客户心理需求很重要。工程等非营销条线的支持也很重要,以便解决自营客户的特殊经营需求。

本章讲公寓营销,2/3的篇幅讲广义营销的价值打造,1/3的篇幅讲狭义营销的立势推广和有效客储。经济基础决定上层建筑,前端产品设计环节没有出彩的价值打造,后端的狭义营销就会面临"巧妇难为无米之炊"的状况。

美国营销战略专家特劳特在总结完定位四步法后说:"准备好钱,这可能是最重要的了。"他在《商战》和《22条商规》中都特别强调资源法则和兵力优势。《商战》总结了人类几千年的战争,得到的最大真理是,上帝站在兵力多的那一方。《22条商规》的第一条是"数一数二",最后一条是资源法则。换言之,要么与众不同,要么足够有钱。正如特劳特所说:

> 市场营销是一场争夺顾客认知的游戏。你需要资金使自己的想法进入潜在顾客的心中,一旦进入,你还需要资金使自己的想法继续留在顾客的心中。[①]

国内公寓营销的困境在于,行业仍然陷在高周转毒瘤的惯性中不能自拔,提到公寓,只会打造"类住"产品。在前期价值打造环节,对公寓产品设计的重视程度不够,千篇一律的双钥匙、鸽子笼,毫无

---

① 资料来源:《22条商规》,艾·里斯、杰克·特劳特。

创新；在中期招商运营环节，没有新经济思路，没有建立强平台和筑巢引凤的意识，接不住后疫情时代消费体面降级的红利；在后期营销环节强控费用、狭义营销，兵力投入不足，看似节省了成本，但待到公寓成为滞重，又开始高费用分销、大降价促销、白菜价包销，其货值的折损不知道比正常的营销费用高出多少。

　　以上三个环节的缺失导致公寓滞销。2024年4月2日，广州市规划和自然资源局发布《广州市规划和自然资源局关于停止审批商务公寓等类住宅项目的通知》。这个通知是市场自然选择的结果，公寓的灵魂是商，不是住。过往，正是业内急功近利的思维导致类住公寓的泛滥，其走向终结的命运也是一定的。

　　类住的终结并不代表公寓的结束，而是另一个新的开始。可以预见，在不远的将来，公寓一定会站在非住新质生产力的新起点、新模式上，大放异彩。

第五章

写字楼营销：资源战争

对大多数营销人来说,写字楼是一个小众的业态。在中国,基本上只有一、二线城市才有较充分的写字楼市场,三、四、五线城市基本是商用写字楼的沙漠。很多开发商很少触碰写字楼物业,宁可开发"六边形战士"的公寓。写字楼业态的开发是一场资源战争,城市、板块、开发商、操盘团队的能级越高,掌握的资源越多,项目就越安全。换言之,资源不足,不要去碰写字楼。

写字楼竞争"三力模型"

如前文所述,非住业态一定要遵循"人、货、场"三位一体的经营逻辑,写字楼当然也不例外。写字楼项目的综合竞争力来自三个方面:产品力、招商力与运营力。很明显,竞争三力的底层逻辑就是"人、货、场"三位一体。因此,在前期定位时,项目团队必须综合考虑"三力",而不是单纯的产品力。事实证明,脱离团队招商力与运营力的实际去做产品定位,很可能会万丈高楼一脚踩空。

写字楼的"产品力"

不好的产品未必会死,但更好的产品一定能赢。为了在激烈的红海市场赢得先机,很多写字楼项目都在产品创新上倾注了大量心力。很多曾经在住宅项目上大杀四方的产品卖点也被移植到写字楼上,并且大放异彩。

深圳南方博时基金大厦(见图5-1)采取了三段六层内收外凸的局部设计,打造花园式总部办公产品,利用错层形成的空中花园规划员工关怀空间和商务洽谈空间,户型上也规划了带空中庭院的"高管套间"。

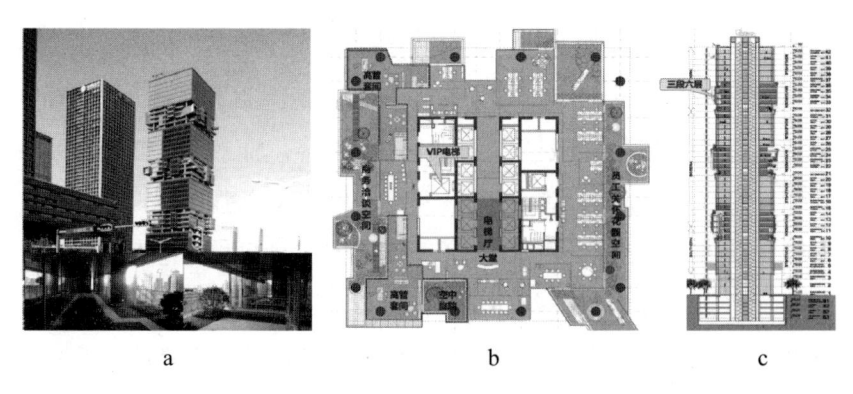

图5-1 深圳南方博时基金大厦

深圳智慧广场参照住宅户型，设计出了南北通透、独立入户、附带错层大面积私属露台的产品。在众多写字楼产品中，这令人耳目一新。

有些花园式独栋办公产品也因低密度的先天优势，大量融入了在别墅类住宅中常见的高附加值设计。例如，上海星月御中心就采取了中轴对称、庭院式布局、移步易景等景观设计手法，在产品附加值方面做到了极致：在独栋别墅的屋顶，开发商规划了室内会所、室外休闲区、圆桌私宴区及景观绿化；在地下夹层，规划了健身运动区、员工就餐休息区、娱乐活动区和培训室；在私家下沉庭院，规划了绿化、水景、沙发休闲区和商务活动区。

在住宅设计中风靡一时的"故事线"也被用到了写字楼产品的设计之中。上海力波中心以上海最早的合资品牌之一力波啤酒为线索，进行整个故事线的穿插演绎，见证上海的繁荣成长。项目运用了大量复古元素，比如报亭、啤酒瓶、机器等，从而为写字楼产品营造丰富的感情色彩和文化底蕴。

除了产品本身的创新出奇，先进的写字楼产品在示范区打造方面也遥遥领先，全情展示。例如，上海瑞虹天地太阳宫写字楼是大盘瑞虹新城的一部分，瑞虹新城通过"星星、月亮、太阳、彩虹"的故事线，将四条商业产品整合在一起。瑞虹天地太阳宫的示范区有简洁大方的看房通道，同时功能区合理划分，艺术与产品融合，加上裸眼3D宣传片的应用，对客户形成"品牌→区域→产品→样板"的强制逻辑洗脑，整体销售动线形成清晰的逻辑闭环，与标杆住宅项目相比也不遑多让。

这样创新就能做好写字楼产品吗？当然不是，相比住宅，商用写字楼的设计要复杂得多。高品质写字楼产品的卖点大多都隐藏在客户看不见或者不注意的地方，等到实际投入运营时客户才有深刻的体会。旭辉集团作为上海领先的写字楼产品专家，其产品经历过六七次的迭代，根据用户、物业公司的使用反馈，在下一代产品中得到改进。比如2018年1月竣工的上海旭辉莘庄中心存在的很多细节问题在2018年9月交付的上海旭辉LCM置汇广场中几乎全部得到了修正，因此产品越来越好，客户体验也越来越好。

写字楼产品力的提升，关键在于深耕客户需求，对行业偏好有深入了解与细化分析，从写字楼实际运营的视角来打磨产品。读懂客户，是产品力打造的前提。一般来说，客户对写字楼产品的敏感点如图5-2所示。

写字楼大堂部分的设计，包括电梯厅、大堂空调系统、大堂照明系统等敏感点。有些写字楼电梯厅的等候区空间太小，电梯选型未考虑项目总体量的人均比，高低区标识分区不明确，遇到早午高峰，客户乘梯感受差。大堂空调系统也是一个重要敏感点，设计不到位就会导致冬、夏季客户体验感较差。空调冷量必须结合大堂面积、高度以及当地天气情况、大堂幕墙实际散热情况、客户的体感情况配置，比如在上海地区，空调冷量配置一般为每平方米400 W～600 W。空调出风口选型也要仔细考量，以保证空调暖风吹到合理位置。大堂照明系统也很重要，一般要求排布统一，电梯厅有双重照明系统。有些写字楼大堂的照明选型及排布不统一，电梯厅照明数量不足，灯具选型不妥，这会导致阴天或夜间照明度较低，体验不佳。

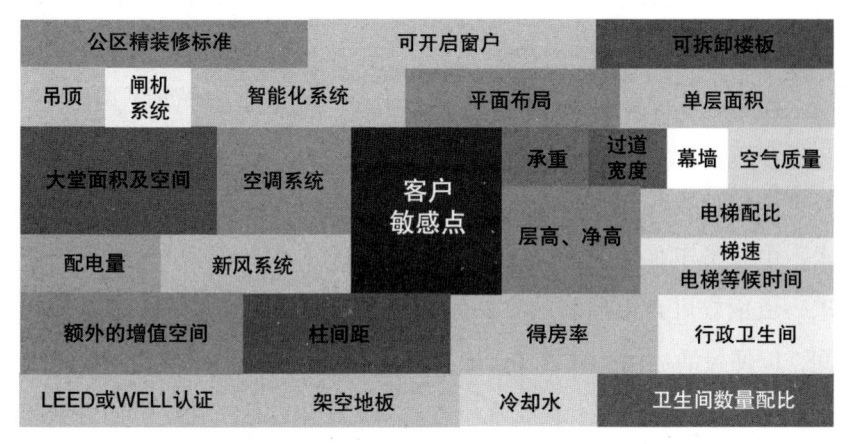

公区精装修标准		可开启窗户		可拆卸楼板	
吊顶	闸机系统	智能化系统	平面布局	单层面积	
大堂面积及空间		空调系统	客户敏感点	承重	过道宽度	幕墙	空气质量
				层高、净高	电梯配比	
配电量	新风系统			梯速	
				电梯等候时间	
额外的增值空间		柱间距	得房率	行政卫生间	
LEED或WELL认证	架空地板	冷却水	卫生间数量配比	

注：LEED 和 WELL 为两种绿色建筑评估体系。

图5-2　写字楼产品的客户敏感点

还有一些细节点只有从运营视角来复盘，才可以找到，这就是产品力提升的空间。比如写字楼的设备机组系统，如果未考虑风冷热泵机等设备的隔音降噪措施及具体施工要求，在空调、排烟等设备启用后，安装在设备平台层的设备末端所产生的震动和噪声就会直接影响相邻楼层。这些细节的打磨都在考验房企的产品功力。

对于不同行业的客户，其关注点又有差别。

金融行业的客户最注重办公楼宇的地段，包括地段的可通达性及上下游企业聚集等因素；其次注重楼宇的内外部形象，包括现代商务感的外立面，大堂面积不小于300平方米，大堂风格极具商务感，传统的标准办公楼是其首选，若有标识权更佳。其他办公硬件，比如层高不低于2.8米、电梯等候时间小于30秒等都是标配。除了银行类企业对楼板承重和供电量有额外需求，其他金融衍生类行业要求供电量、楼板承重等满足基本需求即可。金融行业的客户对交付标准要求较高，对物业管理等软性服务的要求也较严格。传统咨询类客户，比如律所、咨询公司等，其敏感点基本和金融类客户相似。

创意设计行业的客户更注重周边交通的通达性，以便员工出行和客户拜访；在外立面和大堂形象上更偏好设计感和空间感，若有标识权更佳；对层高、高架地板、楼板承重等硬件设施条件无明显特殊要求；由于员工加班时间长，其对空调、新风系统和环境有一定的要求，更偏好可自由控制的空调系统；同时偏好开放式的大型办公空间，以便灵活运用；完善的配套商业可满足其员工的日常需求，这也是该类企业的关注点；在软性服务上，更注重社区文化，以便企业与企业之间、员工与员工之间的社交与交流。

互联网科技行业的客户更关注架空地板、空调系统、地板承重、供电量等办公硬件配置及配套商业，对地段和外部形象的关注则明显低于前几类客户。科技类大型企业一般要求电梯等候时间小于30秒，空调系统为VRV（变频多联机）系统或局部增加室外机，楼内配套员工餐厅、便利店、健身房等，数据机房要求楼板承重为每平方米500~800千克，且有24小时冷却水等。

行业不同，客户的敏感点也有所不同；企业规模的大小，也决定了客户的敏感点有所不同。比如，企业总部类大面积用户可能会关注可拆卸楼板等卖点，当连层购买或租赁时，客户可以改造大复式的空间格局。另外，总裁更衣室、行政卫生间、员工之家、员工储物间、母婴室、开放式咖啡厅与洽谈空间等配套设施都是大企业总部办公楼的加分项。

写字楼产品的设计细节很多，在意企业形象的实力客户通常会选择写字楼开发经验丰富的大开发商的项目。

写字楼的"招商力"

写字楼操盘要注重"人、货、场"三位一体的经营逻辑，无论是销售还是自持租赁，都需要有意识地招商，主动选择优质大客户，从而提升楼内整体品质，推动产业集聚，促进资产的保值升值以及后期退出。比如，上海旭辉莘庄中心在前期招商时引进了哈啰出行总部、泰鲁控股集团国际总部，从而奠定了莘庄片区商务新坐标的地位，为后续资产退出打下了坚实基础。旭辉集团上海写字楼事业部有专业的招商团队，引进了韩国现代、日立集团、意大利马兰戈尼时装与设计学院、平安银行、复星保德信、上汽通用融资租赁、每日黑巧、保乐力加等众多头部品牌，积累了大量金融类、汽车出行类、高端服务类、创意设计类、零售类、传媒类企业客户资源，为打造写字楼项目的亮丽名片以及资产保值升值立下了汗马功劳。写字楼营销是资源战争，招商租赁先行，大宗销售殿后，二者都需要资源的开拓与维系。

写字楼"招商力"的打造需要从团队建设、专业打法两大方面入手。

团队建设包括人才的"选、用、育、留"，每个环节都要做到位。人才选任一般包括外部精准挖猎、内部子弟兵培养和员工推荐三个途径，新鸿基、凯德置地、五大行、华润、万科、境外基金等具有商办基因的企业都培育了大量行业内优秀专业人才。用人环节主要是制定科学的人才激励机制，形成可量化的指标，指标到人，良性竞争，优胜劣汰，激励奋斗者，不搞平均化。表5-1是上海某项目的招商佣金制度，根据不同租赁阶段采取阶梯式佣金政策，前高后低，同时增加自租比例，提升净租金收益，整盘佣金控制在1.8个月租金，这既节约了成本，又对团队实行了有市场竞争力的激励措施。人才培育和人才留用包括：周度、月度定期培训，延请专业条线内外部资深讲师进行深度学习和交流；注重情感链接和带教机制，打造良好的团队氛围，双向确定员工发展计划，储备核心人才；年中年度述职、外部考察学习、员工生日会等都是团建的重要节点。

表5-1　上海某项目的招商佣金制度

租赁阶段	面积	基本佣金	额外奖励
预租阶段（交付前）	900平方米以内（预计占比为20%）	1.8个月净价（约等于1.6个月面价）	▪ 开发优质客户享额外个人奖（价值0.2个月净价） ▪ 累计销售超过5 000平方米享额外个人奖（价值0.2个月净价） ▪ 以上两者不累计
	900平方米以上（预计占比为20%）	2个月净价（约等于1.8个月面价）	▪ 带看奖励（疫情礼包价值200元） ▪ 意向奖励（价值2 000元）
租赁前期（交付后6个月内）	所有（预计占比为35%）	1.5个月净价（约等于1.3个月面价），优质客户视情况给予1.8个月净价	▪ 开发优质客户享额外个人奖（价值0.1个月净价） ▪ 累计销售超过5 000平方米享额外个人奖（价值0.1个月净价）
租赁中期（租赁情况良好，出租率达75%）	所有（预计占比为20%）	1.2个月净价（约等于1个月面价）	▪ 解决问题房源额外奖励0.1个月净价

注：根据市场情况，建议本项目目前采用居中合理的佣金制度（根据不同租赁阶段采取阶梯式佣金政策），整盘1.8个月面价（含招商奖金）。

招商涉及招商策略、多元化渠道拓展策略、大客户开发策略、市场推广策略、系统化管控。

招商策略必须积极拥抱市场变化，团队应定期关注竞品楼宇成交信息及租赁政策，收集市场反馈信息，对同区位楼宇进行动态分析并及时调整自身租赁策略。对于市场的预判，不能局限于外部市场报告，还需要结合内外部市场数据。根据产品特点确定分割、推售顺序及差别定价策略也很关键，团队需要根据市场反馈及时进行动态调整。

多元化渠道拓展策略包括定向挖掘、开发中介渠道、政企联动、参加行业交流等，中介早餐会或答谢会、商会活动、项目路演、招商大会等都是常规动作。定向挖掘潜在客户主要是对同区位竞品及高品质楼宇进行针对性考察及扫楼，重点挖掘一些目标行业客户，同时持续关注近期租赁需求增加的行业客户。开发及维护中介渠道需要列好执行计划，比如每周有2家中介公司路演，邀约2家渠道踩盘，定期拜访各大商会及维护其他重要招商渠道，从而与中介渠道建立起良好的协作关系。在写字楼招商的过程中，各级政府尤其是区、街道的投促办、招商办等机构发挥着重要的作用。招商团队需要发挥政企联动效应，实时了解政策导向，完善企业全生命周期服务机制。渠道拓展需要业务团队培养狼性文化，进行"日周月季年"目标考核和过程管理，积极走出去、引进来，扩展优势资源，建立越来越庞大的渠道资源库和客户数据库。

总之，渠道策略的实施需要强大的团队保障，打通线上和线下、拓展直客渠道等多管齐下。旭辉的上海写字楼招商团队在项目入市的高峰期，需要维护线上、线下5 000多个渠道，每年举办60场小型沙龙活动和大型发布会，直拓500多个客户。

大客户开发策略也至关重要，确定目标大客户后，团队需要对区域主要行政区内客户、区域主要楼宇内客户、首次进入城市的总部型企业客户及中介资源进行定向开拓（见图5-3）。

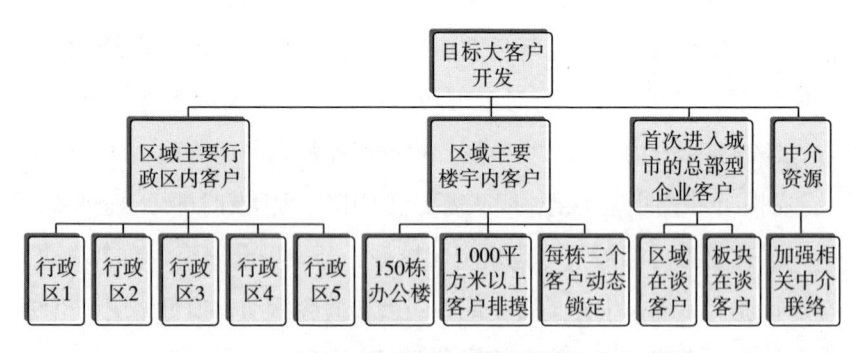

```
                        目标大客户
                           开发
    ┌──────────────┬──────────────┬──────────────┐
  区域主要行        区域主要        首次进入城        中介
  政区内客户        楼宇内客户      市的总部型        资源
                                  企业客户
  ┌─┬─┬─┬─┐    ┌────┬────┬────┐   ┌────┬────┐    │
 行 行 行 行 行  150栋 1000平 每栋三个  区域  板块    加强相
 政 政 政 政 政  办公楼 方米以上 客户动态 在谈  在谈    关中介
 区 区 区 区 区        客户排摸  锁定   客户  客户    联络
 1 2 3 4 5
```

图5-3 写字楼招商团队的大客户开发策略（示例）

另外，写字楼招商中的市场推广策略非常重要，团队需要结合项目特色，精准定位客群，打造核心价值传播点，扩大项目知名度及美誉度。例如，旭辉集团著名的网红项目上海"恒基·旭辉天地"抓住了"新天地商圈、让·努维尔大师作品、建筑地标"三个核心价值点，通过强势推广来垄断市场认知，取得了非凡成果。2019年11月，"恒基·旭辉天地"全球发布会在上海当代艺术博物馆盛大启幕，世界级当代建筑大师、普利兹克奖获得者让·努维尔先生出席，活动当天，500多位各界名流到场，媒体发文数量20+，阅读人数15万+。根据"商办同圈"的理论，写字楼和裙楼商业客户属于同一圈层，项目团队结合项目特有的艺术街区，联合进驻裙楼的商家，举办展览秀，刺激市场活跃度，同时扩大项目影响力。2020年12月18日，意大利马兰戈尼（上海）学院在"恒基·旭辉天地"举办时尚大秀"魔都Magic City 2：Reload"，当日线上总访问量高达30万+。

对于大公司的招商管理来说，数智化的后台管控系统也是必要的，包括智能获客、数据化支援等。对这些平台的管理应该做到体系化建设、精细化运营、数据化分析。

写字楼的"运营力"

写字楼的"运营力"来自前期产品定位时对服务空间与体系的预埋设计，以及后期物业服务团队的服务管理。在写字楼的营销实践中，运营力也是决定写字楼竞争力的一个重要维度。下文以旭辉办公3S（SPACE、SMART、SOCIAL）运营服务体系为例，介绍何为写字楼的"运营力"。

SPACE（空间），包含多元空间、增值空间和四季五感。

多元空间指的是灵活多变的办公空间，比如精装独立办公室、共享联合办公区、高品质商务中心、多功能会议室、商务接待区及休闲配套。增值空间包括母婴室、化妆室、独立厨房空间、睡眠舱、按摩区、兄弟间、闺蜜间、共享会议室、路演厅、洽谈室、小型健身房等。四季五感包括视觉、嗅觉、听觉、味觉、触觉方面的五感设计，以及有疗效的色彩、特调香薰、精选背景音乐、花草茶香和建筑材质、肌理、格调方面的设计。

SMART（智慧），包括智慧楼宇、智慧管理、智慧生活与智慧物业四个方面。楼宇管理应做到安全高效、科学运营、周到快捷和智享尊崇。例如，上海"LCM置汇旭辉广场"开发的楼宇智能化平台，具有人脸识别、门禁通行、访客邀约、物业报修、会议室预定、社群资讯、圈子、活动报名等功能，用户活跃度非常高。同时，旭辉写字楼物业运营团队用"租户的一天"来刻画写字楼的智慧运营服务（见图5-4）。

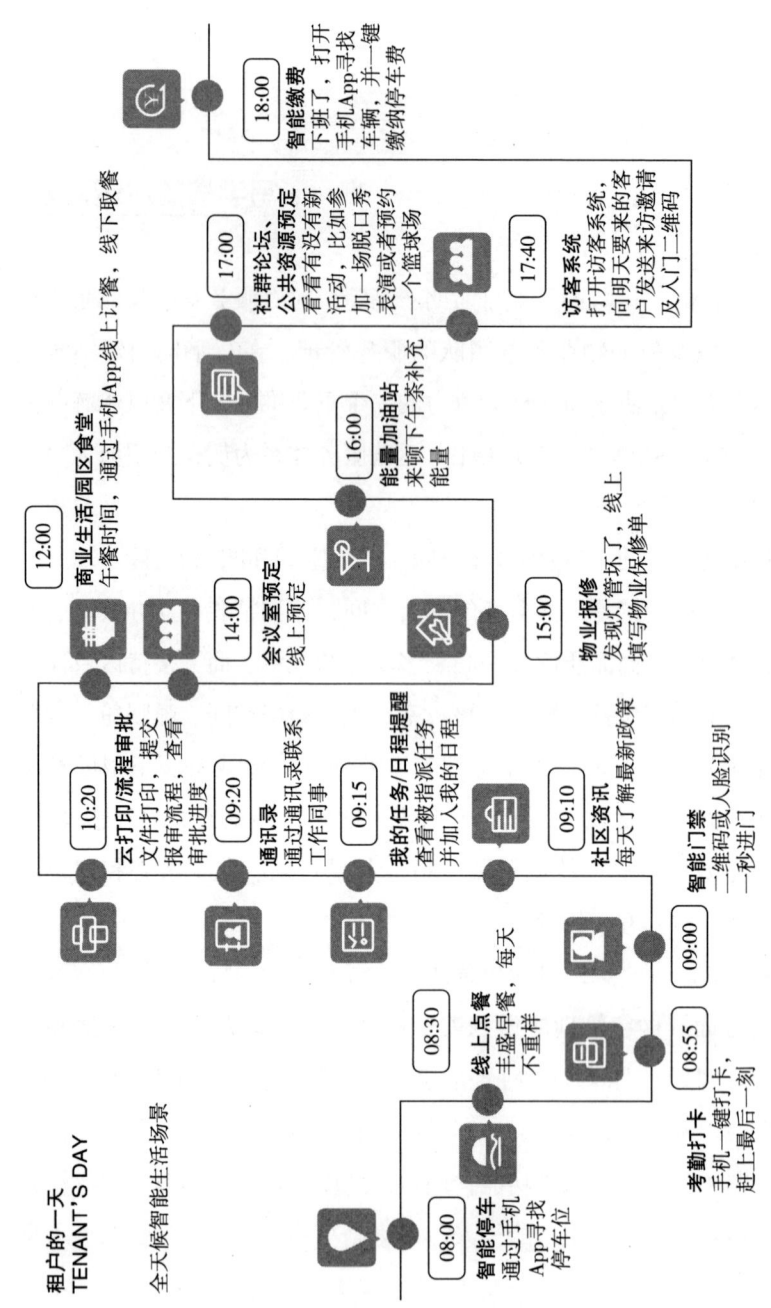

租户的一天
TENANT'S DAY

全天候智能生活场景

08:00 智能停车 通过手机App寻找停车位

08:30 线上点餐 丰盛早餐，每天不重样

08:55 考勤打卡 手机一键打卡，赶上最后一刻

09:00 智能门禁 二维码或人脸识别一秒进门

09:10 社区资讯 每天了解最新政策

09:15 我的任务/日程提醒 查看被指派任务并加入我的日程

09:20 通讯录 通过通讯录联系工作同事

10:20 云打印/流程审批 文件打印、提交报审流程、查看审批进度

12:00 商业生活/园区食堂 午餐时间，通过手机App线上订餐、线下取餐

14:00 会议室预定 线上预定

15:00 物业报修 发现灯管坏了，线上填写物业保修单

16:00 能量加油站 来顿下午茶补充能量

17:00 社群论坛、公共资源预定 看看有没有新活动，比如脱口秀加一场演或者预约一个篮球场

17:40 访客系统 打开访客系统，向明天要来访客的客户发送来访邀请及入门二维码

18:00 智能缴费 下班了，打开手机App寻找车辆，并一键缴纳停车费

图5-4 写字楼租户的一天

SOCIAL（社交），包括白领生活、新鲜时区和互联生态圈。

例如，旭辉团队根据写字楼用户的需求，每月开展多元化运营活动，形成地域IP。同时，旭辉团队根据"商办同圈"理论，与楼宇内的商户联动，举办各种节日特色活动，比如520网络情人节——"旭辉办公×每日黑巧"，租户宠爱季活动；世界读书日——"旭辉办公×樊登读书"主题沙龙，等等。这既能丰富活动形式，又能降低运营成本。旭辉运营团队还会集成第三方服务商，在旭辉"悦享办公"中提供一站式企业服务解决方案，包括工商、财税、投融资服务、知识产权服务以及装修、绿植租赁、送水等。

2021年，上海"LCM置汇旭辉广场"全面践行3S运营服务体系。2021年全年，项目以"Enjoy More"（多彩生活）为主题，以"人文、创意、联结"为主要关键词，强调个人与自己、与周围、与社会、与世界所产生的关系，并且打造了丰富多样的运营活动与增值服务（见图5-5），以提高租户满意度及归属感，在轻松愉悦的创意氛围里，让生命、生活、工作更具启发与意义。

写字楼交付之后，"运营力"取决于物业公司的服务水平。例如，旭辉永升物业从运营平台层面严控物业服务标准，每季度进行物业巡检，努力提升楼内品质与租户满意度，同时增加工程运营管理人员，监督管理整个项目的设施设备及提升改造。

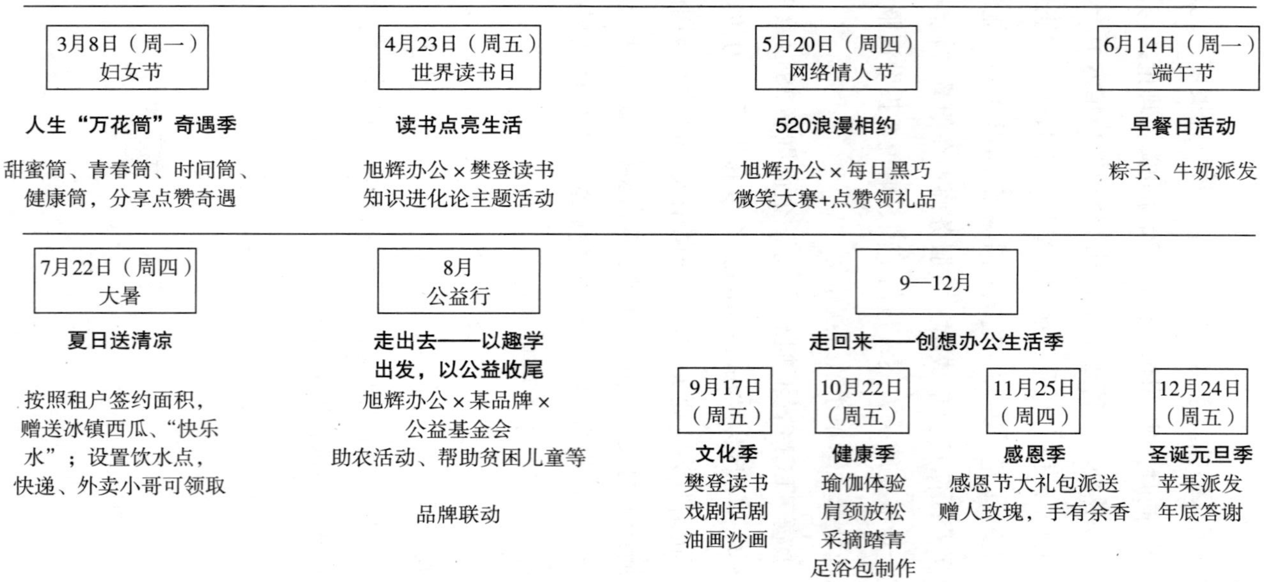

3月8日（周一）妇女节	4月23日（周五）世界读书日	5月20日（周四）网络情人节	6月14日（周一）端午节
人生"万花筒"奇遇季	读书点赞享生活	520浪漫相约	早餐日活动
甜蜜筒、青春筒、时间筒、健康筒，分享点赞奇遇	旭辉办公×樊登读书 知识进化主题活动	旭辉办公×每日黑巧 微笑大赛+点赞领礼品	粽子、牛奶派发

7月22日（周四）大暑	8月 公益行	9—12月	
夏日送清凉	走出去——以趣学出发，以公益收尾	走回来——创想办公生活季	
按照租户签约面积，赠送冰镇西瓜、"快乐水"；设置饮水点，快递、外卖小哥可领取	旭辉办公×某品牌×公益基金会 助农活动、帮助贫困儿童等 品牌联动		

9月17日（周五）	10月22日（周五）	11月25日（周四）	12月24日（周五）
文化季	健康季	感恩季	圣诞元旦季
樊登读书 戏剧话剧 油画沙画	瑜伽体验 肩颈放松 采摘踏青 足浴包制作	感恩节大礼包派送 赠人玫瑰，手有余香	苹果派发 年底答谢

图5-5 上海"LCM置汇旭辉广场"2021年运营活动

写字楼营销三要素

写字楼是一个小众的品类市场，专门从事写字楼营销的人才也很小众，并且有较严重的偏科现象，"只会销、不会营"，专业能力大多偏重渠道开拓与管理，较少涉及写字楼的品牌塑造与立势推广。实际上，从写字楼营销实践来看，立势推广是一个非常重要的环节，尤其是对于以下几类项目：①地段有卖点但并不强势，有"毒点"但并不致命；②位于红海市场，产品同质化严重，差异化不突出；③总价偏高，所在区域的商务氛围和有效需求不足，需要从外部区域导客。

对这些难点项目来说，先天条件已经无法改变，从企业内部视角也解决不了问题，破局的办法是从外部视角入手，从客户的心智认知中寻找机会。大多数错误的市场营销都源于这样一个假设——我们是在进行以客观事实为基础的产品竞争，但其实市场营销不是产品之争，而是认知之争。著名战略营销专家施炜老师研究新营销，指出新营销就是"认知、关系和交易"三位一体的循环（见图5-6）。其实这个法则也适用于非住业态，但业内的写字楼营销都偏重交易环节，关系环节偏弱，认知环节最弱。因此，写字楼营销的解题之道就是强化认知和关系两大要素，使三要素形成良性循环。

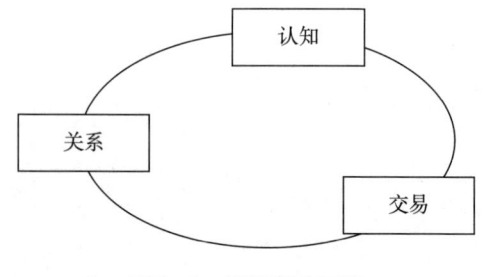

图5-6 新营销三要素

认知：品牌重塑和词语战略

本书第一章提到的深圳长富中心案例，就是一个通过重塑项目地段价值和产品形象，抢占客户心智认知的经典案例。深圳瑞信行营销团队基于深厚的市场功底，提炼出"深圳南塔"和"城市中轴"这两个战略词语，重塑客户心智，取得了营销突破。下面再列举瑞信行操盘的另一个写字楼案例——深圳海岸中心，以说明如何进行品牌重塑。

该项目位于深圳市福田区华强南城中村，属于非政府规划的商务区，大厦高225米，总体量达10.3万平方米，是一个城中村改造的首发项目。团队经过诊断，确定了"地段价值重塑、产品价值深挖、展示对位体验"三大策略。

地段是核心，只要是地产项目，其核心价值都是资产价值，地段肯定是第一位的。该项目仅与福田CBD相隔一个中心公园，并紧靠华强北商务圈，地处衔接福田CBD与华强北商务圈的枢纽带（见图5-7）。但站在工地上看，项目之于福田村是一个孤盘，周边商务资源差，缺乏集聚效应，犹如鹤立鸡群。写字楼形象定位有一个原则：

千万不要鹤立鸡群,你要做的是赶紧离开那群鸡。该项目面临的第一大挑战就是如何打破区域劣势。

图5-7　深圳海岸中心区位示意图

资料来源：深圳瑞信行。

"核心CBD""中心公园""城市绿肺",所有人都会联想到一个战略词语：纽约中央公园。实际上在此之前,项目操盘团队已经做了这样的诠释：堪比纽约中央公园。这是关联定位,但这对深圳中心公园的解读仅限于景观稀缺,楼书《海岸COAST》文案是：曼哈顿因为占据大面积公园及其稀缺性,成为全球顶级中央商务区,海岸中心站在中心公园旁,犹如帝国大厦站在中央公园面前；海岸中心零距离深圳中心公园,尽享城市最美风景线。

瑞信行团队介入之后发现,景观是所有人都看得见的,而价值需要深挖,需要营销传递,且传递的大部分元素客户是看不见的。纽约中央公园的价值不仅仅在于景观，按照其功能规划（见图5-8），西侧的上西区是艺术圣地，东侧的上东区是富豪区，中间的中城区是商务区。纽约中央公园四周的商务布局（上西区、上东区、中城区）与该项目所在区域的商务CBD格局对标。深圳中心公园之于项目不仅仅是景观，它带来了"颠覆CBD格局，以创求变"的机会，项目定位是不用拼命依附和挤入福田中心区这个传统CBD。根据《福田区国民经济和社会发展第十二个五年总体规划》，深圳中心公园东侧区域（华强北商务圈）是正在冉冉升起的新星，变革将带来更大的商务飞跃，这必将颠覆深圳的CBD格局。最终，地段价值重塑，区域新的形象定位为"深圳CBD东西两翼齐飞新商务格局"（见图5-9）。"CBD东西两翼"的词语战略就位！

上西区：
坐落"华尔街"畔，是纽约人引以为傲的艺术圣地，高级知识分子和文化人居住区。

上东区：
富翁的天堂，纽约最贵的富豪区，文化、购物中心

中城区：
商业文明之星，曼哈顿的豪华居住区，摩天大楼林立，汇集帝国大厦、时代广场、百老汇剧院、第五大道

图5-8 纽约中央公园功能分布图

资料来源：深圳瑞信行。

图5-9　深圳CBD东西两翼齐飞新商务格局

资料来源：深圳瑞信行。

传统的CBD不再是福田的商业象征，深圳中心公园两翼的商务组团才代表着福田的商务巅峰格局，海军中心是这个价值的最初见证者。根据项目形象定位所产生的广告文案就此形成（见图5-10）。

图5-10　深圳海岸中心新形象定位

资料来源：深圳瑞信行。

确定了形象定位，项目价值体系和立势推广的主心骨就有了，后续动作水到渠成。关联定位、词语战略，依旧是品牌形象重塑、抢占客户心智的成熟手法，词语战略的影响力取决于项目团队对价值深挖是否做到位。

关系：大客户维系

写字楼销售作为大宗交易，"人和"是至关重要的。写字楼产品可能没有差别，人却不可能是一样的，同样的产品经由不同的人销售，结局完全不同。有一种说法是：在写字楼销售中，人是最大的卖点。这不无道理。在写字楼销售中，如何与客户构建高等级的信任关系，成为客户的商业伙伴，甚至成为主要决策者的朋友，是所有从业者都需要修炼的功力。

如何与客户建立非凡的关系？最重要的是摸清客户要什么。写字楼销售不是简单地卖房子、卖空间，而是卖解决方案。曾任绿地集团中原事业部营销总李青女士在2013年做过一次分享，她认为商办物业初级大客户的销售突破点是融资论，中级大客户的销售突破点是传承论，高级大客户的销售突破点是精神论。绿地集团西北事业部有一个大客户，年龄50岁，是当地非常有名望的大老板，在绿地自购及介绍购买物业1.5亿元。项目团队凭借五个"第一次"彻底征服了该客户：第一次为客户承办家族婚礼，完成了一个家族几十年的心愿；第一次安排专属摄影；第一次举办专属生日会，与客户逐渐转变为朋友；第一次安排专属签约会——7 000万元大单成交签约会，这是客户的人生高光时刻；第一次为客户承办独生子婚宴。这就是开发高级大客户的"精神论"，核心是围绕客户的精神需求，逐步建立稳固的客户关系。

对于 To B 销售，客户关系一般分为四个阶段：认识；约会；伙伴，获得客户个人明确、坚定的支持，包括私人交往、情感关怀等；同盟，客户愿意采取行动帮助销售人员开展活动，包括提供情报、充当向导、协助销售（在企业决策的时候能够站出来坚定支持己方方案，担当导师）。在维系客户关系的过程中，我们要随时进行"关键人物识别"。

交易：解决方案式销售

写字楼销售绝大多数是 To B 销售，与 To C 相比，有以下几个特征：

- To B 销售需要经历更长的时间，客户的交易心理会在这段时间内发生变化。
- 参与者众多，人员情况复杂，流程复杂，决策者并不是每次都出现。很多情况下，真正的销售都是销售人员不在现场的时候发生的。
- 随着订单数额的增加，客户会变得更加谨慎。
- To B 销售更需要与客户维持良好的关系。

基于这几个特征，写字楼销售的模式、流程相比住宅销售有很大的不同，我们可以称之为"解决方案销售模式"，其大致可以分为六个阶段。

1.阶段一：初步接触

初步接触阶段有三个技术要点：学会建设性拜访，摸清客户切入路径，取得晋级承诺。

首先，学会建设性拜访，成为一个问题解决者，变推销为解决客户的问题。尤其是在做连续性客户拜访和销售跟进时，销售代表给买家提供一个有益的建议或构想可以起到事半功倍的效果。销售不是一味地展现狼性或者精明，更不是忽悠与算计。销售是带着有益于客户的想法做建设性拜访，在进门之际问自己一个问题：这次我能为客户做什么？好的销售人员始终关注客户，说"您"的频率远高于说"我"。

建设性拜访需要销售人员具备情景应变能力。写字楼销售培训不能只向销售人员介绍有关产品或服务的细节内容，而忽略客户的商业模式、客户遇到的问题及其解决方案方面的培训。客户被各种各样的数据淹没，所以希望通过销售人员的介绍让自己的决策变得容易一些，而经过适当培训的销售人员能够让客户了解本公司的解决方案和其他公司的有什么不同，以及相关资源如何帮助客户获得成功。跟踪相关行业的趋势在今天变得简单了，只要你善于使用搜索引擎等销售工具。销售人员需要跟踪主要客户网站的更新、行业分析人员的最新研究，同时监控与客户利益相关的行业趋势。通过跟踪目标公司的招聘信息、了解它们的资金动向，销售人员可以发现值得深度调研的商业事件，从而发现更好的销售机会。

比如，写字楼销售人员在打电话给一个制造业的客户之前，对这家公司刚刚推向市场的新型处理仪器已经十分了解。有了这样的准备，他就可以展开与客户的谈话："我们的项目客户里有7个制造业公司，我希望和您分享与贵公司规模相近的公司是如何做的。"销售人员接着与客户讨论这个新仪器的价值和投资回报率，以及这个仪器将如何帮助该公司在竞争中取得优势。销售人员的研究和计划过程能帮助他提升情景应变能力，以及提前准备好和客户的对话内容。

其次，摸清客户切入路径，对潜在客户的人物链有清晰的认知与对策。在这个阶段，销售人员需要：寻找接纳者，即买方中最乐于聆听或提供信息的人或部门；对接不满者，即买方中最可能提出问题或对现状不满的人或部门；接触决策者，即买方中有权批准、阻止或影响交易的人或部门。高量级的写字楼销售人员在第一阶段就同时关注这三股力量、三种人员，朋友不等于生意，即使是销售经验丰富的老手，也常常被接纳者的友善和高调误导，结果竹篮打水一场空。在这一阶段，不要过早接触决策者，不要对决策者抱有不切实际的期望。

最后，从初次接触阶段开始，销售人员就必须进行明确的销售进展设计，努力获得客户的晋级承诺，做到进门有目的，出门有结果。写字楼销售订单最后成交之前，需要过五关斩六将，销售人员需要获得客户的一系列承诺和认可。大订单包含许多中间步骤，我们称之为晋级。晋级不能算成交，但每一次晋级都使销售人员离成功更近一步。这里要注意"进展晋级"和"暂时中断"的区别。"进展晋级"是推动生意向前发展的一项具体行动，包括客户同意参加一个产品推介会，销售人员有了会见更高一层决策者的余地，客户部分接受原来根本不接受的预算。"暂时中断"是指生意还会继续下去，但客户没有同意具体的行动方案，双方并没有达成一致，但销售人员也没有收到来自客户的"不"。销售人员的每一次拜访都有好结果的秘诀是：无情地为自己设定目标，不要仅满足于收集信息和建立良好关系等泛泛的目标，它们会导致暂时中断而不是进展晋级。例如，旭辉集团写字楼等大宗交易一般分为12个步骤（见图5-11），每一个步骤的推进都可以视为一次进展晋级。

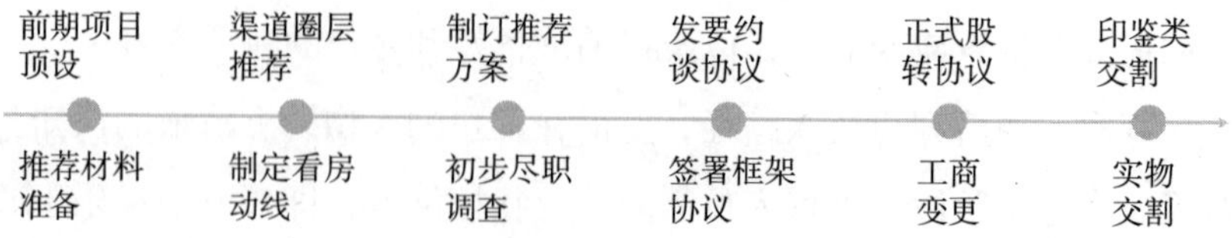

```
前期项目    渠道圈层    制订推荐    发要约      正式股      印鉴类
顶设        推荐        方案        谈协议      转协议      交割
  ●          ●           ●           ●           ●          ●
──────────────────────────────────────────────────────────────
  ●          ●           ●           ●           ●          ●
推荐材料    制定看房    初步尽职    签署框架    工商        实物
准备        动线        调查        协议        变更        交割
```

图5-11　旭辉集团大宗交易的12个步骤

2. 阶段二：需求调查（调研交流）

客户需求调查需要销售人员事先做好准备，比如制作一份销售访谈计划表。事先准备问题，而不是临时发挥，站在客户的角度考虑本公司的产品。

客户需求的本质：其最关注和最想搞定三类人。第一类是客户的客户，包括外部客户和内部客户。第二类是客户的对手，客户关注竞争对手的需求在于建立竞争优势，走差异化路线，巩固或提高自己的市场地位、行业排名等。客户关注对手并不意味着一定要打败对手，有时客户力图向行业标杆学习、靠拢。销售人员可以导入这些优秀企业的成功资源，客户迟迟下不了决心，销售人员可以用成功案例推动交易。第三类是客户自己，客户想持续改善企业运营状况，包括发展平台问题，比如地段、品牌、产业扶持政策、政府采购力度、配套资金、一次性资金、产业配套、产业链结构、产业聚集氛围、投融资机构、产学研机制等；税负问题，比如企业税费减免、高管个人所得税减免等；人才问题，比如人才招聘、人才引进支持、政府派出机构（职工子女入学、房屋租赁、员工招聘）等。

3.阶段三：产品方案呈现

产品方案呈现需要遵循"3+5"利益法则，即3种企业利益——搞定客户、对手和自己，5种个人利益——生理需求（个人习惯、工作便利）、安全需求、社交需求（爱、感情、归属感）、尊重需求、自我实现需求（职业发展、个人荣誉）。

解决方案式销售的定位是成为客户的问题解决者，而不是产品推销者。销售人员的任务不是卖产品，而是成为客户的一个不需要付工资的采购专员或项目经理，成为客户的外脑，提供服务，解决问题，帮助客户采购，这是销售的最高境界。专业的写字楼置业顾问要扮演"愿景构建专家"和"价值驱动专家"两重角色。

愿景构建专家这一角色能够让客户预见他们所希望的未来的样子。由于这种预见非常具有吸引力，客户往往愿意做出购买决定。客户不再完全受销售人员的影响，而是在寻求销售人员的帮助之前就建立了解决方案的预期。愿景构建专家一开始介入的时候，就需要了解客户对未来预期的强度，也就是预期有多少可塑性，以及客户对建立和重塑未来预期的开放程度。对于那些已经形成初步预期的客户，愿景构建专家可以将他们看作一根橡皮筋。一根松弛的橡皮筋本身没有多少价值，但当它绷紧的时候，则有各种各样的应用。那些已经形成预期的客户，就像一根松弛的橡皮筋，愿景构建专家的工作就是绷紧这些客户的预期，让他们看到其他新的可能性。销售人员不应该指责或批评客户的预期，也不应该否定或创造一个与原来相矛盾的预期，而应该试图理解客户自己生成的预期，然后和客户协同合作，共同改造，形成一个更优秀的预期，实现双赢。

价值驱动专家能够让客户在购买过程中理解和定位价值，能够和客户合作，共同发现和确认解决方案的价值，并且利用此价值建立一个有吸引力的商业诱因，从而推动客户做出购买决定。如果由定量计算得到的价值是已知的，那么客户若不通过购买获得相应的能力，则每一天的损失都是可以具体计算的。协同销售人员能够认识到客户这方面的需求，并且通过与客户的合作确定双方都同意的估算价值。比如写字楼所在园区有优惠政策，新材料企业优惠政策包括一次性资金资助、财税扶持、总部经济财税扶持、配套资金支持、研发费用支持、用地优先、服务支持、人才引进支持等，新能源企业优惠政策包括落实新能源专项扶持政策、设立产业发展专项资金、推进新能源产业链建设、努力引进产业急需人才等。销售人员必须根据政府权威部门和相关人士的培训，得出一个可信度高的价值测算结果并被客户认可。

4. 阶段四：建立信任

销售人员要学会识别客户的顾虑。客户的顾虑信号包括重提已经解决了的问题、不切实际的价格投诉、不合理的拖延、不愿意继续会面、拒绝进一步提供信息……当客户心存顾虑时，销售人员应该避免三种做法：淡化（你没有必要担心）、指示（你可以先进来）、加压（我把合同都带来了），正确的应对方案是随时留意、保持警觉、乐于讨论和解答问题、建立并强化信任。

5. 阶段五：项目签约路径

把谈判留在最后，销售人员应该把更多精力放在销售上，深挖客户的问题和需求，一旦销售动作做到位，价格便不是障碍，谈判也会轻松一些。不要把销售和谈判混为一谈，销售是一个发现、发掘和满足客户需求的过程，谈判则是客户有了购买的想法后与供应商就彼此的交易条件交换意见。除非万不得已，否则绝不谈判。

每个新买家都可能存在三个不同的接触点：接纳者、不满者和决策者。若销售人员能在这三个不同的接触点中找到协作者，循序渐进、各个击破，成功的概率便会大增。见到决策者不易，机会来了就不能浪费。而失败的原因有四种：没有预先做好准备，没能有效控制会谈，过早与决策者会面，抱有不切实际的期望。另外，决策者通常有签字的权力而无须征得他人同意，但在实际工作中，商议后再做决策更为常见。

在这个阶段，针对国有大型企业客户、私企自用客户、个人投资客户，销售人员需要采取不同的应对策略。

国有大型企业客户自我优越感强，容易提出额外要求，比如更改条款和申请价格优惠等。应对策略为：秉持公事公办原则，严控案场优惠，在拒绝客户的额外要求时态度要明确，言辞要中肯，在此过程中植入开发公司的企业品牌和流程规范性，以取得客户的认同。例如，绿地集团西北事业部团队在谈某个1亿元的大订单时，客户对产品的价值和地段都非常认可，且有自己的专业价值评估团队，在谈判最后多次提出更改协议条款及价格优惠和付款延期要求。对于客户的强势态度，置业顾问一度无所适从，绿地中心销售经理出面与客户交流并取得了客户的认同。

"我们这个项目是集团直管项目，销售部没有任何优惠和延期的权限。我们公司是世界500强企业，内部有严格的流程和审核体系，特别是价格和付款，财务会进行监管。您想一下，如果我一个案场经理有一两个点的优惠权限，那随随便便给您的优惠就是几十万元甚至上百万元啊。对于有严格监管体系的企业来说，这是不可能的。"

"说到修改协议条款,由于这个项目是集团直管,协议内容也是集团法务部统一制定的,如果要修改,那么要经过复杂的审批手续,且基本没有通过的可能。就算能通过,可能一两个月下来,您也买不到这个价格的写字楼了。"

面对大客户,只有平等的对视,才能有平等的交易。

私企自用客户一般都是商业谈判高手,谈判时爱要优惠,且谈判手段较多。针对这类客户,应对策略是"触底理论":不给置业顾问优惠权限——确立底线;谈判中保持风度,真诚自信——不卑不亢;深入分析品牌价值、物业价值——夯实底线;情理结合,同一圈层,价格透明——相信底线;在价格底线上保持强硬态度——不让客户燃起希望;探明客户底细,适当给予引导——缓冲疏导,用芝麻换西瓜。

个人投资客户的专业性有差异,一般最关心两个问题:投资回报和风险控制。应对策略的核心是用职业素养和专业知识打动客户,具体表现为:自信、不卑不亢、注意风度,多介绍有关企业的正面信息,强调企业实力和企业信誉,增强客户信心;多展示专业方面的知识,但要用客户能听懂、能理解的言辞和方式(区分客户等级);一定要解决客户关心的风险问题、投资回报问题,多讲宏观经济情况、区域发展情况及企业过往在发达城市的优秀案例;严控优惠,不要陷入价格谈判的泥潭;适时引入高层级领导,多级谈判。

6.阶段六:客户关系维护

销售没有终点。项目团队应建立客户联络机制:建立客户数据库(实施客户分级管理),进行回访与客户关怀,持续加强客户关系(扩大客户关系范围、提升客户关系层级），增加客户价值获取（提高客户总价值、降低客户总成本）。

定价与推售策略

写字楼的定价与推售策略并不复杂。业内最常见的做法是三段式定价和推售，即划分高区、中区和低区，设置不同的定价策略和推售顺序安排。

"波士顿矩阵"将产品分为四个类型：明星类、现金牛类、婴儿类和瘦狗类。

对于写字楼来说，高区一般是明星类产品，价格最高，是整个项目的价格标杆，可以作为大客户定制型产品。其推售时间放在最后一个阶段，虚推实留。前期推售时，可以用高价来挤压客户选取中低区产品；等到高区正式入市，随着去化率的增加，资金逐渐回笼，开发商和客户的信心都渐渐增强，高区的高价就有了足够的支撑。高区通常采取高价格、低递增的方式来布局价格体系，尽量减少楼层价差，避免局部价格过高，从而影响去化。

中区是现金牛类产品，价格实惠，快速走量，是项目前期主要现金流来源，采取低租金、高递增的方式，前期放水养鱼，后期高递增洗客。在实际销售中，中区尽量整层销售，若有小客户出现，则引导其拼合购买。

低区有30%是瘦狗类产品，其价格最低。成熟的操盘策略是在第一个阶段就推出这类产品进行预售，用低价吸引知名企业入驻，抬高项目整体品质，以吸引相关行业中小企业后续进驻。这部分产品可采取低价格、平递增的价格布局，把实惠给到客户。这30%的产品消化完毕后，低区部分可以调高价格。根据推售需要，价格甚至可以高于中区，作为"负向价格标杆"，反向挤压中区产品的去化。

在写字楼产品蓄客开盘前，客户的动态评级非常关键。营销团队可以从企业品牌知名度、人均办公面积、员工日常行为（比如洗手间清洁度等）、付款及时率等多重维度对客户进行全面评分，确保高评级客户优先选房，评级较差的客户靠后选房，从而提升客户整体质量，保障写字楼资产不断升值。

除了定价和推售策略，还有一些辅助型价格策略也很重要，比如优惠包装、保价策略。以瑞信行操盘的深圳卓越前海壹号为例，该项目在前期销售阶段就设置了"E+前海壹号稳健保值基金"优惠，购买卓越前海壹号产品的业主将获得与所付首期款等值的基金产品，该基金从交齐首期款之日起，到项目入伙之日止，根据购买产品的种类，客户享有4（低区）、6（中区）、8（高区）三个对应点位的固定收益率。假定项目售价为6万元/平方米，购买一整层楼的（2 000平方米）总价约为1.2亿元，首期款为1.2亿元的50%，即6 000万元，投资回报率按照6%计算，相当于每年返还客户360万元，折合整体售价为1.164亿元，折合后单价为5.82万元/平方米。若从客户购头至入伙前的周期为两年，则合计返还720万元，折合整体售价为1.128亿元，折合后单价为5.64万元/平方米。配合这个价格策略，该项目还推出"E+资产保障协议"，保证后期入市产品的销售价格肯定高于目前的，若后续产品价格低于目前的销售价格，则开发商为客户填补差价。2014年11月,卓越前海壹号正式对外预售,入市即售罄,实现35亿元的销售额。

写字楼销售团队管理

作为To B端的大宗交易，写字楼的销售团队和渠道管理模式与To C端的住宅有很大不同。很多不成熟的开发企业套用管理住宅的模式来管理写字楼，非但没做出业绩，团队管理还一地鸡毛。举例来说，住宅每个月都要求有具体的业绩数字，并根据业绩来考核，一个置业顾问每个月都有具体的业绩任务，如果连续3个月都没有成交，基本上就会面临淘汰。但写字楼很多时候却存在"三年不开张，开张吃三年"的现象，有的置业顾问可能连续6个月都没有业绩，但第7个月却成交了一个1.5亿元的大订单。如果按照住宅销售的考核模式，写字楼团队很快就会被折腾得七零八落。不同的业务规律，决定了不同的管理模式。

根据非住业态"先人后事"的原则，写字楼项目必须配备专门的营销团队，不要和住宅共用一支团队，让专业的人做专业的事。写字楼的成交周期普遍较长，6个月甚至更长时间没有订单很常见，因此写字楼销售需要一支经过时间沉淀和经验积累的成熟的商办团队。以旭辉集团上海写字楼销售团队为例，团队共24个人，有10人司龄为8～15年，7人司龄为5～8年。较长的成交周期、客户资源的长期积累与孵化、写字楼独特的销售模式，都要求企业建立一个长期稳定的团队。另外，有一个略显尴尬但却无比现实的问题——中介佣金或居间费。这在写字楼销售中很常见，金额不菲，其中也许还有一些不可言说的秘密。这也需要管理者和一线团队形成背靠背的信任，从这个层面来说，长期稳定的团队比空降兵有优势。

写字楼销售团队的管理，包括组织架构、过程管控和指标考核三个方面。

写字楼大宗销售的最大难点在于拓客，来访量是大宗营销考核的重要指标，但很多案场平时的自然来访量都很低。因此，写字楼销售以行销为主、坐销为辅，每名置业顾问都是大客户经理，每个人都必须有自己的独特渠道。以旭辉集团上海写字楼销售团队为例，每个写字楼项目配备一名营销总监、一名销售经理，销售经理下面有6个大客户经理，每个人负责一个销售渠道（见图5-12），具体包括小众经纪人渠道、主流中介公司渠道、SOHO系渠道、线上资源渠道、商会政府资源渠道及独家品牌渠道，销售团队人人都是渠道。

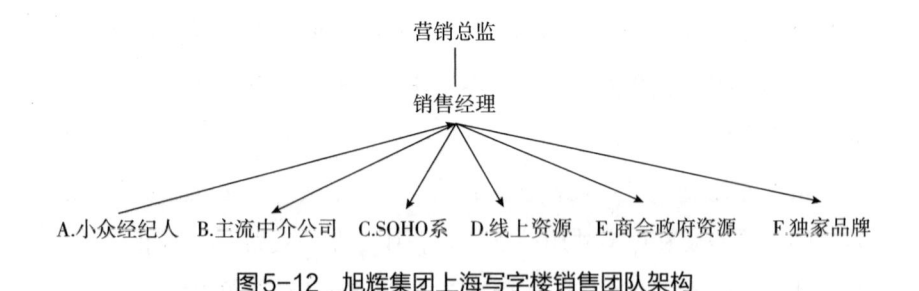

```
                 营销总监
                    │
                 销售经理
       ┌────┬────┬──┴─┬────┬────┐
       ↓    ↓    ↓    ↓    ↓    ↓
A.小众经纪人 B.主流中介公司 C.SOHO系 D.线上资源 E.商会政府资源 F.独家品牌
```

图5-12　旭辉集团上海写字楼销售团队架构

与住宅销售的月度指标考核模式不同，写字楼销售团队非常注重过程管控，将决定业绩达成的过程指标进行拆分，比如拓客和拓渠。

拓客包括来访量、复访率、Call客量、电转访率等量化指标，拓渠包括渠道踩盘、渠道活动等。渠道踩盘包括拓渠量、拜访量、群发量等指标，渠道活动包括客户活动、商会活动、圈层活动等。图5-13是旭辉集团上海写字楼销售团队的日常管控动作。所有指标都量化积分，每半个月晾晒一次积分，每季度做一次评价，每半年考核一次业绩，定期公布排名，兑现奖罚。

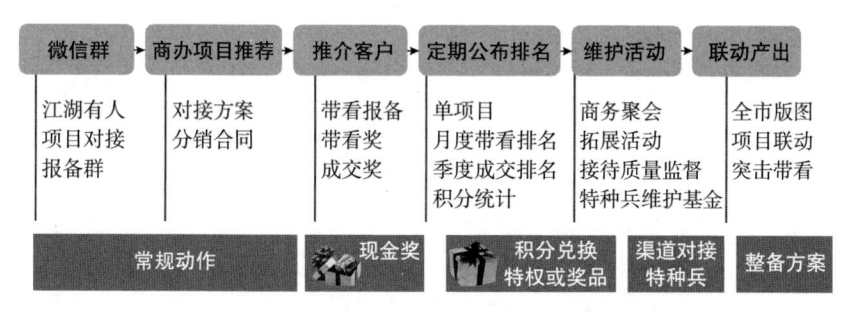

微信群	商办项目推荐	推介客户	定期公布排名	维护活动	联动产出
江湖有人项目对接报备群	对接方案 分销合同	带看报备 带看奖 成交奖	单项目 月度带看排名 季度成交排名 积分统计	商务聚会 拓展活动 接待质量监督 特种兵维护基金	全市版图 项目联动 突击带看
常规动作		现金奖	积分兑换特权或奖品	渠道对接特种兵	整备方案

图5-13　旭辉集团上海写字楼销售团队的过程管控

总之，写字楼营销是一个强关联资源的系统工程，从前期定位阶段对产品的介入，到产品竞争三力的价值打造，"认知、关系、交易"营销三要素的夯实，定价与推售策略的确定，再到销售团队的管理、渠道的开拓，都需要一个稳定务实的团队，稳扎稳打地做好每一步动作，深耕市场。最重要的是，只有整合、积累、深耕客户资源，才能兑现好的业绩。

第六章

车位营销：挤压与撇脂

车位是五大非住业态中最常见的业态。在上一轮牛市结束之前，地产行业的钱太好赚了，车位的存在感很低，销售人员附带着售卖一下，卖不完就丢给物业，房企只算总账。但近几年，地产行业的钱越来越不好赚了，好不容易赚取的一点儿利润最后都积压在车位上，车位成为项目获取利润的最后一道屏障。对于亏损项目来说，最终亏损多少也和车位销售额强相关。更关键的是，住宅产品的销售款可能都要进入监管账户，但车位一般不用，只要卖出去就是活钱，车位是房企现金流的主要来源，是受工抵方欢迎的硬通货。基于以上种种原因，业内开始重视车位，车位营销也逐渐热门。

车位销售三分法

车位销售就像撇取乳脂，通过不断挤压得到牛奶，再撇取牛奶最上面的一层乳脂。营销学里有一个专业名词叫"撇脂定价法"，是指在产品生命周期的最初阶段把价格定得很高，以求得到最大利润，尽快收回投资，最典型的撇脂定价产品就是iPhone。这是对市场的一种榨取，就像从牛奶中撇取乳脂一样。车位的每次推售过程就是一轮又一轮的挤奶和撇脂的过程，乳脂越撇越薄。这也意味着在大多数情况下，时间越往后，车位售价越低，越前置，售价越高。

挤奶和撇脂过程如何效益最大化，主要取决于三个因素：牛奶的厚度、挤奶人员的管理机制和专业手法。同样的道理，车位卖得好不好，主要取决于三个因素：需求、管理和卖法，我们可以称之为"车位销售三分法"。车位要想卖好，五分靠需求，三分靠管理，两分靠卖法。

车位好不好售卖，需求绝对是排在第一的要素，权重至少占50%。在一线城市，比如上海核心区的顶级项目，单个车位售价300万元仍然供不应求；在四、五线城市的刚需小区，车位售价不到2万元，竟然滞销，这就是有效需求的作用。同一个城市、同一个片区，改善小区的车位去化率肯定高于刚需小区，车位配比低的小区的去化率肯定高于车位配比高的小区，投资客占比低的小区的车位去化率肯定高于投资客占比高的小区，入住率高的小区的车位去化率肯定高于入住率低的小区；同一个小区，大户型、高总价的房屋的车位去化率肯定高于小户型、低总价的房屋。这也是由有效需求决定的。

车位需求有潜在需求和实际需求之分，后者可能远远小于前者。住宅市场状况、小区管理完善程度都会对客户需求造成较大影响。

客户对车位的需求与住宅市场息息相关。在住宅市场火爆的时候，投资升值是信仰，车位很容易被当作"配套资产"而被客户接受，客户顺带就买了。在上一轮牛市中，很多城市都出现了"蒜比菜贵"的现象，即车位的涨幅比住宅的高。这时，客户的潜在需求就被激发出来了。在住宅市场恐慌购房的情况下，车位可以涨价销售，以涨促销。在住宅市场状况不好的时候，很多车位就从投资品降为消费品，潜在需求随之萎缩，变成实际需求。这个时候，撇脂就是主旋律，车位价格越来越低，后期涨价是小概率事件，低开高走的定价策略是不靠谱的。

小区的有效管理和停车习惯的养成对车位需求也有很大影响。有些小区将未售车位对外出租，且临停费用很低，物业道闸管理不力，同时小区地面停车方便，周边道路违停方便或者附近有低价公共停车场，这会导致大量潜在需求被消化，实际需求很小。还有一些城市（比如上海）有1∶1的管理规定，即在没有满足每户1个车位之前，业主不能购买第二个车位，如果某小区的车位配比是1∶1，40%的人购买了车位，其余60%的人就可能只租不买，反正其他人也买不了。这都会使实际需求大大萎缩。

需求决定销量，对于潜在需求不足的小区，其车位销售肯定面临困难，有潜在需求但实际需求不足的小区则需要通过管理手段来弥补漏洞，挤压需求。

管理机制是决定车位销售业绩的第二要素，权重占比为30%。需求是第一位的，但要把客户的潜在需求尽可能多、尽可能早地挤压出来，尽可能撇更厚的油脂，就要靠管理机制的驱动。

从车位销售实践来看，大约50%的项目有较强的车位去化意识。这一般以管理完善的中大型房企为主，其在住宅销售阶段要求"车房同售"，一直到交付阶段，车位去化率可以达到40%~75%。之后便进入2~3年的艰难爬坡期，我们称之为"叛逆期"。在此期间，入住率不高，停车难问题还没有凸显，业主就像是青春叛逆期的少年，或持币观望等待降价（越降价越观望），或干脆只租不买，甚至抱团抵制买车位，宁愿违停也不买。在叛逆期，营销动作往往事倍功半。

熬不住的项目采取低价包销、工抵等方式尽快套现，这导致小区内存在几拨销售方，他们有不同的价格体系，争抢出货、互相踩踏，最后终端销售价格越来越低。熬得住的项目等到3~5年后，入住率爬升，停车难问题开始凸显，车位才会迎来一个利于去化的窗口期。以上还算是管理完善的房企所拥有的比较好的结局。现实中，大约50%的项目没有"车房同售"的意识，在住宅主销期内，车位销售顺其自然，这导致车位去化率基本在30%以下。待住宅交付后，车位行情一路走低，货值折损严重。还有更糟糕的，车位去化率本来就极低，交付之后物业公司没有采取积极有效的停车管理措施，导致临停、违停混乱，积重难返，车位销售重启陷入难产。

因此，车位销售最关键的是抓住交付之前的"车房同售"。这个阶段的车位去化率、价格都可以尽量提高，从而为后面的销售创造尽可能高的安全垫。车房同售要想效益最大化，必须作为"一把手工程"来抓，总经理以营销视角统筹把控投研、产品、运营、财务、营销、物业六大关口。前期策划阶段的把控，中期同售阶段的机制设定、执行落地，后期尾盘阶段的去化追盯都很重要，必须与总经理的绩效以及跟投收益挂钩。经营主官是车位业绩的第一责任人，而不是营销总，总经理加上前述六大职能，合称"七大关口"（见图6-1）。

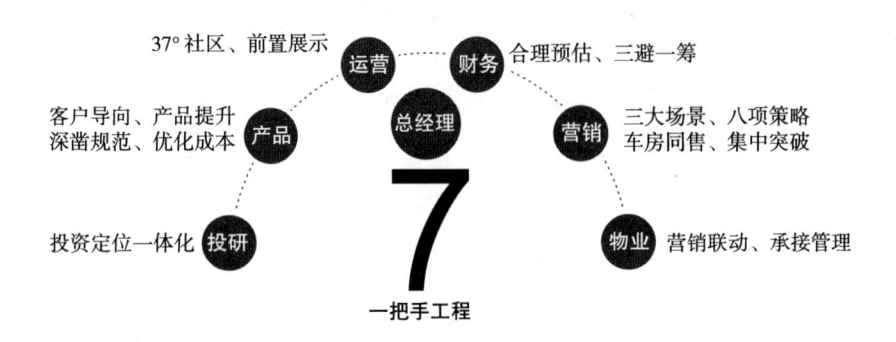

图中内容：
- 运营：37°社区、前置展示
- 财务：合理预估、三避一筹
- 产品：客户导向、产品提升、深凿规范、优化成本
- 营销：三大场景、八项策略、车房同售、集中突破
- 投研：投资定位一体化
- 物业：营销联动、承接管理
- 总经理：7 一把手工程

图6-1 车位全周期管理七大关口

专业卖法排在第三位，权重占比为20%，虽然占比不高，但前面的80%都要靠这20%的专业来兑现，其重要性当然不言而喻。在车房同售期，专业卖法主要是指将集中推售的八项准备工作做到位，尽可能做到专业、极致；在交付之后的叛逆期，专业卖法主要包括挤压需求、增强客户黏性以及形成系列节点策略等。后一个阶段的专业性超出了狭义营销的范畴，营销团队必须成为六边形战士，合纵连横，建立车位销售统一战线，自造一个又一个节点，一茬接一茬去开发客户，尽可能撇脂。

车位销售三分法所说的需求、管理和卖法，其本质上也遵循"人、货、场"三位一体逻辑。在前期策划和产品定位阶段，最常见的现象就是"人、货、场"三者脱节,明明是高端改善小区,对应的是有购买力的高端客户,但"货"与"场"却基于刚需思维,从而导致停车体验不佳。在后期销售阶段,操盘者在每一个节点都需要找到最有支付力、最有购买意愿的优质客户,这是"人"的逻辑。之后把最合适的车位以最完美的状态卖给他们,确立本轮推售的"价格锚",这是"货"与"场"的逻辑。车位的撇脂是指在每一轮推售中都要细致地盘点客户、盘点库存、排摸需求,根据"人、货、场"三位一体逻辑,找到最上层、最肥厚的油脂,而不是一味地去牛奶桶里面瞎搅和。

前策管理六项

车位的前期策划至关重要,从销售实践来看,后期车位销售阶段流下的泪大部分都是前期策划阶段"脑子里进的水"。在大多数情况下,前期铸成的偏差,后期不可挽回。前策管理包括投资、成本、产品、运营、财务和物业六大环节,在这六大环节,营销工作都需要提前介入,从而用营销视角统筹把控,提前排雷。

投资

投资阶段的雷区很多,车位在后期销售阶段的雷很多都是前期投资时埋下的,尤其是投资阶段的虚假货值测算,这可以说是"万恶之源"。中大型房企在这方面都有非常多的血泪教训。

在投资阶段房企首先需要读懂指标,弄清政府诉求,然后理性估算去化的量价情况,准确判断车位项目是否具备盈利能力,根据盈利能力的具体情况再和政府进行优化谈判。优化谈判的内容包括降低车位配比、提升地面占比、优化人防指标等。这里要特别强调的是,很多操盘人员习惯了刚需思维,本能反应是给车位减脂,比如尽量降低车位配比、降低车位设计参数等，结果导致很多高端改善项目的车位数量不够，停车体验较差。比如相邻车位分别停了一台路虎揽胜和一台林肯领航员，结果车门打不开……这种情况就是因为搞错了前提。确定车位指标的前提是看车位项目是否具有盈利能力，一、二线城市的高改项目有盈利能力，车位是肌肉，不是脂肪，房企在考虑需求和成本的前提下要尽可能优化指标，提升品质。

针对大部分刚需、刚改项目，投资阶段的优化谈判是必须的。优化谈判包括：

- **降低车位配比**。在拿地前就与相关部门协商，尽量控制配比。对于刚需项目，一般来说健康的配比应为1∶0.8至1∶1，亚健康状态的配比是1∶1至1∶1.2，1∶1.2以上的比例则是病态的，要极力避免。业内常用的手段有调户型、减车位。若按不同面积确定车位个数，则需要注意户型面积是否位于临界点。这里有一点非常重要：千万不要本末倒置、削足适履，为了减少车位数量而加大户型面积。郑州某项目就犯了这样的错误，为了避免建设负二层地下室而增加3 300万元成本，把104平方米的户型加大为117平方米，占比15%，把119平方米的户型加大为135平方米，占比36%。二者共51%的改善产品，硬生生把一个刚需项目变为改善项目，结果就是这135平方米的户型要了卿命，销售周期延长近2年，项目利润直接从12%降到2.4%，损失的何止3 300万元！产品定位最核心的是市场需求，而不是技术参数，必须谨慎！

- **提升地面占比**。与政府规划部门继续协商，提升地面车位占比，减少地下车位数量。

- **优化人防指标。**对比自建与向人防办缴费代建的效益，确定建设方式。

  为了避免投资阶段出现虚假货值预估，旭辉集团总部研发了一个"投资定位一体化模型"，针对车位业态，开发了"各城市车位量价速查表"（见图6-2），分城市、分档位，明确售价和户数去化率上限。以成都为例，按照项目档次和类型分五档，售价上限为10万~35万元，户数去化率为60%~100%。投资阶段的测算必须保守，每个项目必须明确档位、最高售价和户数去化率，在实际销售中不能超过这个上限。后期营销阶段根据市场情况，量价预估可以激进，尽量使货值最大化。

  这里需要解释一下"户数去化率"的概念，户数去化率即车位去化个数除以户数，这个比率涵盖了个数去化率和车位配比两个因子，可以比较客观地反映车位供求关系。如果使用个数去化率这个指标，那么有些项目的车位配比为1∶2，个数去化率为50%，销量已经很高了；而有些项目的车位配比为1∶0.8，即使个数去化率为80%，但销量仍然不高。

  "多算胜，少算不胜。"在车位前期策划阶段，操盘者必须科学评估和计算客户的潜在需求和实际需求，根据不同的市场状况和城市分级制定合理的量价策略。

成本

  前策阶段的成本把控直接关系到后期的售价，也很重要。很多项目到后期销售阶段，明知需求不足，价格虚高，但不敢降价。这主要是因为成本横亘在那里，降价即亏损。

区域	城市	一档			二档			三档			四档			五档		
		售价(万元/个)	户数去化率	对应类型	售价(万元/个)	户数去化率	对应类型	售价(万元/个)	户数去化率	对应类型	售价(万元/个)	户数去化率	对应类型	售价(万元/个)	户数去化率	对应类型
华西	成都	35	100%	套均总价600万元以上（主要指核心城区，非核心区项目参照周边一事一议）	25	70%	套均总价400万~600万元	20	70%	套均总价300万~400万元的城内新生、城区品质板块。副中心板块套块品质、总价250万~400万元近郊楼居板块	15	60%	套均总价200万~250万元的近郊品质板块、城区品质套均总价150万~200万元的近郊楼居、远郊楼居品质、近郊楼居板块	10	60%	套均总价150万元以下、卫星城、远郊楼居板块
	乌鲁木齐	15	80%	城市中心一档、毛坯房每平方米12000元以上	12	70%	成熟城区二档、毛坯房每平方米1万~1.2万元	10	60%	近郊区域、毛坯房每平方米0.87万~1万元	8	50%	远郊区域四档、毛坯房每平方米0.67万~0.87万元	5	50%	五档、毛坯房每平方米6000元以下
	合肥	35	80%	城市顶豪数资湖省府板块、金融后台基地、板块新房限价3万元、二手房4万元	22	80%	次热城区二档、包河滨北、高新核心小区新房限价2.5万元、二手房3万元	15	70%	主城范围内包河、庐阳、蜀山、瑶海次核心小区新房限价2万~2.5万元	10	70%	近郊区新站肥西新房限价1.5万~1.7万元、0.67万~0.87万元	8	60%	远郊肥东新站北城、肥东新房限价1.3万~1.4万元
皖赣	南昌	25	90%	城市顶豪改善挂区域、东湖、西湖、红谷滩核心区新房1.8万~2.4万元、二手房2万~2.7万元	20	80%	品质改善九龙湖、青山湖、艾溪湖新建老城区、望城、洪都迭塘新房1.5万~1.8万元、二手房1.6万~2万元	15	70%	刚性改善九龙湖西、经开、瑶湖西、新建老城区、望城、洪都迭塘、城东商贸板块新房1.3万~1.5万元、二手房1.2万~1.5万元	10	60%	近郊刚需湾里、观湖东、银三角、小蓝、城北商板块新房1万~1.3万元、二手房0.9万~1.2万元	8	50%	近郊刚需湾里、观湖东、银三角、小蓝、肥东新房1.3万~1.4万元、掉楼刚需0.7万~1.3万元、0.6万~1万元
武汉	武汉	28	85%	高端改善房3万元以上	20	80%	品质改善2.5万~3万元	15	70%	品质置换改善2万~2.5万元	12	65%	刚需刚改1.5万~2万元	9	55%	刚需1.5万元以下
…	…	…	…	…	…	…	…	…	…	…	…	…	…	…	…	…

图6-2 旭辉集团各城市车位量价速查表示意图

成本优化主要包括三个原则：规模控制、竖向控制和材料优化。规模控制主要看市场定位和是否盈利，根据这个前提来设置车位数量以及在满足基本功能后使车位合理最小化。竖向控制主要包括：覆土厚度——满足各种需求下的最小厚度，地库层高——合理状态下设置最小层高，地库层数——综合考虑各种因素，选用最经济的层数。材料优化需要结合项目市场定位和综合成本，适当提升车位品质。以地面材料为例，有石材、环氧地坪漆、混凝土密封固化剂地坪、金刚砂耐磨硬化地坪、现浇钢筋混凝土地面等材质，操盘者应该结合项目定位和客户需求，综合考虑品质和成本。

成本测算应该做经济平衡性分析，在满足实际需求及政府规划要求的前提下，综合考虑车位配比，对是否建人防（或缴纳易地建设费）、人防车库面积比例、是否建机械车位、是否建地面停车楼（或利用架空层停车）进行多方案经济效益评估。例如，以下几种情况更适合建设机械车位：①地块面积小导致普通车位无法满足停车要求；②车位配比要求高，需要规划地下二层车库；③项目地质条件导致地下难以开挖或不能开挖；④车位需求旺盛，属于极稀缺产品。如果经过成本测算，机械车位更具经济性，就可以在一层地下车库争取建设机械车位，避免建设两层地下车库。建设时间可以延后，后期根据实际需求考虑何时安装，以减少资源浪费。

在前期成本测算中，车位成本分摊非常关键。万科之所以车位去化率较高，一个重要原因就是采用了极致的车位分摊政策。比如，万科北方区综合考虑产品点位、车位配比来确定车位成本预留，车位配比低于1∶1，按照正常售价的50%进行成本预留，1∶1至1∶1.2按照正常售价的40%进行成本预留，1∶1.2以上的，按照正常售价的30%进行成本预留。成本预留最高不超过售价的50%，这倒逼团队把成本分摊到住宅等业态上。在实际销售中，住宅每平方米多要价200元，大约相当于每个车位的价格高2万元，但实际上前者的难度比后者小得多，尤其是市场好的时候。很多房企在前期成本分摊中，没有做到像万科这样，从而导致车位的成本很高，后期没有降价的空间，而住宅没有分摊车位的成本，轻装上阵，不需要掩护车位，即使是在最好的市场，也以较低的价格快速跑掉了，最后留下车位暗自神伤。

产品

在前期投研和成本测算的基础上，产品方面要精研设计标准，在车位尺寸、柱网形式、车库外框线、设备用房等方面优化设计参数和停车方式，兼顾降低成本和满足功能。对于产品设计人员来说，除了降低成本，其最应该在提高产品力和规划均好性、减少车位不利因素三个方面发力，同等货值下提高舒适度，而不是单纯追求数量，这样才能提升产品力，同时关注新能源客户需求和比例。在前期车位划分中，应根据楼栋户数进行针对性调整，避免出现远距离购买车位，同时尽量减少不利因素，规划时注意不利因素位置的合理性，像设计住宅一样关注车位细节。

运营

运营端在车位前策阶段要做的是地库前置展示的筹划，必须明确展示范围、动线规划，并计入运营节点。以旭辉集团为例，其一般在住宅首开之后2个月进行示范区的二阶展示，地库部分的展示范围涵盖地库入口、车道到样板房所在楼栋，一般包含5个部分（见图

6-3）。

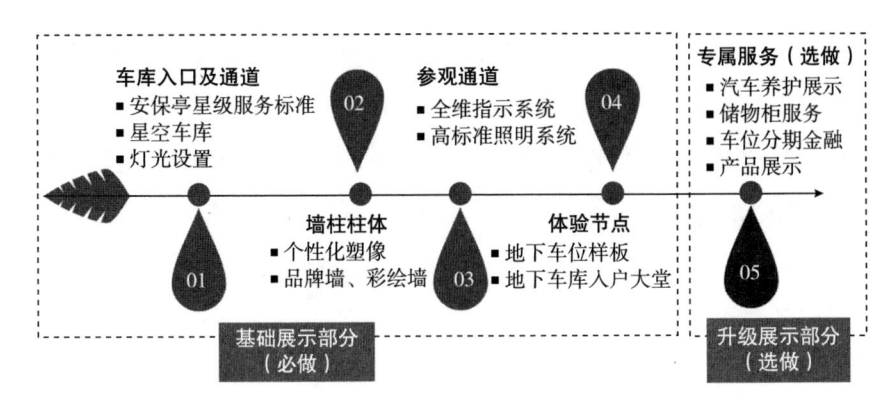

图6-3 旭辉集团地库展示节点

财务

  财务端在前策阶段的介入主要关于税筹。根据各地情况，车位定价、销售时点等在测算和节点策划时均应和财务充分交圈，合理预估货量，优化总成本，注意"三避一筹"。"三避一筹"指的是：避免因车位定价过高而导致地上业态土增税跳点，避免因车位销售滞后而导致企业所得税前盈后亏，避免因车位在清算前销售而导致土增税增加；车位定价、销售时点等均对项目的税收有较大影响，需要充分与财务交圈，做好税筹。

物业

  物业是车位交付后的管理者，有必要在前策阶段就介入。从物业服务的角度对车位的前期设计提出建议，可以确保停车服务更智能、更便捷、体验更好，同时节约资源，也让业主满意。比如，非机动车库坡道安装壁式防水照明，保证夜间坡道亮度；预留非机动车停放区，减少因非机动车库容量不足而产生的停放楼道、室内充电等乱象及消防安全隐患；楼侧面规划非机动车停车棚，物业安装充电桩，以防非机动车库充电位不足；车库道闸安装在平整地面，避免在坡道上造成溜坡风险，等等。这些容易被忽略的细节都需要物业来提出建议。

车房同售与团队管理

住宅主销期是车位最容易销售、价格预期最好管理的时段，因此，操盘者一定要有"车房同售"的意识，只要条件允许，就应该尽可能将车位与住宅捆绑销售，尤其是在首开、加推等大节点。车位销售前置的重要性怎么强调都不过分。目前在国内，广东、江苏、上海等省市的车位预售条件较为苛刻且难以突破，在项目竣备之前，住宅预售阶段都无法做到车房同售。除此之外，大部分城市的车位预售管控较弱，可以实现车位与住宅同步销售。

图6-4是客户购买车位的欲望曲线，该曲线显示，客户购买车位的欲望有三个峰值：①首开，冲动期；②交付，憧憬期；③交付后入住率达到70%或80%以上，烦恼期。在这三个时间点，客户最容易被说服购买车位。曲线的波谷则是无痛点低欲望期，客户最难被说服。

根据上述曲线，允许车房同售的项目必须抓住第一个峰值节点；不允许车房同售的项目，在有条件的情况下则要抓住第二个节点集中销售，同时在第一个节点想办法以"车位券"的方式补充介入。

具体来说，在住宅首开阶段必须坚持三个原则：首开必推售，推售必捆绑，均衡去化。在首开阶段，客户处于冲动期，只需少量折扣即可让客户为车位买单。改善房源应该采取强捆绑，将房源与车位优惠叠加，比如双向设定优惠，客户支付3万元意向金，则住宅和车位同时优惠3万元；如果不购买车位，则住宅优惠减1万元，以促进车位绑定，激发客户前置车位需求。绑定车位必须与佣金奖惩挂钩，从而给销售人员带来压力和动力。

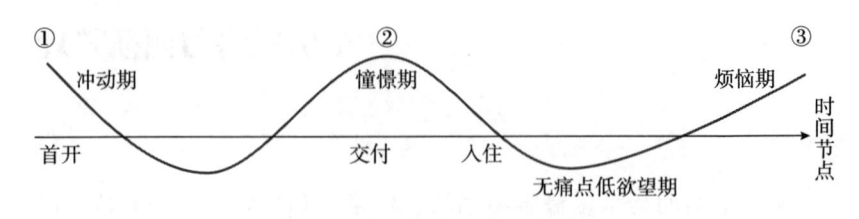

图6-4 客户购买车位的欲望曲线

集中开盘时须将选车位放在选房源的下一环节，且为必经动线。车位配比大于1∶1的项目可以同步启动第二个车位购买优惠。值得强调的是，很多客户都偏好的一个卖点是"家庭车位"，一户买两个或三个相邻的车位，避免与邻居的车发生磕碰或剐蹭。这个阶段是有意识地引导客户购买车位的最佳时机。这一点和商铺、公寓、写字楼连卖的逻辑是一样的。等到后期车位已随机销售了，再来推"家庭车位"就会出现"锅圆瓢不圆"的局面。车位配比在1∶1.2以上的，首开上会决策是否捆绑销售，是否提高住宅售价，上会确定是否赠送车位。

首开时还必须注意均衡去化。若楼栋车位配比大于1∶1.2，在与住宅绑定销售的基础上，应以价格为杠杆进行跨楼栋购买车位的引导。

在车位预售受限的城市，房企应该想办法通过"一券两书"等形式规避风险，提前锁定车位需求。"一券两书"指的是车位优惠券、车位优先选购权协议书和申请承诺书。不能卖出车位就先卖车位优惠券，比如首开时，客户支付3万元意向金，则住宅优惠3万元，车位优惠3万元，等到项目竣备取证，三天内车位签约回款。在此期间，如果客户退订车位，那么其住宅优惠收回2万元。这个操作必须前置拉通法务，明确风险，避免大范围公开宣传。然后与客户签署申请承诺书及优先选购权协议书，明确车位落位，收取选购款；之后结合车房同售折扣，提前落位绑定优惠，竣备取证后签约回款。这里需要特别强调的是，车位优惠券必须是有偿认购，不能免费赠送。免费的东西带给客户的价值感知不强。

首开是车位销售的最佳节点，没有之一，首开、加推等重要节点必须提高车房同售比，加强车位销售指标管理。一般来说，集中销售车位的考核指标是保底去化率不低于50%，管理者可根据项目类型及定价制定不同指标。

首开之后的续销阶段同样需要重视车房同售的指标管理。例如万科北方区就规定：项目车房同售比连续3个月低于50%，后期房源需要通过价格决策会来决定是否捆绑销售；当月车房同售比在50%及以下的项目，操盘手应在运营会上专项汇报去化方案；当月车房同售比为50%~80%（含）的项目，周度、月度分开制订销售计划；连续2个月未完成指标的项目，需要在营销例会上做专项汇报；车房同售比在80%以上的，正常去化车位。车位配比小于1∶1的项目，持销期间的去化应做相应调减；车位配比大于1∶1.2的项目，首开、加推、持销阶段应对去化率做相应调增。

车位销售的第二个峰值是交付前后。因预售政策制约，前期无法销售车位的项目，这个阶段更应该抓准时机，通过合理的定价刺激销售。操盘手应对项目的交付风险进行评估，若交付风险较小，则选择交付后30天内进行车位销售；反之，在交付前30天进行车位销售。

交付阶段最理想的状态是住宅与车位在交付节点等比例售罄。这个节点以交付为口径，可以进行车位与住宅（物业费）捆绑销售的优惠口径设置。在确保整盘利润最大化的基础上，可依据整体利润的最低标准倒推车位让利空间，从而实施相应的优惠促销手段。

车房同售的实现，需要严格的团队管理，否则目标就会落空。

中大型房企都应该成立区域或事业部车位工作小组，设立专岗，提前组织年度车位攻坚战顶设，快速拉通车位销售优惠结构、价格、机制方面的支持，组织阶段性会战，确保计划得到精细化执行。车房不能同售的区域，应以城市为单位成立车位特种小队。车位特种小队与区域或事业部车位工作小组定向衔接，一旦相关条线工作受阻，就可以直线联系领导小组成员协调解决。特种小队的佣金与奖励机制应单独制定，同时相关人员的培训与成长应受到公司重点关注，优先发展。

车房同售业绩的实现，主要靠一套完善的奖惩机制。车位业绩必须进行升维管理，应对经营主官的车位业绩进行考核。以万科某大区为例，城市总、项目总的月度绩效工资与车位指标完成率挂钩，完成率大于100%，绩效工资为1.1倍；完成率低于80%，绩效工资打8折；完成率低于60%，绩效工资打6折。同时年终奖与年度车位指标完成率挂钩，考核制度同上；或者最后一笔分红根据项目的车位完成率进行奖惩。如此大的奖惩力度，才确保了万科车位的销售业绩在业内遥遥领先。除了经营主官，操盘手、销售经理的业绩也与车位挂钩，进行强考核。操盘手月度激励与车位指标完成率挂钩，完成率低于80%，激励包打9折；首开激励与车房同售比挂钩，首开车位去化率低于50%，首开激励打9折。销售经理的佣金与车位指标完成率挂钩，车位指标完成，佣金为1.1倍，未完成为0.9倍。置业顾问完成车房同时销售，住宅佣金为1.2倍；若客户未购买车位，则佣金为0.8倍，全月实现1∶1车位销售，佣金予以补足。

旭辉集团营销中心制定了目标、晾晒、评价、奖惩四位一体的车房同售管理机制，根据制定的目标进行月度新增同售比、季度整盘同售比的晾晒，每季度进行铁马评价、自检复盘以及奖惩激励。针对置业顾问，旭辉制定了车房同售佣金机制，住宅销售并签约当月，若该住宅客户签约N个车位，N大于等于1，则住宅佣金和车位佣金提升。置业顾问的佣金=（住宅基础佣金+N×车位基础佣金）×同售系数；同售系数为1.1~1.3，不低于1.1。同售系数根据项目车位销售难度而定，原则是项目难度越大系数越高。

总之，车房同售关乎车位项目一生的福祉，车房同售比越高，车位的价格和利润越高，后期的包袱越小；反之，等住宅都卖完了，客户进入无痛点低欲望期，叛逆情绪高涨，卖车位是事倍功半的苦差事。

集中推售八大策略

对于车位销售人员来说,"集中推售"是最佳模式,住宅首开、加推等大节点捆绑车位销售属于典型的集中推售。除此之外,单独为车位业态策划节点进行推售也是一种常见的模式。从业内的车位销售实践来看,对比散售,集中推售可将车位的年销量提升30%左右。究其原因,车位市场是一种半垄断的市场,车位没有竞品,所有客户都在这个池子里。但成也萧何败也萧何,车位销售最大的难点在于这个池子太小,基本不可能有外部的非业主客户进来,因此车位成交必须有极高的转化率。

- 转化率怎样才能提高?形成供不应求的卖方市场。
- 不是卖方市场怎么办?人为制造"卖方市场"。
- 如何制造?利用信息不对称,严控未购车位业主获知信息的数量和时间。
- 如何制造信息不对称?周期性集中推售。

这就是车位集中推售的底层逻辑。

在允许车房同售的城市,车位的集中推售一般有三大节点:首开、二开(地库示范区开放)、交付;在不允许车房同售的城市,操盘手必须自造节点,采取短蓄短爆的方式集中推售,像卖住宅一样卖车位。这里重点讲述一下车位短蓄短爆的操盘模式。

短蓄短爆首先要进行波段设置。一般来说,车位集中开盘,蓄客时间为一个月即可,操盘手可以按照一个月的跨度,设置3个波段,具体过程是开盘前3周左右排小卡(小额诚意金,可退),开盘前1周左右升大卡(诚意金升级,不可退),然后集中开盘(见图6-5)。

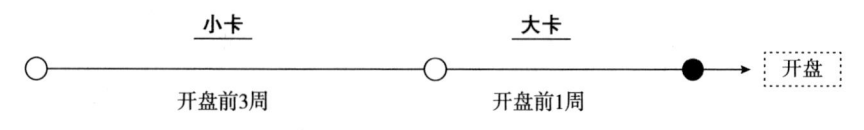

图6-5 车位开盘波段设置

小卡一般只需要1 000元诚意金即可办理,在这个波段,第一周的任务是宣传预热、信息触达。若条件允许,要求做到全通道覆盖,比如利用小区车库、楼道、电梯的广告位,举办定向业主活动、进行短信推送等。第二、三周的任务是电话沟通和上门拜访,瞄准客户,精准释放信息,包括分区供应量、区间报价、办卡优惠、涨价信息、金融政策、销售政策等。

大卡阶段就是通常所说的认筹,可以集中邀约、分批接待,主要目的是借机深度沟通、夯实置业逻辑。这个波段需要释放分区价差、认购优惠,从而使诚意金转为定金。一般情况下,落筹不落位,客户可选定意向片区,但不落至具体位置。

开盘阶段正式释放优惠,与业主充分沟通,确保到访量,实施标准动作，收割现场。根据落位情况确定可售范围，现场适当销控，充分制造卖压，氛围包装到位，做好"踢客"准备。开盘节点的准备工作涉及说辞、销控、优惠、活动形式和激励措施等方面。说辞包括置业逻辑、投资说辞、自用说辞、节点优惠说辞等。现场仅公示车位分布图，不体现销控，利用信息不对称释放车位销售紧张感，除销售经理外其他人均无销控表（这一点需要特别强调，很多案场喜欢用假销控，这应具体情况具体分析，有些情况下假销控不如无销控的效果好）。优惠道具包括现场大转盘、抽奖优惠，以及"销售经理+案场营销总监"优惠等。车位开盘活动的目的是提升销售氛围，保证现场人气，常见的活动有举办家装团购，此时对商家和业主的前置邀约要做到位。

车位集中推售是一个系统工程，除非用极致低价击穿客户心理底线，否则光靠包装优惠和说辞，车位是卖不动的。卖车位，杀鸡需要用牛刀，必须动用展示、推广、价格、销售等方面的营销手段，协同物业、社区、城管、交警、商家联盟等外部力量，共同为车位销售保驾护航。通常来说，集中推售的售前准备有八方面：精准盘客、分区推售、精准定价、置业逻辑、展示、物料、推广、协同，下面我们逐一阐述。

精准盘客

精准盘客的目的很简单，就是通过客户的详细资料判断其购买能力和意向。客户买不买车位取决于三个重要因素：①客户有没有钱？②客户的车值不值钱？③客户对车位有没有认知？如表6-1所示，客户房号、所购业态及面积、户型、购房次数等指标可以用来衡量客户有没有钱，车辆品牌及价格预估可以用来判断客户的车值不值钱，其余指标如购房目的（自住或投资）、家庭人口及结构、车辆数量、入住时间、目前停车状况、是否为新能源车、是否计划购置车位，都可以用来判断客户对车位的刚需程度和认知情况。一般来说，自住客比投资客更有刚需，家有老小者比"二人世界"者更有刚需，已经入住的客户比尚未入住的客户更有刚需，新能源车主比燃油车主更有刚需，多辆车的客户比一辆车的客户更有刚需，已经买过车位或者已租车位的客户比在路边违停的客户对车位的认知更深。

表6-1 客户车位需求情况调查

客户姓名	楼栋	房号	业态	面积	户型	购房次数	购房目的	家庭人口	家庭结构	入住时间	车辆数量	车辆品牌及价格预估	目前停车状况	是否为新能源车	是否计划购置车位	是否购置第二个车位

对车位意向度指标摸底之后，我们可以把客户分成A、B、C、D四大类。

A类客户是开好车的客户。他们对价格不敏感，但对产品的稀缺性很敏感，只要把产品的差异性做出来，车位销售给这类客户就能得到溢价，从而在单个车位上实现利润最大化。

B类客户是开中级车以及中档新能源车的客户。这类客户有一种很好的向上流动的意向，缺乏自我判断力。只要是A类客户认可的东西，B类客户就会带着崇拜的心理去接受。A类客户认可了价格，定下了车位价格基准线，只要在这个基础上进行促销，B类客户就会趋之若鹜,觉得自己赚到了。

C类客户是开经济型汽车的客户。这类客户可能会考虑十几万元资产放在银行的利息能否支付车位租金的问题。这类客户天性中有不安全感,在社会上相对弱势,平时在小区里喜欢和邻居们联合起来解决问题。他们的联盟貌似很有组织性,实际上很脆弱,只要有几个人被说服就作鸟兽散。他们本来没有购买车位的预算,除了觉得租车位比较划算,还因为小区内的车位尚有较多空置,所以迟迟不肯买车位。但是他们最担心的是自己的车无处可停,所以可以适当制造小区内车位紧张的形势,促成他们由租转买。

D类客户是确定暂时不购买车位的客户。他们暂时没有车或者暂时没有钱,或者只是投资住房,自己不打算入住,暂时也没有投资车位的计划。

有了客户分类之后,再来分类施策:A类客户是车位价格坐标;对于B类客户,根据基准价做促销;对于C类客户,利用信息不对称极致挤压;而对D类客户要营销挖潜,在烦恼期(第三个峰值)再推动其购买。

精准盘客的第二个目的是做机会分析,根据存量制定策略。图6-6为车位机会分析模型,图中该楼栋的预计需求有50个,车位存量只有30个,配比为1∶0.6,车位较为稀缺,这就为下一步的分区推售策略提供了依据。

关于精准盘客,还有一点需要强调。精准盘客的最佳时机是住宅集中推售期,即首开和每次加推前。这个阶段人气最旺,客户都会到销售现场,只要稍微提供一些优惠和进行说辞包装,他们大都愿意配合做好车位需求调查。错过了这次机会,后续再调查就没有这么容易了。尤其是交付之后,物业那里登记的数据可能并不准确,也不够全面。销售人员此时再去进行电话调研,客户也有戒备心理,不愿意讲太多。因此，操盘手一定要抓住住宅推售的机会进行车位需求调研，做好客户台账和档案。

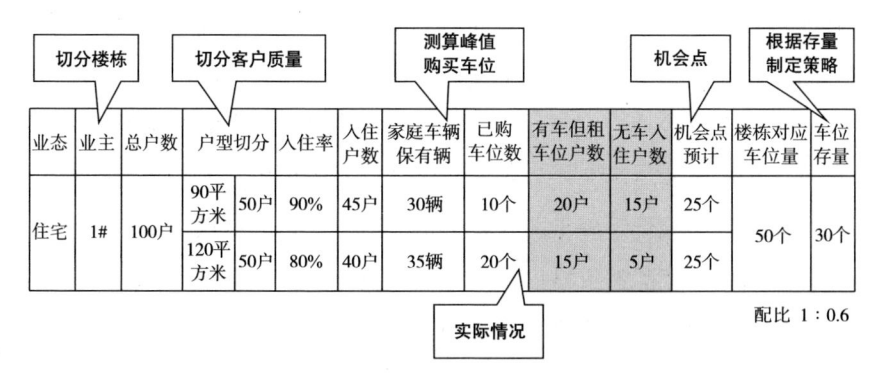

业态	业主	总户数	户型切分	入住率	入住户数	家庭车辆保有辆	已购车位户数	有车但租车位户数	无车入住户数	机会点预计	楼栋对应车位量	车位存量
住宅	1#	100户	90平方米 50户	90%	45户	30辆	10个	20户	15户	25个	50个	30个
			120平方米 50户	80%	40户	35辆	20个	15户	5户	25个		

切分楼栋 / 切分客户质量 / 测算峰值购买车位 / 机会点 / 根据存量制定策略

实际情况　　配比 1∶0.6

图6-6　车位机会分析模型

分区推售

车位分区对于销售结果有10%～20%的影响，利用分区人为调节各区域车位分配，影响客户的选择，是挤压客户的常用手段。

开展分区推售首先要进行车位需求调研，结合精准盘客措施，分楼栋预估车位需求，然后进行地库动线勘察，根据分栋交通动线图划出分区，形成"分栋车位分区图"。

分区推售需要重新计算不同区域的车位配比，优先推售需求饱和的楼栋的车位，适度销控不饱和的楼栋的车位。在正式推售之前，根据蓄客情况进行客户再验证，基于各分区的最新供求关系来修正推售计划。

精准定价

精准定价、一位一价，最终达成车位的均衡去化，这一点也很重要。很多项目的车位都是一口价，或者粗略定价，这样做的后果是：①不容易形成挤压，客户没有紧迫感，从而导致去化率偏低；②好位置都低价卖光了，后期销售的都是离楼栋较远的车位以及不好停车的中间位、尽端车位以及瑕疵车位，车位价格进一步走低。

车位定价包括均价和分户定价。车位均价可参考的经验值是住宅总价的5%~8%，具体可结合车位配比、市场水平、预期判断以及项目测算、政府限价等多重因素来定价。需要注意的一点是，车位无竞品，周边住宅竞品的价格仅供参考，但不需要强比准。

分户定价的参考公式为：

$$车位价格 = 基准价格 + 位置因子 + 类型因子 + 障碍因子$$

位置排在第一位，是客户最敏感的要素；其次是类型因素和障碍因素，图6-7车位定价三要素模型可供参考，数值可根据项目具体情况确定。

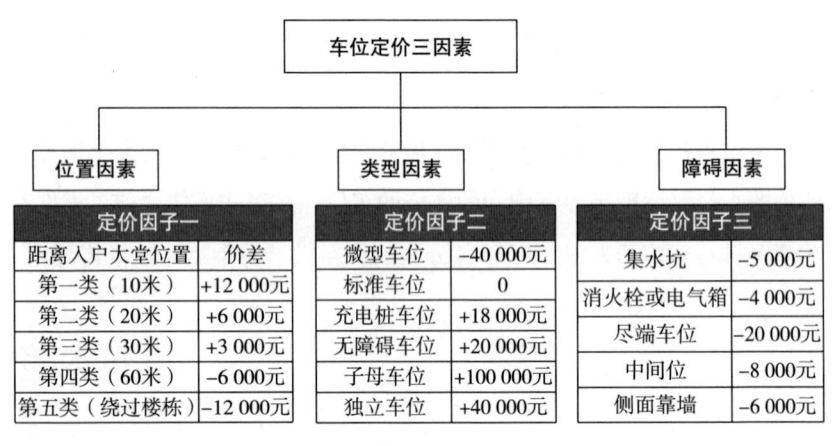

```
                车位定价三因素
          ┌──────────┼──────────┐
        位置因素      类型因素      障碍因素
```

定价因子一	
距离入户大堂位置	价差
第一类（10米）	+12 000元
第二类（20米）	+6 000元
第三类（30米）	+3 000元
第四类（60米）	-6 000元
第五类（绕过楼栋）	-12 000元

定价因子二	
微型车位	-40 000元
标准车位	0
充电桩车位	+18 000元
无障碍车位	+20 000元
子母车位	+100 000元
独立车位	+40 000元

定价因子三	
集水坑	-5 000元
消火栓或电气箱	-4 000元
尽端车位	-20 000元
中间位	-8 000元
侧面靠墙	-6 000元

图6-7 车位定价三要素模型

根据业内的车位销售实践，有一些经验值可供参考。

距离要素：总价5%~8%为一档，可根据策略调整；类型要素：子母车位的价格为普通车位的160%则易去化，超宽车位可提价5%~6%，独立车位可提价15%~20%，人防车位的价格为普通车位的75%则易去化；障碍要素：边位可提价1%，丁字位可提价4%，尽端车位的价格为普通车位的80%则易去化，靠墙车位的价格为普通车位的95%则易去化。

VIP车位包括三面有墙的独立车位、电梯口10米内的车位、超大车位（无障碍车位）等，在定价时应该做出足够的溢价，做好整体车位价格的正向标杆。在正式销售时，团队可以针对VIP车位做一些样板包装，配备一些高端设备（比如遥控车位锁、遥控车位灯、高级反光条），悬挂精致且漂亮的铜铭牌（比如"某公馆+车牌号"），营造车位尊贵感，拔高整体形象。

置业逻辑

卖车位，说辞非常关键，说辞的灵魂与核心是置业逻辑。很多客户都纠结：到底是买车位还是租车位？有些客户的算账逻辑是：租车位一个月300元，一年3 600元，租50年才18万元，而买一个车位可能要20万元，买不如租。这种算账逻辑其实是一种典型的"穷人逻辑"。对于有支付能力的客户来说，买车位不是算账逻辑，而是为了"配套资产""安全感""生活质量"，为"一份体面"买单。社会学里有一个概念是"租赁的不确定性"，很多人愿意为了获得安全感而付出大量的额外成本，而租赁是一种会带来不安全感的贸易关系，不被人喜欢。只要是有支付能力、有改善意愿的客户，车位的租和买是0

和1的问题，而不是1和1.5的问题。

车位的销售模式是挤压和撇脂，其原理是一次次给客户讲解稀缺资产，讲解安全感，讲解生活方式，把客户的需求挤压出来。每次集中推售就是一次撇脂的过程，把购买力最强、诚意度最高的客户撇出来。在某种意义上我们可以说，我们卖的不是车位，而是"恐惧"。这就是车位的置业逻辑。对于不同的人群，"贩卖恐惧"的逻辑也不同。对于A类客户，其恐惧的是"好车位就要没了"；对于B类客户，其恐惧的是"优惠就要没了"；对于C类客户，其恐惧的是"没地方停车了"。不同档次的项目，车位的置业逻辑也有所不同。刚需项目谈优惠，主打从众心理；改善项目谈活法，不买车位，人遭罪，车遭罪；高端项目谈刚需，没有车位，将来房子都不好卖，车位和住宅捆绑，投资的价值才高。

关于置业逻辑的结论和说辞，总结以下几点：

- 一线城市和强二线城市的核心地段，户型100平方米以上的改善小区，若车位配比小于1∶1.2，那么建议尽早买车位。若小区靠近商圈、不在地铁口且是优质学区房，则车位紧张程度更深。
- 新能源汽车是未来趋势，这会加剧停车难问题。新能源汽车的价格会越来越低，家庭"一电一油"成为标配，小区电容影响充电桩安装，会导致新能源车位供不应求。
- 学区房小区停车难问题会加剧。学区房车位除了满足本小区业主的需求，还会被一些为方便子女上下学的租户入侵。
- 拥有车位就拥有了直观可见的优势。从容：清晨不需要慌忙早起挪车，下班也不需要到处找车位；便捷：未来若新能源车占主流，有自己的车位方便配置充电桩；省钱：避免因乱停乱放而被贴罚单；贴心：不用忍受夏季入车时的蒸笼体感，也不用担心冬季车辆被冰雪覆盖，发动机无法启动，不用提着大包小包在雨中奔跑；安全：地下车库有监控，可以降低车辆被刮花的风险。

展示

车位展示主要是打造样板展示区，营造尊贵感，增加归家仪式感。这部分内容在前文已经讲解，兹不赘述。

物料

车位销售的物料包括宣传物料（比如车位手册、围挡、宣传单页、KT板、桁架、宣传栏等），以及销售物料（比如一券两书、按揭文件等）。特别需要提醒的一项重要物料是准确的车位图纸，尤其是在预售阶段，很多车位都没有划线，很容易搞错。销售团队必须有两次以上的走场，确保报规图、施工图和销售图"三图合一"，同时对风险车位进行销控，预留车位以提供一次后续调换的机会（实际调换车位的比例在3%以内）。从过往实践来看，推售车位、销控风险车位、预留调换车位的比例应为8∶1∶1。

推广

推广策略包括内容、形式和媒介。

推广内容主要是根据置业逻辑，重新解读车位价值。常见的解读维度有制造稀缺、投资升值、优惠刺激、数据推演、情感诉求、季节挤压六个方向。在集中推售阶段，推广内容必须高频曝光，重复呈现。这里重点介绍优惠刺激和季节挤压两项。

优惠刺激一定要配合节点集中释放，散售的优惠强度不够，难以挤压客户。优惠策略必须配合节点设置，专人聚焦、单点突破，效果才会比较好。

以旭辉某项目举办的第二届车位节为例，该项目以"双十一"为节点，举办第二届车位节，提前10天释放"双十一"当天的直播折扣信息，采取线上报名方式，限时、限量发放优惠券。项目操盘手和销售经理化身主播助力直播；项目组织小团队进行网格化拓展，对入住业主进行一对一拜访；同时用"家电好礼任性送"等噱头吸引业主的关注度，制造前期销售压力。最终，该项目取得了很好的销售效果。

季节挤压是一个销售时机的问题，每逢极端天气，这都是销售车位的好时机，销售团队必须抓住时机、自造节点、集中推广。推广内容可以聚焦于恶劣天气对爱车的损坏有多严重，以单图或软文的形式进行线上推广，从而让业主对汽车遭受恶劣天气的影响有所认知。销售团队还可以聚焦极端天气对生活质量的影响，挤压客户。比如图6-8的系列广告"用一个车位，换种活法"，反复影响客户认知。

图6-8 某车位广告

车位的推广形式主要包括举办活动、精准推送两种，常见的活动是联合4S店、汽车养护店等异业资源，周期性组织车位暖场活动。精准推送的媒介包括电话、短信、微信（点对点转发或发朋友圈）等。

协同

车位销售必须协同物业公司、交管部门以及银行等第三方资源，在住宅首开及续销期，协同不是关键，团队只需要按部就班安排好必要的配合，将车位贷产品的相关手续衔接到位即可。其余协同工作后文再讲。

综上所述，车位集中推售的八项准备工作都要做到位，准备越充分、越极致，销售业绩就越好。尤其是在住宅尚未交付的车房同售期，团队必须花大力气做好每一个集中推售节点，尽可能进行挤压和撇脂。因为在这个阶段，一分辛苦有三分收获，等到交付后，三分辛苦就只有一分收获了。

"叛逆期"销售突破

前文讲的车位营销体系，五分靠需求，三分靠管理，两分靠卖法，卖车位好像很简单。卖车位最难的阶段不在车房同售期，也不在烦恼期，而是在交付之后的无痛点低欲望期。在此期间，潜在需求已经在前期被大量消化，现阶段入住率低，未入住的客户不着急买车位，已入住的客户临停、违停方便，这导致潜在需求很难被激发出来，实际需求很低。尤其是刚需项目，客户购买力低，有效需求不足，管理手段和卖法的实施就像"巧妇难为无米之炊"，销售乏力。在这个阶段，业主停车无痛点，处于舒适区，一遇到销售车位就本能地抱团抵制，所以我们也称此时为"叛逆期"。"叛逆期"如何激发需求，是业内目前最大的难题。

针对这个问题，首先得明确边界。从车位销售实践来看，一、二线城市的刚需小区，车位户数去化率的峰值大约为73%。每个项目的情况都不一样，73%不是一个绝对值，但是一个可参考的经验值。也就是说，有27%的业主可能不会买车位，但有一部分业主可能会买两个以上的车位，最终结合小区车位配比计算出项目个数去化率的峰值。车位销量到了峰值之后，车位业主方要抛弃不切实际的幻想，应该考虑通过长租或其他方式一次性变现。

其次,在此期间的车位销售还要排除四大雷区,雷区不排,后续的很多动作都是无用功,甚至会"死"得很难看。

第一,避免小区内有多个业主方,多个价格体系。常见的情况是,部分车位做了工抵,部分车位给了包销方,甚至是分区包销给几个不同的公司,还有部分车位由物业公司代销。只要出现两个以上的业主方,遇到"囚徒困境",大家都要出货变现,就会降价踩踏。一旦有互相踩踏,业主就会陷入观望,越降价越不敢买。笔者就经历过一个项目,车位价格从首开时的15万元跌到最后的1.6万元包销,原因主要是小区内部存在几股销售势力互相倾轧内耗。

第二,确保物业和车位销售方站在同一个阵营,互相配合。对于"叛逆期"业主,物业就是家长,销售是老师,家长不配合,老师的工作是没办法开展的。物业公司的软肋是业主满意度,而销售方要把业主赶出停车舒适区,二者的目标天生就不一致。从车位销售实践来看,一般交付后2年内入住率都较低,正处于无痛点低欲望期,这个阶段要把业主赶出舒适区,有时候需要合理地制造一些"小冲突"。这势必会引起部分业主进行投诉,但另一方面,前期物业合同一般2年到期,正面临业主委员会筹备组建,决定是否换物业公司的关键时点。在这个阶段,物业如果没有"躬身入局"的心态,不敢越雷池半步,甚至百般阻挠,车位的销售就会遇到很大障碍。

第三,违停管制必须到位。违停包括小区内部的乱停以及外部道路的违停,这必须协同物业和交管单位,管制到位。大量违停的存在,消化了潜在停车需求,这对车位销售会形成极大影响。有些小区甚至都没有规范的道闸管理和停车收费系统,从而出现大量的违停和物业管理人员的利益寻租行为,这些漏洞都必须补上。

第四，租售关系要理顺。小区里如果存在大量的可租赁停车位，比如几百个只租不售的人防车位，或者几百个没有卖掉的车位，并且租金很便宜，车位就很难卖了。这个时候必须采取的操作是尽可能叫停可售车位的出租行为，只售不租。有些城市规定没有售出的车位必须出租，但这些规定不是特别刚性，前期只要不开口子，给销售团队留出时间差，就有机会去化；但如果打开了口子，让业主长租，那么后期请神容易送神难，可能会遇到大面积客诉，这就比较被动了。至于人防车位，有些城市的刚性规定是只租不售，操盘手要尽可能开展一年一摇号，中签者获租等措施，从而对客户的停车需求进行挤压。租售关系不处理好，会对销售造成巨大障碍。笔者见过一个近万户的大盘，交付8年，入住率已达95%，但近万个车位只卖出100多个，业主大都进行长期租赁，月租150元，而周边车位的售价为10万元。后来开发商多次想启动销售，但都遭到业委会的疯狂抵制，最后外部招标包销和代理单位，可没有一个团队敢接。

明确了销售目标的峰值，将四大雷区一一排除后，销售团队才可以顺利实施"挤压和撇脂"策略，通过自造节点、集中推售、单点突破，挤压一次就撇脂一次，一步步提高去化率，然后随着小区入住率的不断提升，迎接"烦恼期"的到来，到达销售顶峰。

现实中，卖得不好的项目大都被绊倒在雷区。团队需要想尽千方百计，动用各种资源来达成目的。无法排雷的项目，就只能等待时间来解题。

对于叛逆期的项目，核心策略是围绕"需求"，颠倒供求比，缩小分母，加大分子。一方面想办法减少低价车位供应，极致挤压；另一方面想办法刺激潜在需求，双管齐下。

首先说极致挤压动作。

常见的动作有：针对道路违停持续投诉，协同交管部门进行处理，还可以拉通物业自行设立阻车桩，减少违停车位；对部分没有卖掉的车位锁上地锁，挂上车牌。旭辉某项目北侧商业体地面有两排停车位，基本是住宅业主在此停车，共150个车位，这严重影响库存车位的销售。营销部门拉通设计，改变划线方案，考虑了商铺的车位需求，只设立一排斜线停车位，车位数量从150个减少至60个（见图6-9），直接挤压出90个停车位的潜在需求。

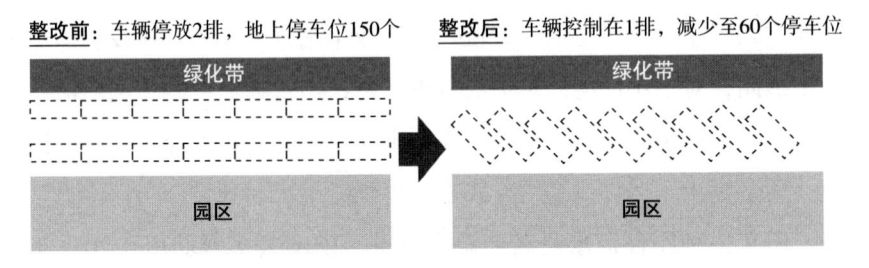

整改前：车辆停放2排，地上停车位150个　　整改后：车辆控制在1排，减少至60个停车位

图6-9　旭辉某项目地面停车位整改方案

在很多刚需小区，没有买车位的业主首选临停或者月租。小区已有的人防车位可以随意临停，成本很低。针对这种情况，销售团队可以拉通物业公司，对月租车位进行集中摇号，每半年或一年摇一次，中签者得。摇号可以针对全体业主，而不是未购车位的业主，从而扩大客户基数，颠倒供求关系。这样，未中签的客户就被挤压出来，成为潜在客户。

常见的挤压动作还包括直接购买报废车，或者引进外部二手车、网约车等，将空闲车位占满。部分项目在有条件的情况下，还可以引入外部小区的客户或单位客户。外部客户即使短租，也可以给本小区的停车造成困难，形成需求挤压。如果邻近小区停车位紧张，那么通过某些途径突破限制，让外部业主购买，自然更好。中国大部分城市的车位只有使用权，卖给外部业主相对好操作，有需求的话可以尝试突破。外部业主可以过渡自用，后期也可以将车位出租给内部客户以获取收益。可能的话，甚至会有投资客愿意长期持有车位，以获取稳定的租金回报。拓展外部业主可以通过周边二手中介或者购买话单Call客的方式来实现。

接下来是刺激需求，将一部分潜在需求转变为当下的刚性需求。

投资客较多的小区，租户较多，车位不好卖，但是投资客出清，新业主入场正是卖车位的好时机。新晋业主刚进入小区，还没有与老业主抱团，对本小区的停车情况也不清楚，销售人员更容易利用信息不对称来促进销售。这个阶段必须牢牢抓住中介门店的经纪人，以优惠、佣金刺激、捆绑住宅的方式来卖车位。

还有一种刚性需求是新能源充电桩。中国大多数城市在2021年之前报建的住宅项目，新能源充电电容只有10%，这在大城市是远远满足不了未来的充电需求的。操盘手可以利用电容量告急来挤压客户购买车位，具体执行方案是：①释放电容告急信息，明确告知客户充电桩车位剩余数量（这里需要强调的是，笼统告知客户电容告急，客户是无感的，必须仔细排摸数据，明确告知客户还剩下几个车位，这样客户才有紧迫感）；②在固定位置进行充电桩车位展示；③在限定时间购买车位可以赠送新能源充电桩。新能源充电需求是典型的"人、货、场"三位一体的逻辑，销售团队应找到有新能源充电需求的客户，做好充电车位展示，刺激需求。有些项目还整合了新能源汽车资源，举办汽车专场团购，以捆绑优惠的方式促进客户购买车位。

好的金融方案也可以提前释放一部分潜在需求。除了常规的车位贷产品，有些银行还推出利率较低的"先息后本"产品，客户可以零首付购车位，每月应支付的利息很低，1~3年后再归还本金。这个方案适合一部分客户，他们暂时没有入住，不想过早支付车位款，但又担心买晚了没有好的停车位，因此采取先息后本方案，先买车位，再将车位出租，租金可以抵扣利息，短期内相当于零首付、零月供。

在叛逆期，有些客户有钱，也有未来买车位的计划，但不着急购买。买车位并未被提上日程，有时候他们连销售人员的电话都不愿意接，接了也不愿意过多沟通。针对这类客户，一些去销售化、增强客户黏性、创造有效沟通机会的活动会有比较好的效果。比如和家政公司合作，上门给业主进行空调清洗或者全屋玻璃保洁，销售人员上门派券，与业主在线下进行有效沟通；联合旅行社推出客户专属活动，通过赠送旅游卡等维系客户；举办业主喜闻乐见的家长课堂活动，推动客户参与。通过这些活动制造有效沟通的机会，客户内心的天平就可能往买车位这边倾斜。一些大盘可能有一千多个车位，应该成立专业的车位服务中心，每年都规划一系列去销售化的服务活动，甚至可以成立专门的"车友会"，建立社群，增强与客户的黏性，促进销售。

遇到一些合适的节点，比如严寒和酷暑等极端天气，可以推出试停活动，培养客户的停车习惯，让他们对车位形成依赖，这可以激发出一部分潜在需求，同时配合一些促销策略，促成交易。

一手极致挤压，一手刺激需求，操盘者需要开动脑筋，发现机会，日昇昌集团的创始人金琪昌先生曾有一个形象的比喻，叫作"找线头"。

叛逆期的需求挤压必须配合"自造节点"来实施。操盘者要密切关注和利用各种利好，比如恶劣天气到来、周边断头路通车、新建学区开学、项目配套商业开业等，这都是可以利用的好节点。销售团队可以利用节点统一发声，集中推售，同时每个节点针对一类需求，配合相应的促销策略各个击破。

节点销售还需要特别注意四个技术要点。

第一，车位销售最重要的一点是团队的组建与管理。叛逆期的车位销售是很难的，需要一支小而精、能力突出且长期稳定的团队。车位销售的人才画像是六边形游击战士，其销售杀客能力必须是销冠级的，吃苦耐劳精神堪比住宅项目的渠道团队。很多车位项目临时拉几个物业管家来兼职销售人员，是没有什么效果的。销售团队应是稳定的，要在业主中间建立根据地。

叛逆期的业主在购买车位时通常会很纠结，一方面担心买得晚没有好位置，另一方面担心买得早价格较高。在他们的认知中，车位越到后期越便宜。在这种情况下，要想顺利卖出车位，销售人员的技巧要非常高。笔者有一个"遛鱼"的比喻，叛逆期的车位销售就像钓鱼，有鱼上钩了，不能马上起竿，这样大鱼很容易挣脱跑掉，而是得遛一阵儿，等鱼累了，再把它拉上来。

第二，车位销售的量价策略必须慎重，延迟满足很重要。车位具有非住业态很典型的特征，价值形态为液态，非常不稳定。在无痛点低欲望期，一旦进入降价通道，价格锚液态化，越降价客户越不敢买。这个阶段的定价要非常谨慎，不能轻易降价，除非一次到位，击穿客户心理底线，才能实现大卖。否则小刀割肉、添油式降价，频次过高，每次不但卖不了几个车位，还会打破客户的心理价位。这个阶段可以应用营销策略，结合外部节点，提供各种优惠，不要轻易降价。有条件的话，可以制定"保价策略"，承诺客户后期若高价购买，则可以补差价，从而把价格锚固态化，坚定客户信心。

第三，建立车位销售统一战线，包括物业管家、保安、前任置业顾问、KOC（业主意见领袖）……同盟者越多，节点发力效果就越好。

"遛鱼"策略需要第三方同盟的配合，因为从第三方那里得到的价格锚，其可信度比销售人员说的要高很多，所以同盟者很重要。

第四，针对客户的"一客一策一说辞"要准备好。在销售过程中，对客户了解得越多，越容易制定有针对性的对策和说辞。前文"精准盘客"部分提到了客户需求情况调研，如果前期车房同售阶段没有收集详细的客户资料和档案，到了叛逆期就很难对客户进行全面调研，每次的电话沟通也都是一些片段信息。销售团队应该有意识地建立客户管理系统，对影响客户购买决策的相关信息进行集中梳理，做到业主沟通留痕、工作留痕、精准梳理、精准判断、精准转化，提升跟进沟通效率和策略决策有效性，从而改善销售业绩。

总之，从前期策划阶段到车房同售期，再到叛逆期和烦恼期，操盘者始终要围绕客户需求精耕细作。从前期的需求测算、需求满足到中期的溢价撇脂，再到后期的需求挤压、各个突破，团队需要脚踏实地，使"人、货、场"良性互动，建立根据地和统一战线，最终兑现业绩。

后　记

终于写完书稿，我如释重负，这是我从业20多年的第三本著作。从2010年的《房地产营销19讲——战略、术法与生命的意义》到2020年的《地产销售4.0——思维、标准与技术要点》，再到2025年的《非住营销——人货场的重构和升级》，从住宅到非住，从策划到销售，我的知识体系算是形成了一个闭环。

2019年7月，我应邀给旭辉集团营销条线做培训，课间会见了旭辉集团的林中董事长、林峰总裁和集团营销中心总经理闫强先生，他们慷慨地为我打开了旭辉专业殿堂的大门。2019年8月，我加盟旭辉集团营销中心，老板投入重金，给了我一份很酷的工作。作为资深研究总监，我专职负责营销研究和条线赋能，迄今为止，业内恐怕都找不到与之相似的职位。当时，旭辉营销条线有近万名将士，两位老板鼓励我，说我是林冲，是旭辉八十万禁军教头。旭辉为我敞开山门，我可以走访、调研任何项目，调用、复盘任何项目的数据。每次去一线调研，小伙伴们都知无不言，言无不尽，成功经验不吝啬，失败教训不避讳。我们针对业务痛点攻坚克难，扑在一线做正面案例的经验萃取、负面案例的复盘研究、外部案例的采集整理。在此基础上逐步形成旭辉特有的营销体系，再用成熟的知识体系去培养一茬又一茬的营销骨干，大练兵、首开战训营、滞重战训营、非住战训营、金牌操盘手训练营、操盘手测评……赋能搞得如火如荼。再后来，我们又用营销体系滋养和武装了以项目总、城市总为代表的经营主官。当时，业内很多公司的项目总更像是一位总包对接经理，而旭辉的经营主官对营销套路如数家珍，与营销条线开会时会产生化学反应，火花四射。旭辉也被业内誉为营销四大家之一，我有幸名列其中，与有荣焉！

2020年下半年，旭辉集团开始关注非住，地产的尽头是非住，非住是行业的痛点，更是难点。对我来说，非住是一个近乎陌生的领域。我从2004年入行以来，一直从事住宅领域的营销，非住是空白。好在我来了旭辉！一个优秀的组织可以放大一个人的优点，缩小一个人的缺点，无论是性格、能力还是知识。非住我不懂，但我可以学。自此，我和我的团队就像饥饿的人扑到了面包上，海量阅读行业资料，考察外部标杆案例，延请外部顶级专家授课，请教体系内的专家，与一线人员共创非住打法。我们也用了笨办法，在研究金街课题时找到全国范围内的好金街、坏金街，一条街一条街地步量，仔细记录每一家店铺的业态和布局，向店铺老板深度请教生意经，反复琢磨为什么这条街能火，而那条街不火。之后我们回到公司学习专业资料，进行案例复盘，然后再去街上走走，找老板聊聊。走了几十条街，聊了上百个老板，突然就通透了。在研究公寓时，我们在全国范围内进行考察，边看、边学、边做、边验证。我们把整理好的非住体系知识分享给各条线，一线优秀的小伙伴迅速实践，第一个项目尚有遗憾的地方，一经复盘和分享，第二个、第三个项目快速迭代。慢慢地，从安徽到江苏，再到湖南、成都、重庆、贵州、新疆、上海，旭辉集团内部有了越来越多的成功非住案例。每做好一个项目，我们就过去采集一个案例，再分享案例，用复盘所得的经验和教训来管控后面的项目。用林中董事长的话说，营销人才的培养，三年小成，五年大成。转眼五个年头过去了，我已经深度分析和复盘了百余个非住领域的案例，在集团营销中心举办了数十场培训，研发的专业课程也有数十门。在专业知识的加持下，我们把非住的职能管理架构和体系也搭建起来了。后台生产知识，然后指导一线攻坚克难，有了这种"前店后厂"的模式，越来越多的旭辉原生经典案例涌现出来，这是对知识成果的最好验证和最佳褒奖，毕竟只有实践之树常青。

　　从2022年下半年开始，我花了10个月的时间把我之前讲授的非住课程整理成54个小专题，共计2 000余页幻灯片，计划在此基础上将非住知识整理成书。之后近两年的时间，我第一次如此低调地闭门著述，几乎没有对外界言及此事。外界对非住的唱衰让我踟蹰不前，甚至一度想放弃写作。但后来有一次参加业内营销峰会，我与好多同行聊起非住，惊讶地发现很多该领域的基本常识和底层规律大家仍然不清楚。这些常识和规律都是包括旭辉在内的先行者用数以亿计的真金白银蹚出来的，我有责任传讲这些教训，让后人不至于在老地方惊厥和跌倒。张载认为读书人的四大使命之一是"为往圣继绝学"，作为一个在房地产营销领域耕耘20余年的读书人，我自然应该肩负起这份使命。

　　非住是房企普遍面临的难题，业内至今没有一家房企可以像运营住宅那样对非住应对自如。在我写这本书的时候，仍然有很多滞重非住项目横亘在面前，大而可畏，冷峻且刻薄，时刻提醒我的弱小和无知，不过我还是斗胆写了这本书。对于非住，我也许不知道应该做什么，但至少知道不应该做什么。在现实中，后者往往要比前者重要得多。

2021年，地产行业进入低谷，曾经意气风发的同行，现在都垂头丧气。趋势是世间最强的力量，每个人都无法脱离时代和组织的局限。有些非住难题虽暂时无解，但通过研读先贤的理论和实践，看到想尽千方百计、道尽千言万语、吃遍千辛万苦的营销心路，捕捉到营销星光闪耀时的一个个经典瞬间，为力透纸背的广告文案击节叹赏，遇触类旁通而额手称庆，因同病相怜而泣下沾襟，之后开始见贤思齐，开始三省吾身，开始查漏补缺，跌倒了站起来，再出发，这不正是读书之大用吗？

从业20多年，我经历过行业的三个低谷：2008年、2014年、2022年。现在回想起来，我的三本著作恰好分别是在这三年撰写的。高歌猛进的时候，我打仗去了；偃旗息鼓的时候，我回来看书、写书，这总比一堆人聚在一起回忆过往、黯然神伤更有价值。写书几乎用上了我所有的业余时间，但每天的案牍劳形结束后，内心都有一种治愈感。无论行业怎样，我都感恩这个大时代，感恩我遇见的每一个人。孟子曰："君子有三乐……父母俱在，兄弟无故，一乐也；仰不愧于天，俯不怍于人，二乐也；得天下英才而教育之，三乐也。"在这样浮躁的世界，有一张安静的书桌，衣食无忧，此中之乐，得意忘言。

本书的撰写最应该感恩旭辉集团，公司给我提供了一个平台。林董曾经连续6个月让我在集团高管会上讲解非住体系，2023年春天见面时林董勉励我写第三本书。林峰总裁曾连续7个月每周都和我们召开非住专题会。2023年下半年，我在两位老板的支持下进行内部创业，专门从事非住领域的咨询与代理业务。本书的写作离不开旭辉集团两任营销总闫强和俞能江先生的支持，他们给了我很大的信任，给了我勇气和舞台，扶我上马并送了一程。旭辉集团营销中心的伙伴张磊、常雪、聂韬昌、刘铭凡、高楠、王海燕、王硕、齐欣、钟鹏飞、胡昌颖、龙星雨、高爽、罗梓溢，营销条线的伙伴戴进、吴磊、唐崔骅、陈伟、郑坤、于浩淼、曹炬、李倩、张青林、邓磊、陈敏、刘禹辰、张莹等，以及旭辉建管营销中心总经理王正先生、旭辉商管副总裁罗永红先生、旭辉商管创新研策部总经理孟广超先生，对本书均有贡献。这里我也向吴明、陈健飞、张栩哲、金琪昌、王涛等专家表示衷心的感谢。在写这本书的时候，透过一个个案例，伙伴们的面孔也在我面前生动起来，虽没有一一提名，但却铭记在心。本书成书过程中承蒙明源地产研究院吴林蔚、邓依两位同人的推荐，在此表示衷心的感谢！

陈利文

2024年11月于上海